ПРЕПОДОБНЫЙ
ИОАНН ЛЕСТВИЧНИК

ЛЕСТВИЦА

ИЛИ СКРИЖАЛИ ДУХОВНЫЕ

ORTHODOX LOGOS PUBLISHING

ЛЕСТВИЦА ИЛИ СКРИЖАЛИ ДУХОВНЫЕ

преподобный Иоанн Лествичник

Икона на обложке книги:
«Иоанн Лествичник», *Неизвестный автор*

© 2024, Orthodox Logos Publishing, The Netherlands

www.orthodoxlogos.com

ISBN: 978-1-80484-177-8

This book is in copyright. No part of this publication may be reproduced, stored in a retrieval system or transmitted in any form or by any means without the prior permission in writing of the publisher, nor be otherwise circulated in any form of binding or cover other than that in which it is published without a similar condition, including this condition, being imposed on the subsequent purchaser.

ПРЕПОДОБНЫЙ
ИОАНН ЛЕСТВИЧНИК

ЛЕСТВИЦА
ИЛИ СКРИЖАЛИ ДУХОВНЫЕ

ORTHODOX LOGOS PUBLISHING

СОДЕРЖАНИЕ

Вступление 7

Введение 9

Предисловие Книги Сей, именуемой Скрижали Духовные 13

Краткое описание жития аввы Иоанна, игумена святой горы Синайской, прозванного схоластиком поистине святого отца 14

О том же авве Иоанне, игумене Синайской горы, то есть Лествичнике 20

Послание святого Иоанна, игумена Раифского, к досточудному Иоанну, игумену Синайской горы . . . 22

Ответ 24

Слово 1. Об отречении от жития мирского 26

Слово 2. О беспристрастии, то есть, отложении попечений и печали о мире 35

Слово 3. О странничестве, то есть, уклонении от мира 39

Слово 4. О блаженном и приснопамятном послушании 46

Слово 5. О попечительном и действительном покаянии и также о житии святых осужденников, и о темнице 86

Слово 6. О памяти смерти 100

Слово 7. О радостотворном плаче 105

Слово 8. О безгневии и кротости ... 118

Слово 9. О памятозлобии ... 125

Слово 10. О злословии и клевете ... 128

Слово 11. О многоглаголании и молчании ... 131

Слово 12. О лжи ... 134

Слово 13. Об унынии и лености ... 136

Слово 14. О любезном для всехи лукавом владыке, чреве ... 139

Предисловие к 15-му слову ... 146

Слово 15. О нетленной чистоте и целомудрии, которое тленные приобретают трудами и потами ... 147

Слово 16. О сребролюбии ... 166

Слово 17. О нестяжании ... 168

Слово 18. О нечувствии ... 171

Слово 19. О сне, о молитве и псалмопении в соборе братий ... 174

Слово 20. О бдении телесном: как мы чрез него достигаем духовного, и как должно оное проходить ... 176

Слово 21. О малодушной боязливости, или страховании ... 179

Слово 22. О многообразном тщеславии ... 181

Слово 23. О безумной гордости ... 189

Слово 24. О кротости, простоте и незлобии, которые не от природы происходят, но приобретаются тщанием и трудами, и о лукавстве ... 197

Слово 25. Об искоренителе страстей, высочайшем смиренномудрии, бывающем в невидимом чувстве ... 202

Слово 26. О рассуждении помыслов и страстей, и добродетелей ... 216

Слово 27. О священном безмолвии души и тела ... 258

Слово 28. О матери добродетелей, священной и блаженной молитве, и о предстоянии в ней умом и телом ... 275

Слово 29. О земном небе, или о богоподражательном бесстрастии и совершенстве, и воскресении души прежде общего воскресения ... 285

Слово 30. О союзе трех добродетелей, то есть о вере, надежде и любви ... 290

Слово особенное к пастырю, научающее, каков должен быть наставник словесных овец ... 296

Примечания ... 319

Биография:
Преподобный Иоанн Лествичник ... 351

ВСТУПЛЕНИЕ

«Лествица или Скрижали духовные» – это не просто книга, это духовное руководство, написанное святым и опытным аскетом, прошедшим долгий и трудный путь монашеского совершенствования. Преподобный Иоанн Лествичник, автор этого великого труда, жил в VI веке, но его мысли и наставления остаются актуальными по сей день.

Название «Лествица» символизирует лестницу, по которой душа восходит к Богу, преодолевая земные страсти и слабости. Книга делится на тридцать глав-ступеней, каждая из которых посвящена определённому аспекту духовной жизни. Это не только практическое руководство для монахов, но и глубокий духовный трактат для всех, кто стремится к чистоте сердца и достижению святости.

На первых ступенях автор учит борьбе с основными греховными страстями: гневом, завистью, сребролюбием и другими. Далее, в средних ступенях, он обращает внимание на развитие добродетелей: смирения, терпения, молитвы, чистоты. И наконец, на высших ступенях Иоанн Лествичник ведёт читателя к таинствам богопознания и созерцательной молитве.

Что делает эту книгу уникальной, так это её сочетание простоты и глубины. Каждая ступень, каждая мысль преподобного полна примеров из жизни святых и живого опыта христианской аскезы. Это делает «Лествицу» не просто сборником наставлений, а настоящим учебником духовной жизни, написанным с любовью и мудростью.

Книга будет полезна не только монахам, но и всем верующим, стремящимся к духовному росту. В ней можно найти ответы на многие вопросы, которые возникают в процессе христианской жизни: как справляться с внутренними искушениями, как строить отношения с Богом и ближними, как правильно молиться и поститься. «Лествица» – это книга, которая помогает преодолеть земное ради достижения небесного.

ВВЕДЕНИЕ

Сочинение *Иоанна Лествичника* состоит из 30 глав, представляющих собой «ступени» добродетелей, по которым христианин должен восходить на пути к духовному совершенству.

Группа	Ступени
Борьба с мирской суетой (ступени 1–4)	1. Отречение мирского жития 2. Беспристрастность (отложение попечений и печали о мире) 3. Странничество (уклонение от мира) 4. Послушание
Скорби на пути к истинному блаженству (ступени 5–7)	5. Покаяние 6. Память о смерти 7. Плач о своей греховности

Борьба с пороками (ступени 8–17)	8. Кротость и безгневие 9. Удаление памятозлобия 10. Несквернословие 11. Молчание 12. Правдивость 13. Отсутствие уныния и лености 14. Борьба с чревоугодием 15. Целомудрие 16. Борьба со сребролюбием 17. Нестяжание
Преодоление преград в аскетической жизни (ступени 18–26)	18. Искоренение нечувствия 19. Малый сон, усердие к братской молитве 20. Телесное бдение 21. Отсутствие боязливости и укрепление в вере 22. Искоренение тщеславия 23. Отсутствие гордыни 24. Кротость, простота и незлобие 25. Смиренномудрие 26. Низложение страстей и укрепление добродетелей
Душевный мир (ступени 27–29)	27. Безмолвие души и тела 2 8. Молитва 29. Бесстрастие

Вершина пути – союз трёх главных добродетелей (ступень 30)	30. Вера, надежда и любовь

Лествица Иоанна Лествичника
(икона из монастыря Святой Екатерины, XIII век)

ПРЕДИСЛОВИЕ КНИГИ СЕЙ, ИМЕНУЕМОЙ СКРИЖАЛИ ДУХОВНЫЕ

Всем, поспешающим написать имена свои в книге жизни на небесах, настоящая книга показывает превосходнейший путь. Шествуя сим путем, увидим, что она непогрешительно руководит последующих ее указаниям, сохраняет их неуязвленными от всякого претыкания, и представляет нам лествицу утвержденную, возводящую от земного во святая святых, на вершине которой утверждается Бог любви. Сию, думаю, лествицу видел и Иаков, запинатель страстей, когда покоился на подвижническом ложе. Но взойдем, умоляю вас, с усердием и верою, на сей умственный и небошественный восход, начало которого – отречение от земного, а конец – Бог любви.

Преподобный отец премудро рассудил, устроивши для нас восхождение, равночисленное возрасту Господнему по плоти; ибо в возрасте тридцати лет Господнего совершеннолетия гадательно изобразил лествицу, состоящую из тридцати степеней духовного совершенства, по которой достигши полноты возраста Господня, мы явимся поистине праведными и непреклоняемыми к падению. А кто не достиг сей меры возраста, тот еще младенец, и по точному свидетельству сердца окажется несовершенным. Мы признали за нужное прежде всего поместить в этой книге житие (преподобного) премудрого отца, чтобы читатели, взирая на его подвиги, удобнее поверили его учению.

КРАТКОЕ ОПИСАНИЕ ЖИТИЯ АВВЫ ИОАННА, ИГУМЕНА СВЯТОЙ ГОРЫ СИНАЙСКОЙ, ПРОЗВАННОГО СХОЛАСТИКОМ[1] ПОИСТИНЕ СВЯТОГО ОТЦА

Составленное монахом Раифским Даниилом, мужем честным и добродетельным.

Не могу сказать с достоверной точностью, в каком достопамятном граде родился и воспитывался сей великий муж до исшествия своего на подвиг брани; а какой град ныне покоит и нетленною пищею питает сего дивного, это мне известно. Он пребывает ныне в том граде, о котором говорит велегласный Павел, взывая: «наше житие на небесех есть» (*Флп. 3:20*); невещественным чувством насыщается он блага, которым невозможно насытиться, и наслаждается невидимою добротою, духовно утешается духовным[2], получив воздаяния, достойные подвигов, и почесть за труды, не трудно понесенные – тамошнее наследие; и навсегда соединившись с теми, которых «нога ста на правоте» (*Пс. 25:12*). Но как сей вещественный достиг невещественных сил и совокупился с ними, это я постараюсь изъяснить по возможности.

Будучи шестнадцати лет телесным возрастом, совершенством же разума тысячелетен, сей блаженный принес себя самого, как некую чистую и самопроизвольную жертву Великому Архиерею, и телом взошел на Синайскую, а душою на небесную гору; с тем, думаю, намерением, чтобы от видимого сего места иметь пользу и лучшее наставление к достижению невидимого. Итак, отсекши бесчестную дерзость отшельничеством, сею обладательницею наших мысленных отроковиц³, восприяв же благолепное смиренномудрие, он, при самом вступлении в подвиг, весьма благоразумно отогнал от себя обольстительное самоугодие и самоверие; ибо преклонил свою выю и вверил себя искуснейшему учителю, чтобы, при благонадежном его руководстве, непогрешительно переплывать бурное море страстей. Умертвив себя таким образом, он имел в себе душу, как бы без разума и без воли, совершенно свободную и от естественного свойства; а еще удивительнее то, что, обладая внешнею мудростью, он обучался небесной простоте. Дело преславное! Ибо кичливость философии не совмещается со смирением. Потом по прошествии девятнадцати лет, предпослав к Небесному Царю своего учителя как молитвенника и заступника, и сам он исходит на поприще безмолвия, нося сильныя, на разорение твердынь, оружия — молитвы великого (своего отца); и избрав место удобное к подвигам уединения, в пяти стадиях от храма Господня (место это называется Фола), он провел там сорок лет в неослабных подвигах, всегда пылая горящую ревностию и огнем божественным. Но кто может выразить словами и восхвалить сказанием труды его, там понесенные? Впрочем, хотя через некоторые главные добродетели известимся о духовном богатстве сего блаженного мужа.

Он употреблял все роды пищи, без предосуждения разрешаемые иноческому званию, но вкушал весьма мало, премудро сокрушая и через это, как я думаю, рог кичливости. Итак, малоядением угнетал он госпожу оную, то есть плоть, многого похотливо желающую, голодом вопия к ней: молчи, престань, тем же, что вкушал от всего понемногу, порабощал он мучительство славолюбия; а пустынножитием и удалением от людей утолил он пламень сей (то есть телесной) печи, так что он совсем испепелился и угас совершенно. Милостынею и скудостию во всем потребном мужественный сей подвижник мужественно избежал идолослужения, то есть сребролюбия (*Кол. 3:5*), от ежечасной смерти душевной, то есть от уныния и расслабления (и) восставлял он душу, возбуждая ее памятию телесной смерти, как остном; а сплетение пристрастия и всяких чувственных помыслов разрешил невещественными узами святой печали. Мучительство гнева еще прежде было в нем умерщвлено мечом послушания, неисходным же уединением и всегдашним молчанием умертвил он пиявицу паутинного тщеславия. Что же скажу о той победе, которую сей добрый таинник одержал над осьмою отроковицею[4]. Что скажу о крайнейшем очищении, которое сей Веселеил послушания начал, а Владыка небесного Иерусалима, пришедши, совершил Своим присутствием; ибо без сего не может быть побежден диавол с сообразным ему полчищем. Где помещу, в настоящем нашем плетении венца, источник слез его (дарование не во многих обретающееся), которых тайное делателище и до ныне остается, – это небольшая пещера, находящаяся у подошвы некоторой горы; она настолько отстояла от его келлии и от всякого человеческого жилища, сколько нужно было для того, чтобы заградить слух от тщеславия; но к небесам она была близка рыданиями и взываниями, подобными тем, которые обыкновенно испускают пронзаемые мечами и прободаемые разженным железом, или лишаемые очей. Сна принимал он столько, сколько необходимо было, чтобы ум не повредился от бдения, а прежде сна много молился и сочинял книги; это упражнение служило ему единственным средством против уныния. Впрочем все течение жизни его была непрестанная молитва и пламенная любовь к Богу; ибо, день и ночь, воображая Его в светлости чистоты, как в зеркале, он не хотел, или точнее сказать, не мог насытиться.

Некто из монашествующих, именем Моисей, поревновав житию Иоанна, убедительно просил его, чтобы он принял его к себе в ученики и наставил на истинное любомудрие; подвигнув старцев на ходатайство, Моисей, через их просьбы, убедил великого мужа принять себя. Некогда авва повелел сему Моисею переносить с одного места на другое землю, которой требовало удобрение гряд для зелий; достигши указанного места, Моисей без лености исполнил повеление; но как в полдень настал чрезвычайный зной (а тогда был последний летний месяц), то он уклонился под большой камень, лег и уснул. Господь же, Который ничем не хочет опечалить рабов Своих, по обычаю Своему предупреждает угрожавшее ему бедствие. Ибо великий старец, сидя в келлии и размышляя о себе и о Боге, преклонился в тончайший сон и видит священнолепного мужа, который возбуждал его и посмеваясь сну его, говорил: «Иоанн, как ты беспечно спишь, когда Моисей в опасности?» Вскочивши немедленно, Иоанн вооружился молитвою за ученика своего; и когда тот вечером возвратился, спрашивал его, не случилась ли с ним какая-нибудь беда или нечаянность? Ученик ответил: огромный камень едва не раздавил меня, когда я спал под ним в полдень; но мне показалось, будто ты зовешь меня, и я вдруг выскочил из того места. Отец же, поистине смиренномудрый, ничего из видения не открыл ученику, но тайными воплями и воздыханиями любви восхвалял благого Бога.

Сей преподобный был и образцом добродетелей и врачем, исцелившим сокровенные язвы. Некто по имени Исаакий, будучи весьма сильно угнетаем бесом плотской похоти и уже изнемогший духом, поспешил прибегнуть к сему великому и объявил ему свою брань словами, растворенными рыданием. Дивный муж, удивляясь вере его, сказал: станем, друг, оба на молитву. И между тем, как молитва их кончилась, и страждущий еще лежал, повергшись ниц лицом, Бог исполнил волю раба Своего (*Пс. 144:19*), дабы оправдать слово Давидово; и змей, мучимый биениями истинной молитвы, убежал. А недужный, увидев, что избавился от недуга, с великим удивлением воссылал благодарение Прославившему и прославленному.

Другие, напротив, подстрекаемые завистью, называли его (преподобного Иоанна) излишне говорливым и пустословом. Но он вразумил их самих делом и показал всем, что «вся может о укрепляющем всех Христе» (*Флп. 4:13*); ибо молчал в течение целого года, так что порицатели его превратились в просителей и говорили: заградили мы источник приснотекущей пользы, ко вреду общего всех спасения. Иоанн же, чуждый прекословия, послушался и снова начал держаться первого образа жизни.

Потом, все, удивляясь преуспеянию его во всех добродетелях, как бы новоявленного Моисея, поневоле возвели его на игуменство братии и, возвысивши сей светильник на свещник начальства, добрые избиратели не погрешили; ибо Иоанн приблизился к таинственной горе, вшедши во мрак, куда не входят непосвященные; и возводимый по духовным степеням, принял богоначертанное законоположение и видение. Слову Божию отверз уста свои, привлек Духа, отрыгнул слово, и из благого сокровища сердца своего изнес слова благие. Он достиг конца видимого жития в наставлении новых Израильтян, т. е. иноков, тем одним отличаясь от Моисея, что вошел в горний Иерусалим, а Моисей, не знаю как, не достиг земного.

Дух Святой говорил его устами; свидетелями этому служат многие из тех, которые спаслись и до ныне спасаются через него. Превосходным свидетелем премудрости сего премудрого и подаваемого им спасения был новый оный Давид[5]. Свидетелем того же был и добрый Иоанн, преподобный наш пастырь (Раифский игумен). Он и убедил сего нового боговидца усильными своими просьбами, для пользы братий сойти помышлением с горы Синайской и показать нам свои богописанные скрижали, в которых наружно содержится руководство деятельное, а внутренно – созерцательное[6]. Таким описанием покусился я в немногих словах заключить многое; ибо краткость слова имеет красоту и в искусстве витийства[7].

О ТОМ ЖЕ АВВЕ ИОАННЕ, ИГУМЕНЕ СИНАЙСКОЙ ГОРЫ, ТО ЕСТЬ ЛЕСТВИЧНИКЕ

(Повествует один монах Синайский, который был, как и Даниил Раифский, современником преподобному Иоанну)

Некогда авва Мартирий пришел с аввою Иоанном к Анастасию великому; и сей взглянув на них, говорит авве Мартирию: «Скажи, авва Мартирий, откуда этот отрок, и кто постриг его?» Тот отвечал: «Он раб твой, отче, и я постриг его». Анастасий говорит ему: «О, авва Мартирий, кто бы подумал, что ты постриг игумена Синайского?» И святой муж не погрешил: по прошествии сорока лет, Иоанн сделан был нашим игуменом.

В другое время авва Мартирий, также взяв с собою Иоанна, пошел к великому Иоанну Савваиту, пребывавшему тогда в пустыне Гуддийской. Увидев их, старец встал, налил воды, умыл ноги авве Иоанну и облобызал его руку; авве же Мартирию ног не умывал, и потом, когда ученик его Стефан спросил, почему он так поступил, отвечал ему: «Поверь мне, чадо, я не знаю, кто этот отрок, но я принял игумена Синайского и умыл ноги игумену».

В день пострижения аввы Иоанна (а он постригся на двадцатом году своей жизни), авва Стратигий предсказал о нем, что он будет некогда великою звездою.

В тот самый день, когда поставили Иоанна нашим игуменом, и когда сошлось к нам около шести сот посетителей и все они сидели, вкушая пищу, Иоанн видел мужа с короткими волосами, одетого по-иудейски в плащаницу, который как некий распорядитель, ходил повсюду и раздавал приказания поварам, экономам, келарям и прочим служителям. Когда те люди разошлись и служители сели за трапезу, искали сего повсюду ходившего и раздававшего приказания, но нигде не нашли. Тогда раб Божий, преподобный отец наш Иоанн, говорит нам: «Оставьте его; господин Моисей ничего не сделал странного, послужив в своем месте».

Некогда в Палестинских странах было бездождие; авва Иоанн, по прошению тамошних жителей, помолился, и сошел обильный дождь. И нет ничего тут невероятного; ибо «волю боящихся Его сотворит Господь и молитву их услышит» (*Пс.144:19*).

Надобно знать, что *Иоанн Лествичник* имел родного брата, чудного авву Георгия, которого он еще при жизни своей поставил в Синае игуменом, сам любя безмолвие, которое и сначала уневестил себе сей премудрый. Когда же Моисей этот, преподобный игумен наш Иоанн, отходил ко Господу, тогда авва Георгий, брат его, стоял перед ним и говорил со слезами: «Итак, ты оставляешь меня и отходишь; я молился, чтобы ты проводил меня: ибо я не возмогу без тебя, господине мой, руководить сию дружину; но теперь мне должно проводить тебя». Авва Иоанн сказал ему на это: «Не скорби и не заботься: если буду иметь дерзновение ко Господу, то не оставлю тебя провести здесь и один год после меня». Что и сбылось; ибо в десятый месяц потом отошел и сей ко Господу[8].

ПОСЛАНИЕ СВЯТОГО ИОАННА, ИГУМЕНА РАИФСКОГО, К ДОСТОЧУДНОМУ ИОАННУ, ИГУМЕНУ СИНАЙСКОЙ ГОРЫ

Вышеестественному и равноангельному отцу отцев и превосходнейшему учителю грешный Раифский игумен желает радоваться о Господе.

Знавая прежде всего беспрекословное твое о Господе послушание, украшенное впрочем и всеми добродетелями и в особенности там, где надлежит умножить данный тебе от Бога талант, мы, убогие, употребляем поистине убогое и недостаточное слово, припоминая сказанное в Писании: «вопроси отца своего, и возвестит тебе, старцы твоя, и рекут тебе» (*Втор. 32:7*). И потому, припадая к тебе, как к общему всех отцу и старшему в подвижничестве, сильнейшему в быстроумии и превосходнейшему учителю, сим писанием нашим молим тебя, о, глава добродетелей, преподай нам невежественным то, что ты видел в боговидении, как древний Моисей, и на той же горе; и изложи это в книге, как на богописанных скрижалях, в назидание новых Израильтян, т. е. людей новоисшедших из мысленного Египта и из моря житейского. И как ты в оном море, вместо жезла Богоглаголивым языком твоим, при содействии Божием, чудодействовал: то и ныне, не презирая нашего прошения, благоволи о Господе, для спасения нашего благорассудительно и неленостно начертать законы, свойственные и приличные монашескому житию, будучи поистине великим наставником всех начавших такое ангельское жительство. Не подумай, будто слова наши происходят от лести или ласкательства: тебе, освященная глава, известно, что мы чужды таких действий, но в чем все уверены, что вне всякого сомнения, видимо всеми и о чем все свидетельствуют, что и мы повторяем. Итак надеемся о Господе скоро получить и облобызать ожидаемые нами драгоценные, на скрижалях оных, начертания, которые могут служить непогрешительным наставлением для истинных последователей Христовых и, как лествица, утвержденная даже до небесных врат (*Быт. 28:12*) возводит произволяющих, чтобы они безвредно, безбедственно и невозбранно проходили полчища духов злобы, миродержателей тьмы и князей воздушных. Ибо, если Иаков, пастырь бессловесных овец, видел на лествице такое страшное видение, то тем более предводитель словесных агнцев, не только видением, но и делом и истиною[9] может показать всем непогрешительный восход к Богу. Здравствуй о Господе, честнейший отче!

ОТВЕТ

Иоанн Иоанну желает радоваться.

Получил я, воистину достойное высокого и бесстрастного жития твоего и чистого и смиренного твоего сердца, посланное тобою к нам, нищим и убогим в добродетелях, честное твое писание, или, лучше сказать, заповедь и повеление, превосходящее нашу крепость. Так, это поистине тебе и твоей священной душе свойственно просить поучительного слова и наставления у нас, необученных и невежественных делом и словом; ибо она привыкла всегда показывать нам в себе образец смиренномудрия. Впрочем скажу и я теперь, что если бы мы не боялись впасть в великую беду отвержением от себя святого ига послушания, матери всех добродетелей, то и не дерзнули бы безрассудно на предприятие, превосходящее нашу силу.

Тебе, дивный отче, следовало бы, спрашивая о таких предметах, научаться от мужей, хорошо познавших это; ибо мы находимся еще в разряде учащихся. Но как богоносные отцы наши и тайноучители истинного познания определяют, что послушание есть несомненная покорность повелевающим и в тех делах, которые превышают нашу силу: то мы, благочестно презревши нашу немощь, смиренно покусились на труд, превосходящий нашу меру; хотя и не думаем принести тебе какую-нибудь пользу, или объяснить нечто такое, что и ты, священная глава, знаешь не меньше нас. Ибо не только я уверен, но и всякий, думаю, из здравомыслящих знает, что око ума твоего чисто от всякого земного и мрачного возмущения мрачных страстей, и невозбранно взирает на Божественный свет и озаряется им. Но, боясь смерти, рождающейся от преслушания, и как бы движимый сею боязнию на послушание, приступил я к исполнению всечестного повеления твоего со страхом и любовию, как искренний послушник и непотребный раб превосходнейшего живописца, и при скудном моем знании, и недостаточном выражении, одним только чернилом, однообразно начертав живые слова, предоставляю тебе, начальник учителей и чиноначальник, все это украсить, уяснить и, как исполнителю скрижалей и закона духовного, недостаточное восполнить. И не к тебе посылаю сей труд; нет, это было бы знаком крайнего неразумия, ибо ты силен о Господе не только иных, но и нас самих утверждать в божественных нравах и учениях, но к богозванной дружине братий, которые вместе с нами, учатся у тебя, о избранный учитель! К ним-то через тебя начинаю сие слово; их и твоими молитвами, как бы некими водами надежды будучи подъемлем, при всей тяжести невежества, простираю ветрило трости и со всяким молением предаю кормило слова нашего в руки доброму нашему сокормчему. Притом прошу всех читающих: если кто здесь усмотрит нечто полезное, то плод всего такого, как благоразумный, да приписывает великому наставнику нашему, а нам да просит воздаяния у Бога за сей слабый труд, не на бедность сочинения (поистине всякой неопытности исполненного), взирая, но принимая намерение приносящего, как вдовичье приношение[10]; ибо Бог воздает награду не множеству даров и трудов, но множеству усердия.

СЛОВО 1. ОБ ОТРЕЧЕНИИ ОТ ЖИТИЯ МИРСКОГО

1. Из всех созданных благим и преблагим и всеблагим Богом нашим и Царем (ибо слово к рабам Божиим прилично и начать от Бога), разумных и достоинством самовластия почтенных существ, одни суть други Его, другие истинные рабы, иные рабы непотребные, иные совсем чужды Его, а другие, наконец, хотя и немощны, однако противятся Ему. И други Его, о священный отче, как мы скудоумные полагаем, суть собственно умные и бестелесные существа, Его окружающие; истинные рабы Его — все те, которые неленостно и неослабно исполняют волю Его, и непотребные — те, которые, хотя и удостоились крещения, но обетов, данных при оном, не сохранили как должно. Под именем чуждых Бога и врагов Его следует разуметь неверных, или зловерных (еретиков); а противники Богу суть те, кои не только повеления Господня сами не приняли и отвергли, но и сильно вооружаются против исполняющих оное.

2. Каждое из сказанных состояний требует особенного и приличного слова; но для нас, невежд, в настоящем случае неполезно излагать это пространно. Итак поспешим теперь исполнить повеление истинных рабов Божиих, которые благочестиво нас понудили и верою своею убедили; в несомненном[11] послушании прострем недостойную нашу руку и, принявши трость слова от их же разума, омочим в темновидное, но светящееся сми-

енномудрие; и на гладких и чистых сердцах их, как на некоторой бумаге, или лучше сказать, на духовных скрижалях, станем живописать Божественные слова, или вернее, Божественные семена, и начнем так:

3. Всех одаренных свободною волею Бог есть и жизнь, и спасение всех, верных и неверных, праведных и неправедных, благочестивых и нечестивых, бесстрастных и страстных, монахов и мирских, мудрых и простых, здравых и немощных, юных и престарелых; так как все без изъятия пользуются излиянием света, сиянием солнца и переменами воздуха; «несть бо лицеприятия у Бога» (*Рим.2:11*).

4. Нечестивый есть разумное и смертное создание, произвольно удаляющееся от жизни оной (Бога), и о Творце своем присносущем помышляющее, как о несуществующем. Законопреступник есть тот, кто закон Божий содержит по своему злоумию и думает веру в Бога совместить с ересию противною. Христианин есть тот, кто, сколько возможно человеку, подражает Христу словами, делами и помышлениями, право и непорочно веруя во Святую Троицу. Боголюбец есть тот, кто пользуется всем естественным и безгрешным и, по силе своей, старается делать добро. Воздержник тот, кто посреди искушений, сетей и молвы, всею силою ревнует подражать нравам свободного от всего такого. Монах есть тот, кто, будучи облечен в вещественное и бренное тело, подражает жизни и состоянию бесплотных. Монах есть тот, кто держится одних только Божиих словес и заповедей во всяком времени и месте, и деле. Монах есть всегдашнее понуждение естества и неослабное хранение чувств. Монах есть тот, у кого тело очищенное, чистые уста и ум просвещенный. Монах есть тот, кто скорбя и болезная душею, всегда памятует и размышляет о смерти, и во сне и во бдении. Отречение от мира есть произ-

вольная ненависть к веществу, похваляемому мирскими, и отвержение естества, для получения тех благ, которые превыше естества.

5. Все, усердно оставившие житейское, без сомнения, сделали это или ради будущего царствия, или по множеству грехов своих, или из любви к Богу. Если же они не имели ни одного из сих намерений, то удаление их из мира было безрассудное. Впрочем, добрый наш Подвигоположник ожидает, каков будет конец их течения.

6. Исшедший из мира для того, чтобы избавиться от бремени грехов своих, да подражает тем, которые сидят над гробами вне города, и да не престает изливать теплые и горячие слезы, и да не прерывает безгласных рыданий сердца, до тех пор, пока и он не увидит Иисуса, пришедшего и отвалившего от сердца камень ожесточения, и ум наш, как Лазаря, от уз греховных разрешившего, и повелевшего слугам Своим, ангелам: «разрешите его от страстей и оставити его ити» (*Ин.11:44*), к блаженному бесстрастию. Если же не так, то (от удаления из мира) не будет ему никакой пользы.

7. Когда хотим выйти из Египта и бежать от Фараона, то и мы имеем необходимую нужду в некоем Моисее, т. е. ходатае к Богу и по Боге, который, стоя посреди деяния и видения, воздевал бы за нас руки к Богу, чтобы наставляемые им перешли море грехов и победили Амалика страстей. Итак, прельстились те, которые, возложив упование на самих себя[12], сочли, что не имеют нужды ни в каком путеводителе; ибо исшедшие из Египта имели наставником Моисея, а избежавшие из Содома – ангела. И одни из них т. е. исшедшие из Египта, подобны тем, которые с помощью врачей исцеляют душевные страсти, а другие подобны желающим совлечься нечистоты окаянного тела; потому они и требуют помощника – Ангела, т. е. равноангельного

мужа; ибо по гнилости ран потребен для нас и врач весьма искусный.

8. Покусившимся с телом взойти на небо, поистине потребны крайнее понуждение и непрестанные скорби, особенно в самом начале отречения, доколе сластолюбивый наш нрав и бесчувственное сердце истинным плачем не претворятся в боголюбие и чистоту. Ибо труд, поистине труд и большая сокровенная горесть неизбежны в сем подвиге, особенно для нерадивых, доколе ум наш, сей яростный и сластолюбивый пес, через простоту, глубокое безгневие и прилежание, не сделается целомудренным и люборассмотрительным. Впрочем, будем благодушны, страстные и изнемогающие; немощь нашу и душевное бессилие несомненною верою, как десною рукою, представляя и исповедуя Христу, непременно получим помощь Его, даже сверх нашего достоинства, если только всегда будем низводить себя в глубину смиренномудрия.

9. Всем приступающим к сему доброму подвигу, жестокому и тесному, но и легкому, должно знать, что они пришли ввергнуться в огонь, если только хотят, чтобы в них вселился невещественный огонь. Посему каждый да искушает себя, и потом уже от хлеба жития иноческого, который с горьким зелием, да яст, и от чаши сей, которая со слезами, да пиет: да не в суд себе воинствует. Если не всякий, кто крестился, спасется, то... умолчу о последующем.

10. Приходящие к сему подвигу должны всего отречься, все презирать, всему посмеяться, все отвергнуть, чтобы положить им твердое основание. Благое же основание, трехсоставное или трехстолпное, составляют незлобие, пост и целомудрие. Все младенцы во Христе да начинают с этих добродетелей, принимая в пример чувственных младенцев, у которых никогда ничего нет

злобного, ничего льстивого; нет у них ни алчности неутолимой, ни ненасытного чрева, ни телесного разжения; оно появляется уже впоследствии, с возрастом и может быть по умножении пищи.

11. Поистине достойно ненависти и бедственно, когда борющийся, при самом вступлении в борьбу, ослабевает, показывая этим верный признак близкого своего побеждения. От твердого начала, без сомнения будет нам польза, если бы мы впоследствии и ослабели; ибо душа, бывшая прежде мужественною и ослабевши, воспоминанием прежней ревности, как острым орудием, бывает возбуждаема, посему многократно некоторые воздвигали себя таким образом (от расслабления).

12. Когда душа, предательствуя сама себя, погубит блаженную и вожделенную теплоту, тогда пусть исследует прилежно, по какой причине она ее лишилась: и на эту причину да обратит весь труд свой и все прилежание; ибо прежнюю теплоту нельзя иначе возвратить, как теми же дверьми, которыми она вышла.

13. Отрекшийся от мира из страха подобен фимиаму, который сперва благоухает, а после оканчивается дымом. Оставивший мир ради воздаяния подобен мельничному жернову, который всегда одинаково движется; а исшедший из мира по любви к Богу в самом начале приобретает огонь, который, быв ввержен в вещество, вскоре возжет сильный пожар.

14. Некоторые кладут в строение кирпич поверх камня; другие утвердили столбы на земле; а иные, пройдя небольшую часть пути и разогрев жилы и члены потом шли быстрее. Разумеющий да разумеет, что значит это гадательное слово[13].

15. Как позванные Богом и Царем усердно устремимся в путь, дабы нам, маловременным на земле, в день смерти не явиться бесплодными и не погибнуть от голода.

Богоугодим Господу, как воины угождают Царю; ибо вступивши в это звание, мы подлежим строгому ответу о служении. Убоимся Господа хотя так, как боимся зверей; ибо я видел людей, шедших красть, которые Бога не убоялись, а услышав там лай собак, тотчас возвратились назад, и чего не сделал страх Божий, то успел сделать страх зверей. Возлюбим Господа хотя так, как любим и почитаем друзей: ибо я много раз видел людей, прогневавших Бога и нисколько о том не заботившихся, но те же самые, какою-нибудь малостию огорчив своих друзей, употребляли все искусство, выдумывали всякие способы, всячески изъявляли им свою скорбь и свое раскаяние, и лично, и через иных, друзей и родственников, приносили извинения, и посылали оскорбленным подарки, чтобы только возвратить прежнюю их любовь.

16. В самом начале отречения без сомнения с трудом, понуждением и горестию исполняем добродетели; но преуспевши, перестаем ощущать в них скорбь, или ощущаем, но мало; а когда плотское мудрование наше будет побеждено и пленено усердием, тогда совершаем их уже со всякою радостию и ревностию, с вожделением и Божественным пламенем.

17. Сколько похвальны те, которые с самого начала со всею радостию и усердием совершают заповеди: столько достойны жалости те, которые, долго пребывая в иноческом обучении, еще с трудом совершают, хотя и совершают, подвиги добродетелей.

18. Не будем презирать или осуждать и такие отречения, которые бывают по обстоятельствам; ибо я видел бывших в бегстве, которые нечаянно встретившись с царем, против своего желания пошли в след его, и вшедши с ним в чертог, воссели вместе с ним за трапезу. Видел я, что семя, нечаянно упавшее на землю, принесло изобильный и прекрасный плод; как и противное сему случается.

Опять видел я человека, который пришел во врачебницу не за тем, чтобы лечиться, а по некоторой другой потребности, но, привлеченный и удержанный ласковым приемом врача, он освободился от мрака, лежавшего на его очах. Таким образом и невольное в некоторых было тверже и надежнее, чем произвольное в других.

19. Никто не должен, выставляя тяжесть и множество грехов своих, называть себя недостойным монашеского обета, и ради своего сладострастия мнимо унижать себя, вымышляя извинения в грехах своих (*Пс. 140:4*): ибо где много гнилости, там нужно и сильное врачевание, которое очистило бы скверну; а здоровые не поступают в больницу.

20. Если бы земной царь позвал нас и пожелал бы нас поставить в служение пред лицем своим; мы не стали бы медлить, не извинялись бы, но оставив все, усердно поспешили бы к нему. Будем же внимать себе, чтобы когда Царь царствующих и Господь господствующих и Бог богов зовет нас к небесному сему чину, не отказаться по лености и малодушию, и на великом суде Его не явиться безответными. Может ходить и тот, кто связан узами житейских дел и попечений, но неудобно; ибо часто и те ходят, у которых железные оковы на ногах: но они много претыкаются, и получают от этого язвы. Человек неженатый, а только делами связанный в мире, подобен имеющему оковы на одних руках; а потому, когда он ни пожелает, может невозбранно прибегнуть к монашескому житию; женатый же подобен имеющему оковы и на руках и на ногах.

21. Некоторые люди, нерадиво живущие в мире, спросили меня, говоря: «Как мы, живя с женами и оплетаясь мирскими попечениями, можем подражать житию монашескому?» Я отвечал им: «Все доброе, что только можете делать, делайте; никого не укоряйте, не окрады-

вайте, никому не лгите, ни перед кем не возноситесь, ни к кому не имейте ненависти, не оставляйте церковных собраний, к нуждающимся будьте милосерды, никого не соблазняйте, не касайтесь чужой части[14], будьте довольны оброки жен ваших. Если так будете поступать, то не далеко будете от царствия небесного».

22. С радостию и страхом приступим к доброму сему подвигу; не будем бояться врагов наших, ибо они взирают на лице нашей души, хотя сами и невидимы; и когда заметят, что оно изменилось от боязни, тогда сии коварные яростнее вооружаются против нас, зная, что мы устрашились. Итак вооружимся против них благодушно, ибо с мужественным борцом никто бороться не смеет.

23. Господь, по особенному промыслу Своему облегчил брань для новоначальных, чтобы они при самом начале не возвратились тотчас же в мир. Итак радуйтесь всегда о Господе, все рабы Божии, видя в этом первый знак любви Господней к вам, и что Он Сам вас призвал. Впрочем знаем, что Бог часто и другим образом поступает; т. е. когда Он видит мужественные души, то с самого начала попускает на них брани, желая их скоро увенчать. Но от живущих в мире Господь утаил неудобство, или лучше сказать удобство сего поприща; ибо если бы они это знали, то никто не отрекался бы от мира.

24. Усердно приноси Христу труды юности твоей и возрадуешься о богатстве бесстрастия в старости: ибо собираемое в юности питает и утешает изнемогших в старости. Юные! Потрудимся ревностно, потечем трезвенно; ибо смерть неизвестна. Мы имеем врагов лукавых и злых, коварных, пронырливых, державших огонь в руках и желающих сжечь храм Божий тем самым пламенем, который в нем[15], врагов сильных и никогда не спящих, невещественных и невидимых. Итак никто из юных не должен слушать враждебных бесов, когда они внушают

ему, говоря: «Не изнуряй своего тела, чтобы не впасть в болезнь и немощи». Ибо едва ли найдется кто-нибудь, особенно в настоящем роде, решившийся умертвить свое тело, хотя иной и лишает себя многих и сладких яств; намерение же бесов в этом случае состоит в том, чтобы и самое вступление наше в подвиг сделать слабым и нерадивым, а потом и конец сообразным началу.

25. Желающие истинно работать Христу прежде всего да приложат старание, чтобы при помощи духовных отцов и собственным рассуждением, избрать себе приличные места и образы жизни, пути и обучения: ибо не для всех полезно общежитие, по причине сластолюбия. И не все способны к безмолвию, по причине гнева[16]; но каждому должно рассматривать, какой путь соответствует его качествам.

26. Все житие монашеское содержится в трех главных устроениях и образах подвига: или в подвижническом уединении и отшельничестве; или в том, чтобы безмолвствовать с одним и, много, с двумя; или, наконец, в том, чтобы терпеливо пребывать в общежитии. «Не уклонися, – говорит Екклесиаст, – ни на десно, ниже на шуе» (*Притч.4:27*), но путем царским иди. Средний из этих образов жизни многим приличен; – ибо тот же Екклесиаст говорит: «горе единому», ибо если он «падет» в уныние (*Еккл. 4:10*), или в сонливость, или в леность, или в отчаяние, то нет человека «воздвигнути его». «А идеже еста два или трие собрани во имя Мое, ту есмь посреде их», – сказал Господь (*Мф.18:20*).

27. Итак, кто есть инок верный и мудрый? Кто горячность свою сохранил неугасимою, и даже до конца жизни своей не переставал всякий день прилагать огонь к огню, горячность к горячности, усердие к усердию, и желание к желанию.

Первая степень. Вступивший в нее не обращайся вспять.

СЛОВО 2. О БЕСПРИСТРАСТИИ, ТО ЕСТЬ, ОТЛОЖЕНИИ ПОПЕЧЕНИЙ И ПЕЧАЛИ О МИРЕ

1. Кто истинно возлюбил Господа, кто истинно желает и ищет будущего царствия, кто имеет истинную скорбь о грехах своих, кто поистине стяжал память о вечном мучении и страшном суде, кто истинно страшится своего исхода из сей жизни, тот не возлюбит уже ничего временного, уже не позаботится и не попечется ни об имениях и приобретениях; ни о родителях, ни о славе мира сего, ни о друзьях, ни о братьях, словом, ни о чем земном, но отложив все мирское и всякое о нем попечение, еще же и прежде всего, возненавидев самую плоть свою, наг, и без попечений и лености последует Христу, непрестанно взирая на небо и оттуда ожидая себе помощи, по слову святого, сказавшего: «прильпе душа моя по Тебе» (*Пс.62:9*); и по изречению иного приснопамятного: «аз же не утрудихся, последуяй тебе, и дне, или покоя человека не пожелах, Господи» (*Иер.17:16*).

2. Великий стыд нам, оставившим все вышеозначенное, после призвания, которым Господь, а не человек, нас позвал, заботиться о чем-нибудь таком, что не может принести нам пользы во время великой нашей нужды, то есть во время исхода души. Сие то значит, как Господь сказал, обратиться вспять, и не быть управлену в царствие небесное. Господь наш, зная удобопоползновенность нашу в новоначалии, и что мы, живя и обращаясь с мирскими, легко

можем опять возвратиться в мир, сказавшему: «повели мне пойти погребсти отца моего, – говорит: остави мертвыя погребсти своя мертвецы» (*Лк.9:59–60*).

3. Бесы, по отречении нашем от мира, внушают нам ублажать милостивых и сострадательных из мирян, а себя окаявать, как лишивших себя таковых добродетелей. Намерение же сих врагов наших то, чтобы чрез ложное смирение или в мир возвратить нас, или, если останемся в монашестве, низринуть нас в отчаяние. Иное дело, по высокомерию своему уничижать живущих в мире; а иное в удалении от них, осуждать их, с тем, чтобы избежать отчаяния и стяжать надежду спасения.

4. Итак, услышим, что Господь сказал юноше оному, по-видимому исполнившему все заповеди: «единаго ти недостает, продать имение и раздать нищим» (*Лк. 18:22*), и самого себя сделать нищим, приемлющим милостыню от других.

5. Все желающие с пламенным усердием проходить подвиг (иночества), рассмотрим внимательно, как Господь всех пребывающих в мире и живых назвал мертвыми, сказав некоему: «оставь мертвым, то есть мирянам, умершим в суете мирской, погребать мертвых телом» (*Лк.9:60*). Богатство нисколько не препятствовало оному юноше приступить ко крещению. Посему напрасно некоторые думают, что Господь ради крещения повелевал ему продать богатство. Этого свидетельства Христова да будет довольно для совершенного уверения нас в величайшей славе монашеского звания.

6. Должно исследовать, почему живущие в мире, и пребывающие в бдениях, в постах и злострадании, когда, по удалении из мира, приступают к монашескому житию, как к месту испытания и подвижническому поприщу, не проходят уже прежнего своего подвига, ложного и притворного. Видел я весьма многие и различные растения

добродетелей, насаждаемые мирскими людьми, и как бы от подземного стока нечистоты напаяемые тщеславием, окапываемые самохвальством и утучняемые навозом похвал; но они скоро засохли, когда были пересажены на землю пустую, недоступную для мирских людей, и не имеющую смрадной влаги тщеславия, ибо любящие влагу растения не могут приносить плода в сухих и безводных местах.

7. Если кто возненавидел мир, тот избежал печали. Если же кто имеет пристрастие к чему-либо видимому, то еще не избавился от нее; ибо как не опечалиться, лишившись любимой вещи? Хотя во всем нужно нам иметь великое трезвение, но прежде прочего должно в этом отношении наиболее быть разумно внимательными. Я видал многих в мире, которые чрез попечения, заботы, занятия и бдения телесные избегали неистовства своего тела; но вступивши в монашество и обеспеченные здесь по всему, жалким образом осквернялись от плотского движения[17].

8. Будем внимать себе, чтобы, думая идти узким и тесным путем, в самом деле не блуждать по пространному и широкому. Узкий путь будет тебе показан утеснением чрева, всенощным стоянием, умеренным питием воды, скудостью хлеба, чистительным питием бесчестия, принятием укоризн, осмеяний, ругательств, отсечением своей воли, терпением оскорблений, безропотным перенесением презрения и тяготы досаждений, когда будешь обижен – терпеть мужественно; когда на тебя клевещут – не негодовать; когда уничижают – не гневаться; когда осуждают – смиряться. – "Блаженны ходящие стезями показанного здесь пути, яко тех есть царство небесное" (*Мф. 5:3–12*).

9. Никто увенчанным не войдет в небесный чертог, если не совершит первого, второго и третьего отрече-

ния. Первое есть отречение от всех вещей, и человеков, и родителей; второе есть отречение своей воли; а третие – отвержение тщеславия, которое следует за послушанием. «Изыдите от среды их, и отлучится, и нечистоте мира не прикасайтеся, глаголет Господь» (*2Кор.6:17*). Ибо кто из мирян сотворил когда-нибудь чудеса? Кто воскресил мертвых? Кто изгнал бесов? Никто. Все это – победные почести иноков и мир не может вместить оных; если же бы мог, то к чему было бы монашество и удаление из мира?

10. Когда бесы по отречении нашем начнут распалять наше сердце воспоминанием об родителях и сродниках наших, тогда вооружимся против них молитвою, и воспламеним себя памятию о вечном огне, чтобы воспоминанием об оном угасить безвременный огонь нашего сердца.

11. Если кто думает, что не имеет пристрастия к какой-нибудь вещи, а лишившись ее, печалится сердцем, то вполне прельщает самого себя.

12. Юные, расположенные к плотской любви и чревоугождению, если захотят вступить в монашество, должны обучать себя в нем со всяким трезвением и вниманием, и понуждать себя удаляться от всякого наслаждения и лукавства, чтобы последнее не было для них горше первого. Сие пристанище бывает причиною и спасения, и бед: это знают преплывающие сие мысленное море. Но жалкое зрелище, когда спасшиеся в пучине претерпевают потопление в самом пристанище.

Степень вторая. Текущий да бежит, подражая Лоту, а не жене его.

СЛОВО 3. О СТРАННИЧЕСТВЕ, ТО ЕСТЬ, УКЛОНЕНИИ ОТ МИРА

1. Странничество есть невозвратное оставление всего, что в отечестве сопротивляется нам в стремлении к благочестию. Странничество есть не дерзновенный нрав, неведомая премудрость, необъявляемое знание, утаиваемая жизнь, невидимое намерение, необнаруживаемый помысл, хотение уничижения, желание тесноты, путь к Божественному вожделению, обилие любви, отречение от тщеславия, молчания глубины.

2. В начале обыкновенно, как бы огнем божественным, сильно и продолжительно беспокоит любителей Господних помысл об удалении от своих, желанием худости и тесноты побуждающий к оному любителей такового добра. Но сколь велик и достохвален сей подвиг, столь великого и рассуждения требует; ибо не всякое странничество, предпринимаемое в крайней степени, есть добро[18].

3. Если всякий пророк без чести в своем отечестве, как сказал Господь; то должно остерегаться, чтобы уклонение от мира не было нам поводом к тщеславию. Ибо странничество есть отлучение от всего, с тем намерением, чтобы сделать мысль свою неразлучною с Богом. Странник есть любитель и делатель непрестанного плача. Странник есть тот, кто избегает всякой привязанности, как к родным, так и к чужим.

4. Поспешая к жизни уединенной, или странничеству, не дожидайся миролюбивых душ, ибо тать приходит нечаянно. Многие, покусившись спасать вместе с собою нерадивых и ленивых, и сами вместе с ними погибли, когда огонь ревности их угас со временем. Ощутивши пламень, беги; ибо не знаешь, когда он угаснет, и оставит тебя во тьме. О спасении других не все подлежим ответу; ибо божественный Апостол говорит: темже убо кийждо нас, братие, о себе слово даст Богу. И опять: «научая иного, себе ли не учиши?» (*Рим.2:21*). Как бы сказал: все ли должны мы пещись о других, не знаю; о самих же себе всячески должны мы заботиться.

5. Странничествуя, остерегайся праздноскитающегося и сластолюбивого беса; ибо странничество дает ему повод искушать нас.

6. Хорошо беспристрастие, а матерь его есть уклонение от мира. Устранившийся всего ради Господа не должен уже иметь никакой связи с миром. Дабы не оказалось, что он скитается для удовлетворения своим страстям.

7. Устранившись мира, не прикасайся к нему более: ибо страсти удобно опять возвращаются.

8. Ева невольно изгоняется из рая, монах же добровольно выходит из своего отечества; ибо та снова пожелала бы вкусить от древа преслушания, а сей непременно подвергся бы беде от сродников по плоти.

9. Тех мест, которые подают тебе случай к падению, убегай как бича; ибо когда мы не видим запрещенного плода, то не так сильно его и желаем.

10. Да не скроется от тебя и следующая хитрость и лесть невидимых врагов: они советуют нам не отлучаться от мирских, внушая, что мы получим великую награду, если видя женский пол, будем себя удерживать. Но не должно им в этом покоряться, а делать противное их внушению.

11. Когда мы, на год или на несколько лет удалившись от своих родных, приобретем малое некоторое благоговение, или умиление, или воздержание, тогда суетные помыслы, приступивши, побуждают нас опять идти в отечество для назидания, говорят, и примера и пользы многих, видевших некогда наши беззаконные дела; а если мы еще богаты даром слова и имеем сколько-нибудь духовного разума, тогда уже как спасителям душ и учителям, советуют они нам возвратиться в мир, с тем, чтобы мы благополучно собранное в пристанище бедственно расточили в пучине. Постараемся подражать Лоту, а не жене его; ибо душа, обратившись туда, откуда вышла, уподобится соли, потерявшей силу, и сделается неподвижною. Беги из Египта невозвратно; ибо сердца, обратившиеся к нему, не увидели Иерусалима, т. е. земли бесстрастия. Хотя тем, которые в начале, ради младенчественности духовной, оставили своих и успели совершенно очиститься, и можно с пользою возвратиться к ним, в том намерении, чтобы, как сами спаслись, так спасти и некоторых из ближних; впрочем Моисей Боговидец и Самим Богом посланный на спасение единоплеменного рода, претерпел многие беды в Египте, т. е. помрачения в мире.

12. Лучше оскорбить родителей, нежели Господа, потому что Сей и создал, и спас нас; а те часто погубляли своих возлюбленных, и подвергали их вечной муке.

13. Странник тот, кто везде с разумом пребывает, иноязычный среди иноязычного народа. Мы удаляемся от близких наших, или от мест, не по ненависти к ним (да не будет сего), но избегая вреда, который можем от них получить. Как во всех благих делах, так и в сем, учителем нашим есть Сам Христос; ибо видим, что и он многократно оставлял родителей по плоти, и когда некоторые сказали; «мати Твоя и братия Твоя ищут Тебе»

(*Мк. 3:32*), благий наш Господь и Учитель тотчас показал бесстрастную ненависть к ним, сказавши: «мати Моя и братия Моя суть творящие волю Отца Моего, Иже есть на небесех» (*Мф.12:49*).

14. Да будет отцем твоим тот, кто может и хочет потрудиться с тобою для свержения бремени твоих грехов; а материю – умиление, которое может омыть тебя от скверны; братом – сотрудник и соревнитель в стремлении к горнему; сожительницу неразлучную стяжи память смерти; любезными чадами твоими да будут сердечные воздыхания; рабом да будет тебе тело твое, а друзей приобретай в небесных силах, которые во время исхода души могут быть полезными для тебя, если будут твоими друзьями. «Сей есть род (т. е. сродство) ищущих Господа» (*Пс.23:6*).

15. Любовь Божия угашает любовь к родителям; а кто говорит, что он имеет ту и другую, обманывает сам себя, ибо сказано: «никто же может двема господинома работати» (*Мф.6:24*), и проч. «Не приидох, – говорит Господь, – мир воврещи на землю» (*Мф.10:34*), т. е. мир между родителями и их сынами и братьями, желающими Мне работать, но брань и меч, чтобы боголюбивых отлучить от миролюбивых, вещественных от невещественных (плотских от духовных), славолюбивых от смиренномудрых; ибо Господь веселится о разделении и разлучении, бывающем из любви к Нему.

16. Берегись, берегись, чтобы за пристрастие к возлюбленным тобою родственникам все у тебя не явилось как бы объятым водами, и чтобы ты не погиб в потопе миролюбия. Не склоняйся на слезы родителей и друзей; в противном случае будешь вечно плакать. Когда родственники окружат тебя, как пчелы, или лучше сказать, как осы, оплакивая тебя: тогда немедленно обрати душевные очи твои на смерть и на дела (твои[19]), чтобы тебе

можно было отразить одну скорбь другою. Сии наши, или лучше не наши, лукаво обещаются сделать для нас все, что мы любим; намерение же их то, чтобы воспрепятствовать доброму нашему стремлению, а потом уже привлечь нас к своей цели.

17. Удаляясь от мира, мы должны избирать для жительства места, лишенные случаев к утешению и тщеславию и смиренные; если же не так, то мы действуем по страсти.

18. Утаевай благородство свое и не величайся своею знатностью, чтобы не оказался ты один на словах, а другой на деле.

19. Никто в такой мере не предавал себя странничеству, как тот Великий, который услышал: «изыди от земли твоея, и от рода твоего, и от дому отца твоего» (*Быт.12:1*), и притом был призываем в иноплеменную и варварскую землю.

20. Иногда Господь много прославляет того, кто сделается странником по примеру сего Великого; но хотя сия слава и от Бога дается, однако ее хорошо отвращать щитом смирения.

21. Когда бесы, или и люди будут хвалить нас за странничество, как за великий подвиг, тогда помыслим о Том, Который ради нас снишел на землю в виде странника и найдем, что мы воздать за сие во веки веков не можем.

22. Пристрастие к кому-нибудь из родственников, или из посторонних, весьма вредно; оно может мало-помалу привлечь нас к миру и совершенно погасить огонь нашего умиления. Как невозможно одним глазом смотреть на небо, а другим на землю: так невозможно не подвергнуться душевным бедствиям тому, кто мыслями и телом не устранился совершенно от всех своих родственников и не-родственников.

23. Добрый и благоустроенный нрав приобретается многим трудом и подвигом, но можно в одно мгновение потерять то, что было приобретено и многим подвигом. «Тлят бо обычаи благи беседы злыя» (*1Кор.15:33*), мирские и непристойные. Кто по отречении от мира обращается с мирскими людьми, или близ них пребывает, тот, без сомнения, или впадает в их дела и сети, или осквернит сердце помышлением о них; или хотя не оскверняясь, но осуждая оскверняющихся, и сам с ними осквернится.

О сновидениях, бывающих новоначальным

24. Нельзя скрыть того, что понятие ума нашего весьма несовершенно и всячески исполнено неведения; потому что гортань различает снеди, слух распознает мысли; при взгляде на солнце оказывается немощь очей; а неразумие души обнаруживают слова. Но закон любви понуждает и на то простираться, что выше силы. Итак я думаю (впрочем не утверждаю), что после слова о странничестве и даже в самом этом слове, должно сказать несколько о сновидениях, чтобы нам знать и о сем коварстве злохитрых наших врагов.

25. Сновидение есть движение ума при недвижности тела. Мечтание есть обман очей в усыплении мысли. Мечтание есть исступление ума при бодрствовании тела. Мечтание есть видение того, чего нет.

26. Причина, по которой мы после предшествовавшего слова решились говорить о сновидениях, очевидна. Когда мы, ради Господа, оставив свои домы и родственников, предаем себя отшельнической жизни из любви к Богу: тогда бесы стараются возмущать нас сновидениями, представляя нам сродников наших или сетующих, или за нас в заключении держимых и другие напасти

терпящих. Посему кто верит снам, тот подобен человеку, который бежит за своею тенью и старается схватить ее.

27. Бесы тщеславия – пророки в снах; будучи пронырливы, они заключают о будущем из обстоятельств и возвещают нам оное, чтобы мы, по исполнении сих видений, удивились и, как будто уже близкие к дарованию прозрения, вознеслись мыслию. Кто верит бесу, для тех он часто бывает пророком; а кто презирает его, пред теми всегда оказывается лжецом. Как дух, он видит случающееся в воздушном пространстве и, заметив например, что кто-нибудь умирает, он предсказывает это легковерным чрез сновидение. Бесы о будущем ничего не знают по предведению; но известно, что и врачи могут нам предсказывать смерть.

28. Бесы многократно преобразуются в ангелов света и в образ мучеников и представляют нам в сновидении, будто мы к ним приходим; а когда пробуждаемся, то исполняют нас радостию и возношением. Сие да будет тебе знаком прелести; ибо ангелы показывают нам муки, страшный суд и разлучения, а пробудившихся исполняют страха и сетования. Если станем покоряться бесам в сновидениях, то и во время бодрствования они будут ругаться над нами. Кто верит снам, тот вовсе не искусен; а кто не имеет к ним никакой веры, тот любомудр. Итак, верь только тем сновидениям, которые возвещают тебе муку и суд; а если приводят тебя в отчаяние, то и они от бесов.

Сия третья степень, равночисленная святой Троице. Вступивший на нее да не озирается «ни на десно, ни налево» (*Втор.5:32*)

СЛОВО 4. О БЛАЖЕННОМ И ПРИСНОПАМЯТНОМ ПОСЛУШАНИИ

1. По порядку слова прилично нам предложить теперь о подвижниках и страдальцах Христовых; ибо как всякий плод предваряется цветом, так всякому послушанию предшествует уклонение от мира, телом или волею. Двумя сими добродетелями (т. е. уклонением от мира и отвержением своей воли) преподобное послушание, как златыми крылами, безленостно входит на небо: и, может быть, о сих-то крылах некоторый духоносец воспел: «кто даст ми криле яко голубине, и полещу деянием, и почию» (*Пс. 54:7*) в видении и смирении.

2. Не преминем, если угодно, изъяснить в этом слове и самый образ воинствования сих мужественных ратников: как они держат щит веры к Богу и своему наставнику, отвращая им, так сказать, всякий помысл неверия и перехождение (в другое место); и всегда вознося меч духовный, убивают им всякую собственную волю, приближающуюся к ним, и будучи одеты в железную броню кротости и терпения, отражают ею всякое оскорбление, уязвление и всякие стрелы; имеют они и шлем спасения, – молитвенный покров своего наставника; ногами же своими не стоят совокупленно, но одну простирают на служение, а другую имеют неподвижно на молитве.

3. Послушание есть совершенное отречение от своей души, действиями телесными показуемое; или наобо-

рот, послушание есть умервщление членов телесных при живом уме. Послушание есть действие без испытания, добровольная смерть, жизнь чуждая любопытства, беспечалие в бедах, неуготовляемое пред Богом оправдание, бесстрашие смерти, безбедное плавание, путешествие спящих. Послушание есть гроб собственной воли и воскресение смирения... Послушный, как мертвый, не противоречит и не рассуждает, ни в добром, ни во мнимо худом; ибо за все должен отвечать тот, кто благочестиво умертвил душу его[20]. Послушание есть отложение рассуждения и при богатстве рассуждения.

4. Начало умервщления и душевной воли и членов тела, бывает прискорбно; средина иногда бывает с прискорбием, иногда без прискорбия, а конец уже без всякого ощущения и возбуждения скорби. Тогда в скорби и болезни сердечной бывает сей блаженный и живой мертвец, когда увидит, что исполняет свою волю; ибо страшит его бремя собственного осуждения.

5. О, вы, которые решились вступить на поприще сего мысленного исповедничества; вы, которые хотите взять на выю свою иго Христово; вы, которые отселе желаете сложить бремя свое на выю другого; которые стремитесь добровольно продать себя в рабство, чтобы в замену оного получить истинную свободу; вы, которые преплываете великую сию пучину, будучи поддерживаемы руками других: знайте, что вы покусились идти путем кратким, хотя и жестоким, на котором одна только есть стезя, вводящая в заблуждение: она называется самочинием. Кто совершенно отвергся самочиния и в том, что он почитает добрым, духовным и богоугодным, тот уже достиг цели, прежде нежели вступил в подвиг, потому что послушание есть неверование себе самому во всем добром, даже до конца жизни своей.

6. Когда мы, в намерении и разуме смиренномудрия желаем покорить себя ради Господа, и без сомнения вверить спасение наше иному: то, еще прежде вступления нашего на сей путь, если мы имеем сколько-нибудь проницательности и рассуждения, должны рассматривать, испытывать и, так сказать, искусить сего кормчего, чтобы не попасть нам вместо кормчего на простого гребца, вместо врача на больного, вместо бесстрастного на человека, обладаемого страстьми, вместо пристани в пучину, и таким образом не найти готовой погибели. Но по вступлении на поприще благочестия и повиновения уже отнюдь не должны мы испытывать или судить в чем-нибудь доброго нашего наставника и судию, хотя, может быть, в нем, как в человеке, и увидим некоторые малые согрешения. Если же не так, то сделавшись сами судиями, не получим никакой пользы от повиновения.

7. Желающим соблюдать всегда несомненную веру к наставникам необходимо нужно незабвенно и неизгладимо хранить в сердце своем их добродетели, с тем, чтобы воспоминанием об оных заградить уста бесам, когда они станут в нас всевать к ним неверие: ибо сколько вера цветет в сердце, столько и тело успевает в служении, а кто преткнулся о камень неверия, тот уже пал; ибо всячески, «еже не от веры, грех есть» (*Рим.14:23*). Когда помысл склоняет тебя испытать или осудить твоего наставника, как от блуда отскочи от оного; не давай сему змию никакого послабления, ни места, ни входа, ни приступа, но говори ему: «О, прелестник! не я над наставником, а он надо мною получил суд: не я его, а он мой судья».

8. Отцы псалмопение называют оружием, молитву стеною, непорочные слезы умывальницею, а блаженное послушание назвали исповедничеством, без которого никто из страстных не узрит Господа.

9. Послушник сам на себя произносит суд; потому что, если он совершенно повинуется ради Господа, то хотя он и не думает, что совершенно послушен, но от суда своего (т. е. обличений совести) освобождается; если же он в чем-нибудь исполняет свою волю, то хотя ему и будет казаться, что он повинуется, однако сам несет свое бремя[21]. Впрочем хорошо бы было, если бы наставник не переставал обличать его; если же он умолкнет, то не знаю уже что и сказать об этом. В простоте повинующиеся ради Господа благополучно совершают путь свой, не навлекая на себя коварства бесов своими тонкими исследованиями.

10. Прежде всего исповедуем доброму судии нашему согрешения наши наедине; если же повелит, то и при всех, ибо язвы объявляемые не преуспевают на горшее, но исцелеют.

О разбойнике покаявшемся

11. Пришедши в некоторое общежитие, видел я страшное судилище доброго судии и пастыря. В мою бытность там случилось, что один разбойник пришел, изъявляя желание вступить в монашество. Превосходный пастырь оный и врач повелел ему семь дней пользоваться совершенным покоем, и только рассматривать устроение обители. По прошествии седьмого дня, пастырь призывает его и спрашивает наедине: желает ли он остаться с ними жить? И увидев, что он со всею искренностью согласился, опять спрашивает его, что он сделал худого, живя в мире. Разбойник немедленно и со всем усердием исповедал ему все грехи свои. Тогда пастырь, искушая его, сказал: «Хочу, чтобы ты объявил все это перед всем братством». Он же, истинно возненавидевши грех свой и презревши весь стыд, не колеблясь обещался исполнить

сие, говоря: «Если хочешь, то сделаю это даже посреди Александрии». Тогда пастырь собрал в *церковь* всех своих овец, которых было триста тридцать, и во время совершения Божественной литургии (ибо день был воскресный), по прочтении Евангелия, повелел ввести сего непорочного осужденника. Некоторые из братии влекли его и слегка ударяли; руки были у него связаны назади, он был одет в волосяное вретище и голова его была посыпана пеплом, так что от одного этого зрелища все ужаснулись и воскликнули с плачем; ибо никто не знал, что все это значит. Потом, когда он был близ святых дверей, священный оный и человеколюбивый судия воззвал к нему громким голосом: «остановись, ибо ты недостоин войти сюда». Пораженный исшедшим к нему из алтаря гласом пастыря (ибо, как он после с клятвою уверял нас, ему казалось, что он слышит гром, а не голос человеческий), разбойник пал на землю, трепеща и весь потрясен быв страхом. Когда он, таким образом повергшись на землю, омочил помост слезами, тогда сей чудный врач, который всеми мерами устроивал его спасение и всем подавал образ спасения и действительного смирения, повелел ему объявлять пред всеми, подробно, все сделанные им беззакония: и он с трепетом исповедал один за другим все возмутительные для слуха грехи свои, не только плотские, по естеству и против естества сделанные с людьми и животными, но и чародеяния, и убийства, и другие злодеяния, которые не следует ни слышать, ни придавать писанию. Тотчас после сей исповеди пастырь повелел его постричь и причислить к братии.

12. Удивляясь премудрости сего преподобного, я спросил его наедине, для чего он употребил столь странный образ покаяния? По двум причинам, отвечал сей истинный врач: во-первых для того, чтобы исповедавшегося настоящим посрамлением избавить от будущего;

что и сбылось, ибо он, брате Иоанне, не прежде встал с помоста, как получивши прощение всех согрешений. И не сомневайся в этом: ибо один из братий, присутствовавших при сем, уверял меня, что он видел некоторого страшного мужа, державшего писанную бумагу и трость; и как только лежащий выговаривал какой-нибудь грех свой, то он тростию своею изглаждал его. Да и справедливо; ибо Давид говорит: «рех исповем на мя беззаконие мое Господеви, и Ты оставил еси нечестие сердца моего» (*Пс.31:5*). Во-вторых, как в числе братий моих есть и такие, которые имеют согрешения неисповеданные, то я хотел сим примером побудить их к исповеданию, без которого никто не может получить прощения.

13. Видел я и другое многое достойное удивления и памяти у достославного оного пастыря и в пастве его; и большую часть из этого постараюсь вам сообщить; ибо я не малое время находился у них, рассматривая их образ жизни и весьма удивлялся, видя, как сии жители земли подражали небожителям.

14. Они были связаны друг с другом неразрывным союзом любви; и что еще удивительнее, при такой любви, они были чужды всякой вольности и празднословия; прежде же всего обучались тому, чтобы не уязвить чем-нибудь своего брата. Если же в ком обнаруживалась ненависть к брату, то пастырь отсылал такого, как преступника, в особенный монастырь. Некогда один брат оклеветал пред ним ближнего: сей преподобный тотчас повелел его выгнать, говоря, что не должно допускать быть в обители двум диаволам, т. е. видимому и невидимому.

15. Видел я у сих преподобных отцов дела поистине полезные и удивительные: братство собранное и связанное о Господе, имевшее чудесное деяние и видение, ибо они так упражняли сами себя и обучали божественным

добродетелям, что почти не имели нужды в напоминании настоятеля, но добровольно возбуждали друг друга к божественной бдительности. У них были установлены и навыком утверждены некоторые преподобные и божественные обычаи. Например, если случалось, что кто-нибудь из них, в отсутствие предстоятеля, начинал укорять или осуждать кого-нибудь, или вообще празднословить: то другой брат неприметным мановением напоминал ему о бесчинии и удерживал его; если же тот не вразумлялся, тогда напоминавший, сделав поклон, удалялся. Когда нужно было беседовать, то память смерти и помышление о вечном суде были всегдашними предметами их разговоров.

16. Не премину сказать вам о преславнейшей добродетели тамошнего повара. Видя, что он, в своем служении, имеет непрестанное умиление и слезы, я просил его открыть мне, каким образом он сподобился сей благодати? Будучи убежден моею просьбою, он отвечал: «Я никогда не помышлял, что служу людям, но Богу; я счел себя недостойным никакого безмолвия и, смотря на огонь сей, непрестанно вспоминаю о вечном пламени».

17. Послушаем и о другой преславной добродетели тамошних отцов. Блаженные сии и во время трапезы не прекращали умного делания; но некоторыми, обычными у них, тайными знаками, напоминали друг другу о внутренней молитве; и делали это не только на трапезе, но и при всякой встрече друг с другом, и при всяком собрании.

18. Если же кому-нибудь из них случалось пасть в какой-нибудь проступок, то братия убедительно просили его сложить на них все попечение по сему случаю, и ответ пред пастырем, и наказание. Посему и великий сей муж, зная об этом делании своих учеников, назначал уже легчайшие наказания, будучи уверен, что наказываемый

не виноват; даже он и не изыскивал, кто из них подлинно впал в проступок.

19. Как могло иметь у них место празднословие или кощунство? Если кто-нибудь из них начинал распрю с ближним, то другой брат, тут случившийся, делал поклон и тем укрощал их гнев. Когда же замечал в них памятозлобие, то объявлял о раздоре второму по настоятеле; и тот приводил их к примирению прежде захождения солнца. А если они упорствовали в ожесточении, то им или запрещалось вкушать пищу до примирения, или они были изгоняемы из обители.

20. Сия достохвальная предосторожность наблюдалась у них не напрасно, но приносила и оказывала обильный плод; ибо многие между сими преподобными просияли как деятельною жизнию, так и рассмотрительностию, рассуждением и смиренномудрием. У них можно было видеть чудное и ангелоподобное зрелище: украшенные сединами и священнолепные старцы, как дети, притекали к послушанию и имели величайшею похвалою – свое смирение. Там видел я мужей, пребывавших в послушании лет по пятидесяти, которых я просил сказать мне, какое утешение получили они от такого труда? Одни из них говорили, что низошли в бездну смиренномудрия, которым на век всякую брань отразили, а другие сказывали, что достигли совершенного неощущения и безболезненности в укоризнах и досадах.

21. Видел я и других, между сими приснопамятными, украшенных белизною ангеловидною, которые пришли в состояние глубочайшего незлобия и простоты упремудренной, произвольной и Богоисправленной. Ибо как лукавый человек есть нечто двойственное, один по наружности, а другой по сердечному расположению; так простой – не двойствен, но есть нечто единое. Простота же оных отцов была не безрассудная и несмысленная,

по примеру старых людей в мире, которых называют выжившими из ума. По наружности они всегда были кротки, приветливы, веселы; и слова и нрав их были непритворны, непринужденны и искренни, что не во многих можно найти; внутри же, в душе, они, как незлобивые младенцы, дышали Богом и наставником своим и на бесов и на страсти взирали твердым и строгим оком ума.

22. Времени жизни моей не достанет мне, о, священный пастырь и боголюбивое собрание, на описание добродетелей и неподражательного жития сих блаженных отцов. Однако слово наше к вам лучше украсить повествованием об их подвигах и тем возбудить вас к Богоугодной ревности, нежели наполнять оное собственными моими наставлениями, ибо без всякого прекословия худшее украшается лучшим. Только не думайте, прошу вас, чтобы мы написали здесь что-нибудь вымышленное; ибо от неверия обыкновенно всякая польза теряется. Но возвратимся к продолжению нашего слова.

Об Исидоре

23. Некоторый муж, по имени Исидор, из князей города Александрии, за несколько лет перед сим отрекшись мира, удалился в сию обитель. Всепреподобный пастырь оный, приняв его, заметил, что он весьма коварен, суров, зол и горд; посему премудрейший сей отец покушается человеческим вымыслом преодолеть бесовское коварство и говорит Исидору: «Если ты истинно решился взять на себя иго Христово, то хочу, чтобы ты прежде всего обучался послушанию». Исидор отвечал ему: «Как железо кузнецу, предаю себя тебе, святейший отче, в повиновение». Тогда великий отец, утешенный сим уподоблением, немедленно назначает обучительный подвиг сему железному Исидору[22], и говорит: «Хочу, чтобы ты,

истинный брат, стоял у ворот обители и всякому входящему и исходящему человеку кланялся до земли, говоря: помолись обо мне, отче, я одержим злым духом». Исидор так послушался своего отца, как Ангел Господа. Когда же провел семь лет в этом подвиге и пришел в глубочайшее смирение и умиление; тогда приснопамятный отец, после семилетнего законного искуса и беспримерного Исидорова терпения, пожелал его, как достойнейшего, причислить к братии и сподобить рукоположения. Но он много умолял пастыря, как через других, так и чрез меня, немощного, чтобы ему позволили там же и тем же образом оканчивать подвиг, неясно намекая сими словами на то, что кончина его приближается, и что Господь призывает его к Себе; что и сбылось. Ибо когда учитель оный оставил его в том же состоянии, он, по прошествии десяти дней, чрез бесславие свое со славою отошел ко Господу; а в седьмый день после успения своего взял ко Господу и привратника оной обители. Блаженный говорил ему при жизни: «Если я получу дерзновение ко Господу, то ты вскоре и там не разлучен со мною будешь». Так и случилось, в достовернейшее доказательство непостыдного сего послушания и Богоподражательного смирения.

24. Спросил я великого сего Исидора, когда он еще был в живых: какое, во время пребывания его у ворот, ум его имел делание? Достопамятный сей, желая оказать мне пользу, не скрыл от меня этого. «Вначале, говорил он, я помышлял, что продал сам себя в рабство за грехи мои и потому со всякою горестию, самонасилием и кровавым понуждением делал поклоны. По прошествии же года сердце мое уже не ощущало скорби, ожидая от самого Господа награды за терпение. Когда минул еще один год, я уже в чувстве сердца стал считать себя недостойным и пребывания в обители, и видения отцов, и зрения на лица их, и причащения Св. Таин и поникши

очами долу, а мыслию еще ниже, уже искренно просил входящих и исходящих помолиться обо мне».

О Лаврентии

25. Когда я однажды сидел за трапезою с великим сим настоятелем, он приклонил святые уста свои к моему уху, и сказал: «Хочешь ли я покажу тебе в глубочайшей седине Божественное мудрование?» Я просил его об этом, и преподобный отец позвал от второй трапезы инока, по имени Лаврентия, который около сорока восьми лет жил в той обители, и был вторым соборным пресвитером. Он пришел и, поклонившись игумену до земли, принял от него благословение. Но когда встал, то игумен ничего не сказал ему, а оставил его стоять перед трапезою не евши; обед же только начинался. Так он стоял с час, или два, и мне стало уже стыдно взглянуть на лицо сего делателя; ибо он был совершенно седой, имея уже восьмидесятый год от роду. Он стоял таким образом, без привета и ответа, пока обед не кончился; а когда встали, то преподобный послал его к вышеупомянутому великому Исидору сказать ему начало тридцать девятого псалма[23] *(Пс.39:2)*..

26. Я же, как лукавейший, не упустил случая испытать сего старца и спросил его, о чем он помышлял, стоя перед трапезою. Он отвечал: «представляя себе пастыря во образе Христа, я никогда не помышлял, что получаю повеления от него, но от Бога; посему и стоял я, отче Иоанне, не как перед трапезою человеческою, но как перед жертвенником Божиим и молился Богу; и по вере и любви моей к пастырю я не имел против него никакого лукавого помышления. Ибо некто сказал: любы не мыслит зла. Впрочем и то знай, отче, что если кто предал себя простоте и добровольному незлобию, в том лукавый уже не находит себе места ни на мгновение».

Об экономе

27. Каков был, помощию Божиею, тот пастырь словесных овец, такого и эконома послал ему в обитель праведный Господь, ибо он был целомудр, как никто другой, и кроток, как весьма немногие. Однажды великий старец, для пользы прочих, притворно на него разгневался и приказал выслать его из церкви раньше времени. Зная, что он невинен в том, в чем пастырь обличал его, я, будучи наедине с сим великим, оправдывал перед ним эконома. Но премудрый муж отвечал мне: «и я знаю, отче, что он не виноват; но как несправедливо и жалко было бы вырвать хлеб из уст голодного младенца, так и наставник душ делает вред и себе и подвижнику, если не подает ему случаев к приобретению венцов, какие он, по его примечанию, может на всякий час заслуживать перенесением досад, бесчестий, уничижений и поруганий. От этого происходит троякий и весьма важный вред: во-первых, что сам настоятель лишается награды, которую получил бы за благонамеренные выговоры и наказания; во-вторых, что мог бы добродетелию одного доставить пользу другим, но этого не сделал; третий же и самый тяжкий вред состоит в том, что часто и сии самые кажущиеся мужественными и терпеливыми, бывши оставлены на время, и как утвердившиеся в добродетели, не получая уже от настоятеля ни обличений, ни поношений, лишаются снисканной кротости и терпения. Ибо хотя земля сия и добра, и тучна, и плодоносна, но при недостатке воды бесчестия, она дичает и производит терние кичения, блуда и бесстрашия. Зная сие, великий Апостол писал к Тимофею: «настой, обличи, запрети им... благовременне и безвременне» (*2Тим.4:2*).

28. Когда же я противоречил, представляя истинному оному наставнику немощь рода нашего, и то, что, может

быть, многие по причине напрасного, или и не напрасного взыскания могут отторгнуться от паствы; тогда сей исполненный премудрости муж сказал: «Душа, привязавшаяся ради Христа любовию и верою к пастырю, не отступает от него даже до крови: особенно же, если она получила через него исцеление своих язв, памятуя сказавшего: «ни Ангели, ни начала, ниже силы, ...ни ина тварь какая возможет нас разлучити от любве Христовой» (*Рим.8:38–39*). Если же душа не привязалась таким образом, не утвердилась, не прилепилась: то удивляюсь, если таковой человек не тщетно пребывает на сем месте, будучи соединен с пастырем притворным и ложным повиновением». И, действительно, сей великий муж не обманулся в своем мнении. Но и удержал овец в своей пастве, и наставил, и привел к совершенству, и принес Христу, как непорочные жертвы.

Об Аввакире

29. Послушаем еще и подивимся премудрости Божией, обретающейся в скудельных сосудах. Находясь в той же обители, я удивлялся вере и терпению некоторых новоначальных, и тому, как они с неутомимою твердостию переносили от настоятеля выговоры и укоризны, а иногда и отгнания, и терпели это не только от настоятеля, но и от других меньших. Для душевного назидания спросил я одного из братий, уже пятнадцать лет жившего в той обители, по имени Аввакира, которого, как я видел, почти все обижали: а служители едва не каждый день выгоняли из трапезы, потому что сей брат от природы был несколько невоздержан на язык. «Брат Аввакир, – сказал я ему, – за что тебя всякий день выгоняют из трапезы, и я часто вижу, что ты идешь спать без ужина?» Он отвечал: «Поверь, отче, сии отцы мои искушают меня,

точно ли я монах? И как они делают сие не вправду: то и я, зная намерение их и великого отца, терплю все без отягощения; и вот уже пятнадцать лет живу, имея сию мысль; как и сами они, при вступлении моем в обитель, говорили, что до тридцати лет искушают отрицающихся от мира. И справедливо, отче Иоанне, ибо не искушенное золото не бывает чисто».

30. Сей доблестный Аввакир, пребыв в том монастыре, по моем пришествии туда, два года, отошел ко Господу, и когда был при смерти, сказал отцам: «Благодарю, благодарю Господа и вас; ибо за то, что вы меня, на спасение мое, искушали, и я семнадцать лет был свободен от искушений бесовских». Правосудный пастырь повелел положить его, как исповедника, по справедливости со святыми, почивающими в том месте.

Об архидиаконе Македонии

31. Обижу я всех ревнителей добра, если погребу во гробе молчания добродетель[24] и подвиг Македония, первого из тамошних диаконов. Сей, усердно работавший Господу муж, однажды, когда приближался праздник св. Богоявления, за два дня до него испросил у пастыря позволение сходить в Александрию, по некоторой своей надобности, обещаясь скоро возвратиться из города, по случаю наступающего праздника и приготовлений к оному. Но диавол, ненавидящий доброе, воспрепятствовал сему архидиакону, и он отпущенный не поспел в обитель к святому празднику в назначенный срок, а пришел на другой день. Пастырь отлучил его за это от священнослужения, и низводит в чин последних между новоначальными. Но сей добрый диакон терпения и архидиакон твердости так беспечально принял сие определение отца своего, как бы не он, но кто другой кто-нибудь подвергся запрещению.

Когда же он сорок дней провел в сем состоянии, премудрый пастырь опять возвел его на степень диаконства; но по прошествии одного дня, Македоний умолял авву оставить его в запрещении и прежнем бесчестии, говоря, что он сделал в городе непростительный грех. Преподобный знал, что архидиакон говорит неправду, и ищет сего только ради смирения, но уступил доброму желанию сего подвижника. Удивительное было тогда зрелище! Старец, почтенный сединою, пребывал в чине новоначальных и усердно просил всех, чтобы об нем помолились; ибо я, говорил он, впал в блуд преслушания. Мне же, смиренному, сей великий Македоний сказал за тайну, почему он добровольно прибегнул к пребыванию в таком уничижении. «Никогда, говорил он, не чувствовал я в себе такого облегчения от всякой внутренней брани и такой сладости Божественного света, как теперь. Ангелам, продолжал он, свойственно не падать, и даже, как некоторые говорят, совсем невозможно пасть; людям же свойственно падать, и скоро восстав от падения, сколько бы раз это ни случилось; а только бесам свойственно, падши, никогда не восставать».

32. Эконом оной обители открыл мне о себе следующее: «Когда я был еще молод, говорил он, и ходил за скотом, я пал однажды весьма тяжким душевным падением. Но как я привык никогда не таить змия в недре сердца, то и сего змия, схватив за хвост (под чем разумею я конец или оставление дела), показал врачу; он же с веселым лицом, тихо ударив меня по щеке, сказал: «Поди, чадо, продолжай, как прежде, службу твою и отнюдь ничего не бойся». Приняв сие с горячею верою, я, по прошествии немногих дней, удостоверился в моем исцелении и радуяся, а вместе и трепеща, продолжал путь свой».

33. Во всяком роде сотворенных существ, как говорят некоторые, есть многие различия: так и в том соборе бра-

тий были различия преуспеяний и произволений. Посему оный врач, когда примечал, что некоторые из братий любили выказывать себя во время пришествия мирских людей в обитель, то в присутствии тех же мирских осыпал их крайними досадами и отсылал в бесчестнейшие службы, так что после они сами поспешно убегали, как только видели мирян, приходящих в обитель. Удивительное тогда представлялось зрелище: тщеславие гнало само себя и скрывалось от людей.

О преподобном Мине

34. Господь, не хотя лишить меня молитвы одного преподобного отца в той же обители, за неделю до моего удаления из того святого места, взял его к себе. Это был чудный муж, по имени Мина, второй правитель после настоятеля, пятьдесят девять лет пребывавший в том общежитии и прошедший все послушания. В третий день по кончине его, когда мы совершали обычное молитвословие о упокоении сего преподобного, внезапно наполнилось благоуханием все то место, где лежал преподобный. Тогда великий отец повелел нам открыть раку, в которой положено было честное его тело; мы исполнили повеление и увидели все, что из честных стоп его, как два источника истекает благовонное миро. Тогда учитель оный сказал ко всем: «Видите ли, вот болезни ног и поты трудов его принесли Богу миро. И справедливо!». Отцы же того места, кроме многих других добродетелей[25] сего преп. Мины, рассказывали и следующее. Однажды настоятель захотел искусить Богодарованное его терпение, и когда он пришел в игуменскую келлию и, положив вечерний поклон перед игуменом, по обыкновению, просил дать предание[26]: то игумен оставил его лежать таким образом на земле даже до времени утреннего правила,

и тогда уже благословив его, а вместе с тем и укорив как человека, любящего выказываться и нетерпеливого, восставил его. Преподобный знал, что он перенесет сие мужественно, и потому сделал это, в назидание всем. Ученик же преп. Мины, утверждая истину сего происшествия, сказывал: «Я прилежно допытывался у него, не напал ли на него сон, когда он был оставлен игуменом в таком положении? Преподобный отец открыл мне, что лежа на земле, он прочитал наизусть всю псалтирь».

35. Не премину украсить венец сего моего слова и настоящим смарагдом. Однажды завел я с некоторыми из мужественнейших старцев той обители разговор о безмолвии; они же, с веселым видом, радушно и ласково отвечали мне: «мы, отче Иоанне, будучи вещественны (плотяны), проходим и житие вещественное, рассудив наперед, что нам должно вступать в брань соразмерную нашей немощи, и признав за лучшее бороться с человеками, которые иногда бывают свирепы, а иногда и каются, нежели с бесами, которые всегда неистовы и всегда вооружаются на нас».

36. Некто из приснопамятных оных мужей, имея великую ко мне любовь по Богу и дерзновение, сказал мне однажды с искренним расположением: «Если ты, мудрый, в чувстве души имеешь силу того, который сказал: «вся могу о укрепляющем мя Христе» (*Флп.4:13*); если Дух Святый росою чистоты нашел на тебя, как на святую Деву; если сила Вышняго, сила терпения осенила тебя: то препояшь, как муж (Христос Бог), чресла твоя лентием послушания, и восстав с вечери безмолвия, умывай ноги братий в сокрушенном духе, или, лучше сказать, повергни себя под ноги братства мыслями самоуничижения. В дверях сердца твоего поставь стражей строгих и неусыпных, держи неудержимый ум в теле, находящемся в молве; при действии и движении членов телесных, об-

учайся умному безмолвию, что всего достославнее; будь неустрашим душею среди молвы; связывай язык твой, неистово стремящийся на прекословия, и семьдесят крат седмерицею в день сражайся с сим мучителем. На душевном кресте утверди ум, как утверждают наковальню в дереве, чтобы он, будучи поражаем частыми ударами молотов поругания, укорения, осмеяния и обид, пребывал нисколько не разслабляем и не сокрушаем, но весь гладок и недвижим. Совлекись собственной воли, как срамной одежды, и обнажась от оной, вступи на поприще, что редко и не легко обретается; облекись же в броню веры, неверием к подвигоположнику не сокрушаемую и не прободаемую. Бесстыдно стремящееся осязание укрощай уздою целомудрия. Размышлением о смерти удерживай глаза свои, которые ежечасно хотят любопытно смотреть на телесную красоту и великолепие. Любопытство ума обуздывай попечением о самом себе; не позволяй ему осуждать брата в нерадении и нелестно изъявляй всякую любовь и милосердие к ближнему. «О сем уразумеют вси, любезнейший отче, яко Христовы ученицы есмы, аще во дружине любовь имамы между собою» (*Ин.13:35*). Гряди, гряди, говорил сей добрый друг, гряди сюда, водворись с нами и пей на всякий час поруганий как воду живую. Давид, испытавши все прекрасное и все сладостное под небом, после всего, как бы в недоумении сказал: «се что добро, или что красно?» не что иное, как «еже жити братии вкупе» (*Пс.132:1*). Если же мы еще не сподобились сего блага, т. е. такого терпения и послушания, то хорошо для нас, по крайней мере, познавши немощь свою, пребывая в уединении, и далеко отстоя от подвижнического поприща, ублажать подвизающихся и молиться, чтобы Бог даровал им терпение». Побежден я был добрым сим отцом и превосходным учителем, который евангельски и пророчески, лучше же сказать, дружелюбно поборол нас; и мы, без сомнения, согласились дать преимущество блаженному послушанию.

37. Воспомянувши еще об одной душеполезной добродетели сих блаженных отцов, и как бы вышедши из рая, предложу вам опять неприятное и неполезное мое тернословие. Неоднократно, когда мы, стояли на соборной молитве, блаженный пастырь оный замечал, что некоторые из братий беседовали между собою, и таковых ставил на всю седмицу перед церковию, повелевая, чтобы они кланялись всем входящим и исходящим. И что еще удивительнее он наказывал таким образом и самих клириков, т. е. священнослужителей.

38. Видел я, что один из братий с большим, нежели многие, чувством сердца предстоит на псалмопении, и особенно в начале песней по некоторым движениям и выражению лица его было заметно, как бы он беседует с кем-нибудь; посему я просил его, чтобы он открыл мне значение сего блаженного обычая своего. Он же, привыкши не утаивать того, что может быть полезно ближнему, отвечал: «Я привык, отче Иоанне, в начале песней собирать помыслы и ум с душою, и созывая их, взывать к ним: приидите поклонимся и припадем к самому Христу, Цареви и Богу нашему!»

39. Наблюдая прилежно за действиями трапезного, я увидел, что он носит при поясе небольшую книжку и допросившись о сем, я узнал, что он ежедневно записывает свои помыслы, и все это пересказывает пастырю. И не только он, но и другие весьма многие из тамошних братий делали это. Было же установлено это, как я слышал, заповедию великого оного пастыря.

40. Один из братий был некогда им изгнан из монастыря за то, что оклеветал пред ним ближнего, назвав его пустословом и многоречивым. Изгнанный стоял семь дней у ворот обители, упрашивая, чтоб его простили и

позволили ему войти в монастырь. Когда душелюбивый отец услышал об этом, и прилежно разведав, узнал, что изгнанный в продолжение шести дней ничего не ел, то объявил ему: «Если ты непременно хочешь жить в сей обители, то я помещу тебя в число кающихся». И как кающийся принял сие с радостию, то пастырь и повелел его отвести в особенную обитель оплакивающих свои грехопадения, что тогда же и было исполнено. Но как мы теперь упомянули о сей обители, то скажем о ней вкратце.

41. В расстоянии одного поприща от великой обители было место, называвшееся Темницею, лишенное всякого утешения. Там никогда нельзя было видеть ни дыма, ни вина, ни елея и никакой другой пищи кроме хлеба и небольшого количества огородных растений. В этом месте игумен заключал безвыходно тех, которые впадали в значительные грехи после вступления в иночество: и помещал их не всех вместе, но каждого в особой келлии, или по два в одной, но не более; и держал их в сем заточении, пока не получал от Бога извещения о каждом из них. Он поставил над ними и наместника, мужа великого, по имени Исаака, который от порученных ему требовал почти непрестанной молитвы, а на отгнание уныния было у них множество ветвей для плетения корзин. Такого было житие их, таково устроение, таково пребывание истинно «ищущих лице Бога Иаковля» (*Пс.23:6*).

42. Удивляться трудам сих святых дело похвальное; ревновать им спасительно; а хотеть вдруг сделаться подражателем их жизни есть дело безрассудное и невозможное.

43. Будучи уязвляемы обличаниями, будем вспоминать грехи свои, пока Господь, видя нужду нас, понуждающихся Его ради, не соблаговолит изгладить грехи наши, и скорби, угрызающие сердце наше, претворит в радость, как говорит о том псалмопевец: «по множеству

болезней моих в сердце моем, в такой же мере утешения Твоя возвеселиша душу мою» (*Пс.93:19*) в свое время. Не забудем и сих слов которыми он вопиет ко Господу: «елики явил ми еси скорби многи и злы, и обращася оживотворил мя еси, и от бездн земли, по падении моем, паки возвел мя еси» (*Пс.70:20*).

44. Блажен, кто, будучи ежедневно укоряем и уничижаем Бога ради, понуждает себя к терпению; он будет ликовать с мучениками, дерзновенно беседовать и с Ангелами. Блажен монах, который каждочасно почитает себя достойным всякого бесчестия и уничижения. Блажен, кто волю свою умертвил совершенно и все попечение о себе предал своему учителю о Господе: он будет стоять одесную Иисуса Распятого. Если кто отвергает от себя праведное, или неправедное обличение, тот отвергается своего спасения: а кто принимает оное со скорбию, или без скорби, тот скоро получит прощение согрешений.

45. Веру и искреннюю любовь твою к отцу мысленно возмещая Богу: и Бог, неведомым образом, известит его о твоей к нему любви, и равным образом расположит его к тебе и сделает благосклонным.

46. Объявляющий всякого змия своему наставнику показывает истинную к нему веру; а кто скрывает что-нибудь, тот еще блуждает по беспутиям.

47. Тогда всякий из нас познает, что в нем есть братолюбие, и истинная к ближнему любовь, когда увидит, что плачет о согрешениях брата и радуется о его преуспеянии и дарованиях.

48. Кто в беседе упорно желает настоять на своем мнении, хотя бы оно было и справедливо, тот да знает, что он одержим диавольским недугом и если он так поступает в беседе с равными, то может быть обличение старших и исцелит его; если же обращается так с большими себя и мудрейшими, то этот недуг от людей неисцелим.

49. Неповинующийся словом, без сомнения, не повинуется и делом; ибо кто в слове неверен, тот непреклонен и в деле. Таковый напрасно трудится, и от святого повиновения ничего не получает, кроме своего осуждения.

50. Кто в повиновении отцу своему приобрел совершенно чистую совесть, тот уже не боится смерти, но ожидает ее ежедневно как сна, или лучше сказать как жизни, достоверно зная, что во время исхода души не от него, но от наставника потребуется ответ.

51. Если кто о Господе, без убеждения отца своего, принял какое-нибудь служение, и нечаянно подвергся в нем преткновению, то должен в сем случае не тому приписывать вину, кто вручил ему оружие, но себе самому, принявшему оное, ибо он получил оружие для сражения с врагом, а вместо того обратил оное в свое сердце. Если же он понудил себя принять служение ради Господа, и поручающему предварительно возвестил свою немощь, то пусть благодушествует; ибо хотя он и пал, но не умер.

52. Забыл я, возлюбленные, предложить вам еще один сладкий хлеб добродетели. Видел я в той обители послушников о Господе, которые сами себя укоряли и бесчестили по Богу, для того, чтобы быть готовыми к принятию уничижений со стороны, заранее приучившись не бояться бесчестий.

53. Душа, помышляющая об исповеди, удерживается ею от согрешений, как бы уздою; ибо грехи, которых не исповедуем отцу, делаем уже как во тьме и без страха. Когда мы во время отсутствия наставника, воображая лицо его, думаем, что он перед нами стоит, и отвращаемся от всего того, что по мнению нашему, было бы ему противно: разговора ли, или слова, или снеди, или сна, или чего бы то ни было, тогда мы истинно познали искреннее послушание, ибо не истинные ученики почитают отшествие учителя случаем радостным, а истинные сыны потерею.

54. Однажды просил я одного из искуснейших старцев вразумить меня, каким образом послушание имеет смирение? Он отвечал: благоразумный послушник, если и мертвых будет воскрешать, и дарование слез получит, и избавления от браней достигнет, всячески думает, что это совершает молитва отца его духовного и пребывает чужд и далек от суетного возношения; да и сам может ли он превозноситься тем, что как сам сознает, сделал помощию другого, а не собственным старанием?

55. Безмолвник же не имеет этой смиренной мысли в подобных случаях, потому что возношение имеет перед ним оправдание, внушая ему, будто он своим тщанием совершает сии исправления.

56. Находящийся в повиновении, когда победит следующие два обольщения врагов, пребывает уже рабом Христовым и вечным послушником.

О первом обольщении

57. Диавол старается находящихся в повиновении иногда осквернять телесными нечистотами, делает их окаменелыми сердцем и сверх обычая тревожными; иногда наводит на них некоторую сухость и бесплодие, леность в молитве, сонливость и омрачение, чтобы внушить им, будто они не только никакой пользы не получили от своего повиновения, но еще и вспять идут, и таким образом, отторгнуть от подвига послушания. Ибо он не попускает им разуметь, что часто промыслительное отнятие мнимых наших духовных благ бывает для нас причиною глубочайшего смиренномудрия.

58. Однако некоторые многократно отражали сего обольстителя терпением; но когда он еще не перестал говорить, другой вестник лжи, представь, другим образом покушается нас обольстить.

О втором обольщении

Видел я послушников, исполненных сердечного умиления, кротких, воздержанных, усердных, свободных от браней, страстей и ревностных к деланию, которые сделались таковыми через покров отца своего. Бесы, приступивши к ним, тайно вложили в них мысль, будто они уже сильны к безмолвию и могут достигнуть через него совершенства и бесстрастия. Обольщенные сим, они пустились из пристани в море, но когда буря постигла их, они, не имея кормчего, потерпели бедственное крушение в этом скверном и соленом море.

59. Необходимо, чтобы море сие поколебалось, возмутилось и рассвирепело, дабы посредством сего волнения извергнуть на землю хворост, сено и все гнилое, что только реки страстей внесли в него. Рассмотрим внимательно, и мы найдем, что после бури на море бывает глубокая тишина.

60. Кто иногда слушается, а иногда не слушается отца, тот подобен человеку, который к больному своему глазу в одно время прикладывает целебную мазь, а в другое известь. Ибо писание говорит: «един созидаяй, а другой разоряяй, что успеет более, токмо труд» (*Сир.34:23*).

61. О, сын и послушник Господень! Не прельщайся духом возношения, и возвещая учителю твоему согрешения свои не так, как от иного лица; потому что без самопосрамления невозможно избавиться от вечного стыда. Обнажай струп твой врачу сему, и не стыдись сказать ему: «Отче, моя язва сия, моя рана сия; она произошла не от иного кого-нибудь, но от моей собственной лености; никто не виноват в ней, ни человек, ни злой дух, ни плоть, ни другое что-либо, но только мое нерадение».

62. Во время исповеди будь, как наружным видом, так и внутренним чувством и мыслию, как осужденный преступ-

ник, поникши лицем на землю; и если можно, то омочай слезами ноги судии и врача твоего, как ноги самого Христа.

63. Бесы имеют обычай часто внушать нам, или совсем не исповедывать согрешений отцу, или исповедывать, но как бы от лица иного, или складывать вину своего греха на других.

64. Если все зависит от навыка и за оным следует, то тем более добродетель, как имеющая великого содейственника Бога.

65. Не будешь, сын мой, много лет трудиться для приобретения блаженного покоя в душе, если сначала от всей души предашь себя терпению бесчестия.

66. Не думай, что неприлично исповедывать грехи твои отцу, споспешнику твоего спасения, как Богу, падши пред ним на землю. Видал я, что осужденные преступники жалобным и печальным видом своим, искренним признанием и убедительными просьбами смягчали жестокость судии и гнев его преклоняли на милосердие. Посему Иоанн Предтеча от приходивших к нему прежде крещения требовал исповеди, не сам нуждаясь в ней, но ища спасения приходивших.

67. Мы не должны удивляться, если и после исповеди бываем боримы; ибо лучше бороться с нечистотами[27], нежели с возношением.

68. Не восхищайся и не увлекайся повествованиями о безмолвствующих отцах и отшельниках, и не увлекайся в след их: ибо ты подвизаешься в воинстве первомученика Стефана. Даже падая, не отступай от сего поприща: ибо в то время наиболее нужен нам врач. Кто и с помощию путеводителя преткнул ногу, тот не только преткнулся бы, но без сомнения и до смерти разбился бы, если бы ходил без помощи.

69. Когда мы бываем низвержены искушением, тогда бесы немедленно приступают, воспользовавшись сим,

как благословным, или лучше сказать, безрассудным предлогом, советуют нам идти на безмолвие; намерение же врагов наших состоит в том, чтобы к падению нашему прибавить еще рану.

70. Когда духовный врач наш признает себя недостаточным для исцеления нас, тогда должно идти к другому; ибо редкие исцеляются без врача. Кто будет противоречить нам, когда утверждаем, что если корабль, имея искусного кормчего, не избежал крушения, то без кормчего он должен был совершенно погибнуть?

71. От послушания рождается смирение, от смирения же бесстрастие, ибо «во смирении нашем помяну ны Господь... и избавил ны есть от врагов наших» (*Пс.135:23–24*), как говорит псалмопевец. Посему ничто не возбраняет сказать, что от послушания рождается бесстрастие, которым совершается смирение. Ибо начало бесстрастия есть смирение, как Моисей – начало закона; а бесстрастие, которое есть дщерь смирения, совершает матерь свою, как Мария сонм Иудейский.

72. Всякого наказания достойны перед Богом те больные, которые, испытавши искусство врача и получивши от него пользу, из предпочтения к другому оставляют его прежде совершенного исцеления. Не избегай из рук того, который привел тебя ко Господу; ибо во всю жизнь твою, ни перед кем не должен ты иметь такого почтительного благоговения, как перед ним.

73. Не безопасно для неопытного воина отделяться от полка своего и выходить на единоборство; опасно и для монаха, прежде искуса и многого обучения в борьбе с душевными страстями, отходить на безмолвие; ибо первый обыкновенно подвергается телесному бедствию, а последний душевному. «Блази, – говорит писание, – два паче единого» (*Еккл.4:9*), т. е. благо сыну с духовным отцом, при содействии Св. Духа, бороться против

прежних пристрастий²⁸. Кто отнимает путеводителя у слепца, пастыря у паствы, проводника у заблудившегося, отца у младенца, врача у больного, кормчего у корабля: это всех их подвергает опасности погибнуть; а кто без помощи наставника вступает в борьбу с духами злобы, тот бывает ими умерщвлен.

74. Вновь пришедшие в больницу да объявляют свои болезни; а вступившие в повиновение да показуют свое смирение. Для первых несомненный признак из оздравления откроется в облегчении их болезней, а для вторых в приумножении зазирания самих себя (т. е. сознании своей худости и немощи), как ни в чем ином.

75. Совесть да будет тебе зеркалом твоего повиновения; и сего для тебя довольно.

76. Повинующиеся отцу в пустынном безмолвии имеют только бесов сопротивниками, а находящиеся в общежитии борются вместе и с бесами, и с людьми. Первые, будучи всегда пред глазами отца своего, с большою точностию сохраняют его заповеди; последние же, по причине отсутствия учителя, часто и нарушают оные несколько: впрочем те из них, которые тщательны и трудолюбивы, с изобилием пополняют этот недостаток терпением досаждений и получают сугубые венцы.

77. Живя в братстве, «всяцем хранением будем блюсти себя» (*Притч. 4:23*); ибо в пристани наполненной кораблями, сии последние легко могут сокрушаться друг о друга; в особенности те из них, которые тайнопроточены гневливостью, как бы червием.

78. В присутствии наставника будем обучать себя крайному молчанию и неведению; ибо молчаливый муж есть сын любомудрия, который всегда приобретает многий разум.

79. Видел я одного послушника, который, прервав беседу наставника своего, сам продолжал оную, и я от-

чаялся пользы от его послушания, ибо видел, что он приобретает от него не смирение, но гордость.

80. Со всякою внимательностию, осторожностию и трезвенностию должны мы рассматривать, когда и как внешнее служение следует предпочитать молитве; ибо отнюдь не всегда должно это делать.

81. Находясь в общежитии, внимай себе, и отнюдь не старайся в чем-нибудь показываться праведнее других братий. Иначе ты сделаешь два зла: братию уязвишь своею ложною и притворною ревностию, и себе дашь повод к высокоумию.

82. Будь ревностен, но в душе своей, нисколько не выказывая сего во внешнем обращении, ни видом, ни словом каким-либо, ни гадательным знаком. В сокровенной даже ревности последуй не иначе, как если ты уже перестал уничижать ближнего. Если же ты на это не воздержан, то будь подобен братиям твоим и самомнением не отличайся от них[29].

83. Видел я неискусного ученика, который, в присутствии некоторых людей, хвалился добродетелями своего учителя, и думая снискать себе славу от чужой пшеницы приобрел вместо того одно бесчестие, когда все сказали ему: «Как же доброе дерево произвело бесплодную ветвь»?

84. Не тогда можем мы называться терпеливыми, когда мужественно переносим поругание от отца, но когда от всякого человека и презрения и уязвления переносим с терпением, ибо от отца мы все сносим из почтения, стыдясь, и по долгу нашему.

85. Усердно пей поругание, как воду жизни, от всякого человека, желающего напоить тебя сим врачевством, очищающим от блудной похоти; ибо тогда глубокая чистота воссияет в душе твоей и свет Божий не оскудеет в сердце твоем.

86. Кто видит, что собор братии чрез него успокоеваем, тот пусть не хвалится этим в уме своем, ибо воры кругом. Начертай глубоко в памяти твоей сие слово Христово: «егда сотворите вся повеленная вам, глаголите, яко раби неключими есмы: яко еже должны бехом сотворити, сотворихом» (*Лк.17:10*). Праведный суд о трудах наших познаем во время исхода из сей жизни.

87. Общежитие есть земное небо; итак понудим себя иметь такое же сердечное расположение, как служащие Господу Ангелы. Пребывающие на сем земном небе иногда бывают как бы каменисты сердцем, а иногда напротив, бывают утешаемы умилением, чтобы им и возношения избегать, и услаждать труды слезами.

88. Небольшой огонь смягчает много воска: часто и малое бесчестие, нанесенное нам, вдруг смягчает, услаждает и истребляет всю свирепость, бесчувствие и ожесточение сердца.

89. Видел я однажды двух человек, которые скрывшись в тайном месте, наблюдали труды подвижников и подслушивали их воздыхания; но один делал это для того, чтобы подражать им; а другой для того, чтобы, при случае, объявить это с поношением и подвижника Божия отторгнуть от доброго делания.

90. Не будь безрассудно молчалив, чтобы не причинить другим смущения и огорчения; и когда повелели тебе поспешать, не будь медлен в действии и в хождении; иначе ты будешь хуже мятежливых и бешеных. «Видех сицевая», как говорит Иов (*Иов.16:2*), что некоторые души недуговали медлительностью по свойству нрава, а другие по ухищрению[30], и удивился, как разнообразна злоба страстей!

91. Пребывающий в общежитии не столько может получить пользы от псалмопения, сколько от молитвы, ибо смущением расстраивается псалмопение.

92. Непрестанно борись с парением твоих мыслей, и когда ум рассеялся, собирай его к себе, ибо от новоначальных послушников Бог не ищет молитвы без парения. Поэтому не скорби, будучи расхищаем мыслями, но благодушествуй и непрестанно воззывай ум ко вниманию; ибо никогда не быть расхищаему мыслями свойственно одному Ангелу.

93. Кто положил в тайне сердца своего завет с самим собою, не оставлять спасительного подвига до последнего издыхания, и до тысячи смертей тела и души не уступать врагу: тот не впадет легко ни в то, ни в другое из этих бедствий; преткновения и беды сии происходят всегда от сомнения сердца и от недоверия к местам. Удобопреклонные к переходу с места на место неискусны во всем: ибо ничто так не делает душу бесплодною, как нетерпеливость.

94. Если ты пришел к неизвестному врачу и в неведомую врачебницу: то будь в ней как бы мимоходом, а между тем тайно рассматривай жизнь и духовную опытность там живущих. Когда же от сих духовных художников и служителей почувствуешь пользу в твоих недугах, а наиболее, если найдешь между ними то, чего и должно искать, т. е. врачевство против душевной надменности: тогда уже и приступи к ним, и продайся на злате смирения, на хартии послушания, на рукописании служения, и при свидетелях Ангелах, раздери пред ними, раздери хартию своей воли. Ибо если будешь только скитаться туда и сюда, то потеряешь искупление, которым Христос тебя искупил. Место или обитель, в которую ты поступил, да будет тебе гробом прежде гроба: никто не исходит из гроба прежде общего воскресения; а если некоторые и вышли, то знай, что они умерли. Будем молиться Господу, чтоб и нам сего не пострадать.

95. Ленивые, когда видят, что им назначают тяжкие дела, тогда покушаются предпочитать им молитву; а если дела служения легки, то отбегают молитвы, как от огня.

96. Бывает, что проходящий некоторое служение по просьбе другого брата предоставляет оное ему с тем, чтобы его успокоить; другой оставляет свое служение по лености. Иной опять не оставляет его по тщеславию, другой же по усердию.

97. Если ты дал обещание жить в какой-нибудь обители, или вместе с некоторыми братиями, и видишь, что в этой жизни не получаешь душевной пользы, то не отрекайся разлучиться. Впрочем, искусный везде искусен, и наоборот. Укоризны производят многие несогласия и разлучения в мире, а чревообъядение есть причина всех падений и отвержений своих обетов в иноческих общежитиях. Если ты победишь сию госпожу, то всякое место будет тебе способствовать к приобретению бесстрастия; если же она тобою будет обладать, то до самого гроба везде будешь бедствовать.

98. Господь, умудряющий слепцов, просвещает очи послушников видеть добродетели их учителя, и отемняет их не видеть недостатков его; а ненавистник добра делает противное сему.

99. Ртуть может служить для нас, о други, превосходным образцом повиновения: она спускается ниже всякой жидкости, и никогда не смешивается ни с какою нечистотою.

100. Ревностные наиболее должны внимать себе, чтобы за осуждение ленивых не подвергнуться самим еще большему осуждению. И Лот, как я думаю, потому оправдался, что живя посреди таких людей, никогда их не осуждал.

101. Всегда, а наиболее при соборном псалмопении, должно соблюдать безмолвность и безмятежность; ибо

то и намерение у бесов, чтобы смущением и развлечением губить молитву.

102. Послушник есть тот, кто телом предстоит людям, а умом ударяет в небеса молитвою.

103. Досады, уничижения и все подобные случаи в душе послушника уподобляются полынной горечи; а похвалы, честь и одобрения, как мед рождают в сладострастных всякую сладость. Но рассмотрим, какое свойство того и другого: полынь очищает всякую внутреннюю нечистоту, а мед обыкновенно умножает желчь.

104. Тем, которые взяли на себя о Господе попечение об нас, должны мы веровать без всякого собственного попечения, хотя бы повеления их и несогласны были с нашим мнением, и казались противными нашему спасению; ибо тогда-то вера наша к ним искушается как бы в горниле смирения. Признак истинной веры в том и состоит, чтобы без сомнения покоряться повелевающим, даже тогда, когда мы видим, что повеления их противны нашим ожиданиям.

105. От послушания рождается смирение, как мы и выше сказали; от смирения же рассуждение, как и великий Кассиан прекрасно и весьма высоко любомудрствует о сем в своем слове о рассуждении[31]; от рассуждения – рассмотрение, а от сего – прозрение. Кто же не пожелает идти добрым путем послушания, видя, что от него проистекают такие блага? О сей-то великой добродетели и добрый певец сказал: «уготовал еси благостию Твоею, Боже, нищему» послушнику, пришествие твое в сердце его (*Пс.67:11*).

106. Во всю жизнь твою не забывай того великого подвижника, который в продолжение целых восемнадцати лет телесными ушами не слыхал от наставника своего сего привета: «спасайся»; но внутренними ежедневно слышал от самого Господа не слово «спасайся», которое

выражает одно желание и еще неизвестность, но «ты спасен», что уже определительно и несомненно.

107. Не знают себя и своей пользы те послушники, которые, заметив благосклонность и снисходительность своего наставника, просят его назначить им служения по их желаниям. Пусть они знают, что, получивши их, они совершенно лишаются исповеднического венца, потому что послушание есть отвержение лицемерия и собственного желания.

108. Иной, получив повеление и понимая притом мысль повелевшего, что исполнение приказания не будет ему угодно, оставил оное: а другой, хотя и понимал это, но исполнил приказание без сомнения. Должно испытать, кто из них благочестивее поступил?[32].

109. Невозможное дело, чтобы диавол стал сопротивляться своей воле; да уверят тебя в этом те, которые живут в нерадении, но постоянно пребывают в одном безмолвном месте, или в одном и том же общежитии. Когда мы, живя в каком-нибудь месте, бываем боримы к переходу на другое, то брань эта да будет для нас указанием нашего благоугождения Богу на том месте; ибо когда бываем боримы, то это значит, что мы противоборствуем.

О преподобном Акакии

110. Не хочу неправедно скрывать и лихоимствовать бесчеловечно, не хочу умолчать пред вами о том, о чем молчать не должно. Великий Иоанн Савваит сообщил мне вещи, достойные слышания; а ты сам, преподобный отче, по опыту знаешь, что сей муж бесстрастен и чист от всякой лжи, от всякого лукавого дела и слова. Он рассказал мне следующее. «В обители моей в Азии (ибо оттуда пришел сей преподобный), в которой я на-

ходился, прежде нежели пришел сюда, был один старец весьма нерадивой жизни и дерзкого нрава; говорю сие, не судя его, а дабы показать, что я говорю правду. Не знаю каким образом приобрел он себе ученика, юношу, именем Акакия, простого нрава, но мудрого смыслом, который столько жестокостей перенес от сего старца, что для многих это покажется невероятным; ибо старец мучил его ежедневно не только укоризнами и ругательствами но и побоями; терпение же послушника было не безрассудное. Видя, что он, как купленный раб, ежедневно крайне страдает, я часто говаривал ему, при встрече с ним: «Что, брат Акакий, каково сегодня?» В ответ на это он тотчас показывал мне иногда синее пятно под глазом, иногда уязвленную шею или голову; а как я знал, что он делатель, то говаривал ему: «Хорошо, хорошо, потерпи и получишь пользу». Прожив у своего немилосердного старца девять лет, Акакий отошел ко Господу, и погребен в усыпальнице отцов. Спустя пять дней после этого наставник его пошел к одному, пребывавшему там, великому старцу, и говорит ему: «Отче, брат Акакий умер». Но старец услышав это, сказал ему: «Поверь мне, старче, я сомневаюсь в этом». «Поди и посмотри», – отвечал тот. Немедленно встав, старец приходит в усыпальницу с наставником блаженного оного подвижника, и взывает к нему, как бы к живому (ибо поистине он был жив и после смерти), и говорит: «Брат Акакий, умер ли ты?» Сей же благоразумный послушник, оказывая послушание и после смерти, отвечал великому: «Отче, как можно умереть делателю послушания?» Тогда старец, который был прежде наставником Акакия, пораженный страхом, пал со слезами на землю; и потом, испросив у игумена лавры[33] келлию близ гроба Акакиева, провел там остаток жизни уже добродетельно, говоря всегда прочим отцам: «Я сделал убийство». Мне кажется, отче Иоанне, что великий старец, говоривший с умершим, был сам сей Иоанн Савваит; ибо он рассказывал мне еще одну повесть, как бы о другом подвижнике; а я после достоверно узнал, что этот подвижник был он сам.

Об Иоанне Савваитие или Антиохе

111. В той же, говорил он, азиатской обители был некто послушником у одного кроткого, тихого и безмолвного монаха: но видя, что старец как бы почитает и покоит его, он рассудил, что такое обхождение для многих бывает бедственно, потому и упросил старца отпустить его; а как старец тот имел еще другого ученика, то удаление первого не слишком было ему тягостно. Отшедши таким образом, послушник этот, при помощи письма от своего настоятеля, поместился в одном из общежитий, находящихся в Понте. В первую ночь, по вступлении своем в сию обитель, он видит во сне, что некоторые истязывают его за долг, и будто, по окончании сего страшного истязания, он остался должен сто литр золота. Пробудившись от сна он рассуждал о виденном, и говорил сам себе: смиренный Антиох (это было имя его), поистине еще много остается на тебе долгу. «Прожил я, говорил он, в этом общежитии три года, беспрекословно исполняя всякие послушания, и будучи всеми уничижаем и оскорбляем как пришлец (ибо кроме меня там не было другого чужестранного монаха). Тогда опять вижу во сне, будто некто дал мне свидетельство в уплате десяти литр моего долга. Пробудившись я понял видение, и сказал себе: еще десять только? когда же я все выплачу? Бедный Антиох! тебе нужен больший труд, и большее бесчестие! С того времени начал я притворяться лишенным рассудка, впрочем не оставлял служения; немилостивые же тамошние отцы, видя меня в таком положении и в прежнем

усердии, возлагали на меня все тяжкие дела в обители. Прожив тринадцать лет в таком подвиге, я снова увидел во сне являвшихся мне прежде, будто они пришли, и дали мне рукописание, которое совершенно освобождало меня от попечения о моем долге. И так, когда отцы той обители в чем-нибудь меня оскорбляли, я вспоминал мой долг и терпел мужественно». Премудрый Иоанн рассказывал мне это, отче Иоанне, как о другом человеке, для того и Антиохом себя назвал; а в самом деле он был тот подвижник, который терпением разодрал рукописание своих согрешений.

112. Но услышим, какой дар рассуждения преподобный сей приобрел крайним своим послушанием. Во время его пребывания в обители св. Саввы, пришли к нему три юных инока, желая быть его учениками. Приняв их с радостию, он тотчас угостил их и старался упокоить после трудов путешествия. По прошествии трех дней, сей старец сказал им: «Братия, я блудник по естеству, и не могу кого-либо из вас принять к себе». Но они сим не соблазнились, потому что знали высокую жизнь старца. Когда же, всячески умоляя его, не могли его убедить, тогда повергались к ногам его, и просили, чтобы он по крайней мере дал им наставление, как и где им проходить монашескую жизнь. Старец согласился на это, и видя, что они со смирением и послушанием примут слова его, сказал одному из них: «Господь хочет, сын мой, чтобы ты пребывал в безмолвном месте в повиновении у духовного отца». Второму сказал: «Иди, предай волю твою и предай ее Богу, возьми крест твой и терпи в общежитии братий; поистине будешь иметь сокровище на небесах». Наконец говорит и третьему: «Непрестанно помни сие слово Господа: претерпевый до конца, той спасется. Иди, и если возможно избери себе наставника о Господе из всех людей суровейшего и строжайшего,

и укрепившись терпением, ежедневно пей от него поругание и уничижение, как мед и молоко». Брат же сей сказал великому Иоанну: «Отче, а если он пребывает в нерадении, то что мне делать?» Старец отвечал: «Если бы ты даже увидел, что он блуд творит, не оставляй его, но говори сам себе: друже, зачем ты сюда пришел? Тогда увидишь, что возношение истребится в тебе, и похоть плотская в тебе увянет».

113. Все, желающие стяжать страх Божий, должны всею силою подвизаться, чтобы в сем училище добродетели вместо добродетели не приобрести лукавства и злобы, хитрости и коварства, пронырливости и гнева; ибо это случается, и не должно этому удивляться. Пока человек остается простолюдином, работником на корабле, или земледельцем, против него не столь сильно и враги царя вооружаются. Когда же видят, что он взял печать царскую и щит, меч, оружие и лук, и оделся в воинскую одежду[34]: тогда скрежещут на него зубами, и всячески покушаются убить его. Итак дремать не должно.

114. Видел я, что незлобивые и прекрасные отроки пришли в училище для научения премудрости, для образования и получения пользы, но, по причине сообщества с другими, ничему там не выучились, кроме грубости и порока. Кто имеет разум, тот может понять сказанное.

115. Невозможно, чтобы прилежно обучающиеся какому-либо художеству ежедневно не успевали в нем: но одни познают это преуспеяние, а другие не примечают его, по особенному распоряжению Промысла Божия. Хороший купец на всякий вечер непременно считает дневную прибыль или убыток; но сего он не может ясно узнать, если ежечасно не будет всего записывать в счетную книгу, потому что ежечасное самоиспытание ежедневно просвещает душу.

116. Безрассудный, когда его укоряют или осуждают, оскорбляется и старается противоречить, или немедленно просит прощения у своего обличителя, не по смирению, но только, чтобы прекратить выговор. Когда бьют тебя выговорами и укоризнами, молчи, и принимай душевные прижигания. Или лучше сказать, светильники чистоты. Когда же духовный врач твой перестанет тебя обличать, тогда кайся пред ним: ибо в самом действии гнева он, может быть, и не примет твоего покаяния.

117. Пребывающие в общежитии, хотя и против всех страстей на всякий час должны подвизаться, но в особенности против двух: против чревонеистовства и вспыльчивости; потому что во множестве братий бывает и много поводов для сих страстей.

118. Пребывающим в послушании диавол влагает желание добродетелей невозможных для них; подобным образом и живущим в безмолвии он советует несвойственное им. Раскрой ум неискусных послушников, и найдешь там погрешительную мысль: желание безмолвия, крайнейшего поста, неразвлекаемой молитвы, совершенного нетщеславия, незабвенного памятования смерти, всегдашнего умиления, всесовершенного безгневия, глубокого молчания, чистоты превосходной. По особенному Промыслу Божию, не имея сих добродетелей в начале, они безрассудно перескакивают чрез предлежащие им степени, будучи обольщены врагом, который побуждает их искать сих совершенств прежде времени, с тем, чтобы они, не устояв в терпении, не получили их и в свое время. Напротив того, сей обольститель ублажает перед безмолвниками страннолюбие послушников, их служения, братолюбие и утешительное сопребывание в обществе, их служения больным. Намерение же льстеца сего состоит в том, чтобы и сих подобно первым сделать нетерпеливыми.

119. Поистине немногие могут с разумом проходить безмолвие; но те только, которые стяжали божественное утешение к поощрению в трудах и помощь в бранях.

120. По качествам страстей наших, должно рассуждать, какому руководителю отдаться нам в повиновение, и сообразно с тем такого и избирать. Если ты невоздержен и удобопреклонен на плотскую похоть, то да будет твоим обучителем подвижник, и в отношении к пище неумолимый, а не чудотворец, и который готов всех примирить и угощать трапезою. Если ты высокомерен, то да будет твоим руководителем человек суровый и неуступчивый, а не кроткий и человеколюбивый. Не должно искать таких руководителей, которые бы имели дар пророчества или прозрения, но прежде всего истинно смиренномудрых, и по нраву и местопребыванию своему приличных нашим недугам. По примеру вышепомянутого праведника Аввакира, имей и сие пособие к послушанию: помышляй всегда, что наставник тебя искушает, и ты никогда не погрешишь. Когда, будучи непрестанно обличаем от своего наставника, ты почувствуешь, что вера и любовь твоя к нему возрастают: то знай, что Дух Святый невидимо вселился в твою душу, и сила Вышнего осенила тебя.

121. Впрочем, не радуйся и не хвались, когда ты мужественно терпишь досады и бесчестия: напротив плачь о том, что ты сделал нечто достойное выговора и возмутил против себя душу наставника. Не ужасайся и не дивись, когда скажу тебе (ибо Моисей[35] мне о том свидетель), что лучше согрешить перед Богом, нежели перед отцом своим; потому что если мы прогневили Бога, то наставник наш может Его с нами примирить; а когда мы наставника ввели в смущение, тогда уже никого не имеем, кто бы за нас ходатайствовал. Впрочем я думаю, что оба эти согрешения имеют одно значение.

122. Рассмотрим и рассудим со вниманием, когда должно нам благодарно и безмолвно терпеть обвинения от пастыря, и когда объясняться перед ним. Мне кажется, что во всех случаях, когда бесчестие падает на одних нас, должно молчать (ибо это время духовного приобретения); а когда обвинение касается другого лица, тогда должно говорить в защиту, ради союза любви и ненарушимого мира.

123. Пользу послушания возвестят тебе те, которые отпали от него; ибо они тогда только узнали, на каком стояли небе.

124. Кто стремится к бесстрастию и к Богу, тот считает потерянным всякий день, в который его никто не укорял. Как деревья, колеблемые ветрами, глубоко в землю пускают корни: так и пребывающие в послушании стяжут крепкие и непоколебимые души.

125. Кто, живя в безмолвии, познал свою немощь и пришедши, продал себя послушанию; тот, бывши слеп, без труда ко Христу прозрел.

126. Мужайтесь, братия подвижники, мужайтесь, и еще скажу, мужайтесь! и не преставайте стремиться вперед, внимая к Премудрому, который говорит о вас: «Господь, яко злато в горниле, паче же в общежитии, искуси их, и яко всеплодие жертвенное прият я в недра Своя» (*Прем.3:6*). Ему же слава и держава вечная с Отцем Безначальным и Духом Святым и поклоняемым. Аминь.

Сия степень равночислена Евангелистам. Мужайся, подвижник; стремись вперед без страха. Некогда Иоанн опередил Петра, а здесь послушание положено прежде покаяния; ибо предваривший ученик представлял образ послушания, а другой – покаяния.

СЛОВО 5. О ПОПЕЧИТЕЛЬНОМ И ДЕЙСТВИТЕЛЬНОМ ПОКАЯНИИ И ТАКЖЕ О ЖИТИИ СВЯТЫХ ОСУЖДЕННИКОВ, И О ТЕМНИЦЕ[36]

1. Покаяние есть возобновление крещения. Покаяние есть завет с Богом об исправлении жизни. Покаяние есть купля смирения. Покаяние есть всегдашнее отвержение телесного утешения. Покаяние есть помысл самоосуждения и попечения о себе, свободное от внешних попечений. Покаяние есть дщерь надежды и отвержение отчаяния. Покаяние есть примирение с Господом чрез совершение благих дел, противных прежним грехам. Покаяние есть очищение совести. Покаяние есть добровольное терпение всего скорбного. Кающийся есть изобретатель наказаний для себя самого. Покаяние есть крепкое утеснение чрева, уязвление души в глубоком чувстве.

2. Стекитесь, все прогневавшие Господа и приступите; приидите и услышьте, что я поведаю вам; соберитесь, и увидите, что Господь показал мне, в назидание души моей. Почтим, и поместим в этом слове, прежде всего, повесть об уничиженных, но достойных уважения делателях. Все, впадшие в какое-либо нечаянное согрешение, услышим, сохраним и сотворим то, что узнаем. Восстаньте и стойте низверженные падениями. Внимайте, братия мои, сему слову моему; приклоните ухо ваше

все, хотящие истинным обращением примирить Бога с собою.

3. Слышал я, немощный, о чудном некотором и необычайном состоянии и смирении осужденников, заключенных в особенной обители, называемой Темницею, которая состояла под властью помянутого светила светил. Потому, находясь еще в обители сего преподобного, я просил его, чтобы он позволил мне посетить это место; и великий муж уступил моему прошению, не хотя чем-либо опечалить мою душу.

4. Итак, пришедши в сию обитель кающихся, в сию, поистине, страну плачущих, увидел я то, чего, поистине, если не дерзко так сказать, око нерадивого человека не видело, и ухо унылого не слышало, что и на сердце ленивого не всходило, т. е. такие дела и слова, которые сильны убедить Бога; такие упражнения и подвиги, которые скоро преклоняют Его человеколюбие.

5. Видел я, что одни из сих неповинных осужденников, всю ночь, до самого утра, стояли на открытом воздухе, не передвигая ног, и жалким образом колебались, одолеваемые сном по нужде естества; но они не давали себе ни мало покоя, а укоряли сами себя и бесчестиями и поношениями возбуждали себя.

6. Другие умиленно взирали на небо, и с рыданием и воплем призывали оттуда помощь.

7. Иные стояли на молитве, связавши себе руки назади, как преступники; печальные лица их были преклонены к земле; они считали себя недостойными взирать на небо; от недостоинства помыслов и от угрызения совести не знали, что сказать, и как проговорить, какие молитвы вознести к Богу, как и откуда начать моление; но только душу немотствующую и ум безгласный представляли Богу и были исполнены мрака и как бы тонкого отчаяния.

8. Другие сидели на земле во вретище и пепле, лицо скрывали между коленями и челом ударяли о землю.

9. Иные непрестанно били себя в грудь, воззывая прежнее состояние души своей и невинность своей жизни. Иные из них омочали землю слезами; а другие, не имея слез, били сами себя. Иные рыдали о душах своих, как о мертвецах, будучи не в силах переносить сердечной туги; другие же, рыдая в сердце, глас рыдания удерживали в устах; а иногда, когда уже не могли терпеть, внезапно вопияли.

10. Видел я там, что некоторые от сильной печали находились как бы в исступлении; от многого сетования были безгласны, совершенно погружены во мрак, и как бы нечувствительны ко всему, касающемуся земной жизни, умом сошли в бездну смирения, и огнем печали иссушили слезы в очах своих.

11. Другие сидели в задумчивости, поникши к земле и непрестанно колебля главами, подобно львам, рыкали и стенали из глубины сердца и утробы. Одни из них благонадежно просили совершенного прощения грехов и молились о сем; а иные, по несказанному смирению, почитали себя недостойными прощения и взывали, что они не имеют перед Богом никакого оправдания. Другие молили Господа, чтобы им здесь потерпеть мучения, а там быть помилованными; иные же, угнетаемые тяготою совести, чистосердечно просили ни подвергать их мучению, ни удостаивать царствия; сего было бы для нас довольно, говорили они.

12. Я видел там души столь уничиженные, сокрушенные и так угнетаемые тяготою греховного бремени, что они могли бы и самые камни привести в умиление, своими словами и воплями к Богу. «Знаем, говорили они, поникши к земле, знаем, что мы по правде достойны всякого мучения и томления, ибо не можем удовлетворить

за множество долгов наших, хотя бы мы и всю вселенную воззвали плакать за нас. Но о том только просим, о том умоляем, и той милости ищем, «да не яростию Твоею обличиши нас, ниже гневом Твоим накажеши нас» (*Пс.6:2*), ни праведным судом Твоим мучиши нас, но с пощадением. Для нас довольно, Господи, освободиться от страшного прещения Твоего и мук безвестных и тайных; совершенного же прощения мы не смеем просить. Да и как осмелимся, когда мы обета своего не сохранили в непорочности, но осквернили его, испытавши уже Твое человеколюбие и получивши прощение согрешений?»

13. Там можно было видеть действительное исполнение слов Давидовых, видеть страждущих, сляченых до конца жизни своей; весь день сетуя ходящих; смердящих согнившими ранами тела своего (*Пс. 37:7*), и небрегущих о врачевании оных; забывающих «снести хлеб свой», и «питие воды «с плачем растворяющих; прах и пепел вместо хлеба ядущих»; имеющих «кости прилепленные к плоти», и самих «яко сено иссохших» (*Пс. 101:5–12*). Ничего другого не слышно было у них, кроме сих слов: «Увы, увы! горе мне, горе мне! праведно, праведно! пощади, пощади, Владыко!» Некоторые говорили: «Помилуй, помилуй»; а другие же жалостнее взывали: «Прости, Владыко, прости, если возможно!».

14. У иных видны были языки воспаленные и выпущенные из уст, как у псов. Иные томили себя зноем; иные мучили себя холодом. Некоторые, вкусивши немного воды, переставали пить, только чтобы не умереть от жажды. Другие, вкусив немного хлеба, далеко отвергали его от себя рукою, говоря, что они недостойны человеческой пищи, потому что делали свойственное скотам.

15. Где был у них какой-либо вид смеха? Где празднословие? где раздражительность, или гнев? Они даже не знали, существует ли гнев у людей, потому что плач

совершенно угасил в них всякую гневливость. Где было у них прекословие, или праздник, или дерзость, или какое-нибудь угождение телу, или след тщеславия? Где надежда какого-либо наслаждения? или помышление о вине, или вкушение осенних плодов? или варение пищи, или услаждение гортани? Надежда всего этого в нынешнем веке уже угасла для них. Где было у них попечение о чем-нибудь земном? Где осуждение кого-либо из человеков? Вовсе и не было.

16. Таковы были всегдашние их вещания и взывания ко Господу. Одни, ударяя себя в грудь, как бы стоя пред вратами небесными, говорили Богу: «Отверзи нам, о Судия, отверзи нам!» Другие говорили: «Просвети токмо лице Твое, и спасемся» (*Пс. 79:4*). Иной говорил: «Просвети в тме и сени смертней сидящия, уничиженных» (*Лк. 1:79*); а иной: «Скоро да предварят ны щедроты Твоя, Господи, ибо мы погибли, мы отчаялись, яко обнищахом зело» (*Пс. 78:8*). Одни говорили: «Просветит ли Господь на нас лице Свое» (*Пс. 66:2*). А другие: «Убо прейде ли душа наша воду грехов непостоянную» (*Пс. 123:5*). Иной говорил: «Умилостивится ли, наконец, Господь над нами? Услышим ли когда-либо глас Его к нам, «сущим во узах нерешимых, изыдите» (*Ис. 49:9*), и сущим во аде покаяния: вы прощены? Вошел ли вопль наш во уши Господа?»

17. Все они непрестанно имели пред очами смерть и говорили: «Что будет с нами? какой приговор о нас последует? каков будет конец наш? Есть ли воззвание, есть ли прощение темным, уничиженным осужденникам? Возможно ли моление наше взойти ко Господу? или оно, по правосудию Его, отвернуто с уничижением и посрамлением? Если же взошло, то сколько умилостивило оно Господа? Какой успех получило? Какую пользу принесло? Сколько подействовало? Ибо оно от нечистых уст и тел было воссылаемо и не имеет много крепости.

Совершенно ли оно примирило Судию или только отчасти? Исцелило ли половину язв наших душевных? Ибо, поистине, велики сии язвы и требуют многих трудов и потов? Приблизились ли к нам хранители наши, Ангелы? или они еще далече от нас? Доколе они к нам не приблизятся, дотоле и весь труд наш бесполезен и безуспешен; ибо молитва наша не имеет ни силы дерзновения, ни крил чистоты, и не может вознестись ко Господу, если Ангелы наши не приблизятся к нам, и взявши ее, не принесут ко Господу».

18. Часто повторяя сии слова, они в недоумении говорили друг другу: «И так, братия, успеваем ли? получаем ли просимое? Принимает ли нас Господь опять? Отверзает ли двери милосердия?» Другие отвечали на это: «Кто весть, – как бы говорили братия наши Ниневитяне, – аще раскается Господь» (*Ион.3:9*), и хотя от великой оной муки не избавит ли нас? Впрочем мы сделаем, что зависит от нашего произволения; и если Он отверзет двери царства небесного, то хорошо и благо; а если нет, то и тогда благословен Господь Бог, праведно затворивший их для нас. Однако будем стучаться до конца жизни нашей; может быть, по многой нашей неотступности, Он и отверзет нам». Посему они возбуждали друг друга, говоря: «Потщимся, братия, потщимся; нам нужно тщание, и тщание сильное; потому что мы отстали от нашей доброй дружины. Потщимся, не щадя сей скверной, злостраждательной плоти нашей; но умертвим ее, как и она нас умертвила».

19. Так и делали сии блаженные осужденники. У них видимы были колена, оцепеневшие от множества поклонов; глаза, померкшие и глубоко впадшие; вежды, лишенные ресниц; ланиты, уязвленные и опаленные горячестию многих слез; лица, увядшие и бледные, ничем не отличавшиеся от мертвых; перси, болящие от ударов,

и кровавые мокроты, извергаемые от ударений в грудь. Где там было приготовление постели? Где одежды чистые или крепкие? У всех они были разорванные, смердящие и покрытые насекомыми. Что в сравнении с ними злострадания беснующихся, или плачущих над мертвецами, или пребывающих в заточении, или осужденных за убийства? Поистине невольное мучение и томление оных ничто, в сравнении с произвольным страданием сих. И молю вас, братия, не подумайте, что повествуемое мною – басни.

20. Часто они умоляли этого великого судию, т. е. пастыря своего, сего ангела между человеками, и убеждали его наложить железа и оковы на руки и на шеи их; а ноги их, как ноги преступников, заключить в колоды и не освобождать от них, пока не примет их гроб. Но иногда они сами себя лишали и гроба. Ибо никак не могу утаить и сего истинно умилительного смирения сих блаженных и сокрушенной их любви к Богу и покаяния.

21. Когда сии добрые граждане страны покаяния отходили ко Господу, чтобы стать перед нелицеприятным судилищем: тогда, видевший себя при конце жизни, посредством своего предстоятеля, умолял и заклинал великого авву, чтобы он не сподоблял его человеческого погребения, но, как скота, повелел бы предать тело его речным струям, или выбросить в поле на съедение зверям: что нередко и исполнял сей светильник рассуждения, повелевая, чтобы их выносили без чести и лишали всякого псалмопения.

22. Но какое страшное и умилительное зрелище было при последнем их часе! Осужденники сии, видя, что кто-нибудь из них приближался к кончине, окружали его, когда он еще был в полной памяти, и с жаждою, с плачем и желанием, с весьма жалостным видом и печальным голосом, качая главами своими, спрашивали умира-

ющего, и горя милосердием к нему, говорили: «Что, брат и осужденник? Каково тебе? Что скажешь? Достиг ли ты, чего искал с таким трудом, или нет? Отверз ли ты себе дверь милосердия, или еще повинен суду? Достиг ли своей цели, или нет? Получил ли какое-нибудь извещение о спасении твоем, или еще нетвердую имеешь надежду? Получил ли ты свободу, или еще колеблется и сомневается твой помысл? Ощутил ли ты некоторое просвещение в сердце своем, или оно покрыто мраком и стыдом? Был ли внутри тебя глас глаголющий: «се здрав еси» (*Ин.5:14*), или «отпущаются тебе греси твои» (*Мф.9:5*)? Или слышишь такой глас: «да возвратятся грешницы во ад» (*Пс.9:18*); еще: «свяжите ему руце и нозе» (*Мф.22:13*); еще: «да возмется нечестивый, да не видит славы Господни» (*Ис.26:10*)? Что скажешь нам, брат наш? Скажи нам кратко, умоляем тебя, чтобы и мы узнали, в каком будем состоянии. Ибо твое время уже окончилось, и другого уже не обрящешь вовеки». На сие некоторые из умирающих отвечали: «благословен Господь, Иже неотстави молитву мою и милость Свою от Мене» (*Пс.65:20*). Другие говорили: «благословен Господь, Иже не даде нас в ловитву... их» (*Пс.123.6*). А иные с болезнию произносили: «убо прейде ли душа наша воду непостоянную» духов воздушных (*Пс.123:3*)? Говорили же так, потому что еще не имели дерзновения, но издалека усматривали то, что бывает на оном истязании. Иные же еще болезненнее отвечали, и говорили: «Горе душе, несохранившей обета своего в непорочности; в сей только час она познает, что ей уготовано».

23. Я же, видя и слыша у них все это, едва не пришел в отчаяние, зная свое нерадение и сравнивая оное с их злостраданием. И каково еще было устройство того места и жилища их! Все темно, все зловонно, все нечисто и смрадно. Оно справедливо называлось Темницею и

затвором осужденных; самое видение сего места располагает к плачу и наставляет на всякий подвиг покаяния. Но что для иных неудобно и неприятно, то любезно и приятно для тех, которые ниспали из состояния добродетели и лишились духовного богатства. Ибо когда душа лишилась первого дерзновения перед Богом, потеряла надежду бесстрастия и сокрушила печать чистоты, когда она позволила похитить у себя сокровища дарований сделалась чуждою Божественного утешения, завет Господень отвергла и угасила добрый огнь душевных слез: тогда, пронзаемая и уязвляемая воспоминанием об этом, она не только вышеописанные труды возложит на себя со всяким усердием, но и тщится благочестиво умерщвлять себя подвигами покаяния, если только в ней осталась хоть искра любви или страха Господня. Поистине таковы были сии блаженные; ибо, размышляя об этом и вспоминая высоту, с которой ниспали, они говорили: «Помянухом дни древния, оный огнь нашей ревности»; а иные взывали к Богу: «Где суть милости Твоя древния, Господи, которые Ты показал душе нашей во истине Твоей» (*Пс.88:50*). Другой говорил: «Кто мя устроит по месяцам прежних дней, в нихже мя храняше Бог, егда светяшеся светильник света Его над главою сердца моего» (*Иов.29:2–3*)?

24. Так вспоминали они свои прежние добродетели, рыдали о них, как об умерших младенцах, и говорили: «Где чистота молитвы? где ее дерзновение? где сладкие слезы, вместо горьких? где надежда всесовершенной чистоты и очищения? где ожидание блаженного бесстрастия? где вера к пастырю? где благое действие молитвы его в нас? Все это погибло, как неявлявшееся исчезло, и как никогда не бывшее, миновалось и прошло».

25. Произнося сии слова и проливая слезы, одни из них молились о том, чтобы впасть в беснование; другие

просили Господа наказать их проказою; иные желали лишиться зрения и быть предметом всеобщей жалости; а иные просили себе расслабления, только бы не подвергнуться будущим мучениям. Я же, о друзья мои, наблюдая плач их, забывал себя самого, и весь восхитился умом, не в силах будучи удерживать себя. Но обратимся к предмету слова.

26. Пробывши в Темнице тридцать дней, я нетерпеливый, возвратился в великое общежитие, к великому отцу, который, видя, что я весь изменился, и как бы вне себя, узнал по своей мудрости, причину моего изменения. И сказал: «Что, отче Иоанне, видел ли ты подвиги труждающихся?» Я отвечал: «Видел, отче, и удивился, и ублажил падших и плачущих паче непадших и неплачущих о себе; потому что те чрез падение восстали восстанием благонадежным». «Подлинно так», сказал он. Потом, чуждые лжи, уста его сообщили следующее. «Назад тому десять лет, – говорил он, – я имел здесь брата весьма ревностного и такого подвижника, что видя его горящего духом, трепетал и боялся за него диавольской зависти, чтобы он в быстром течении, как-нибудь не преткнул о камень ногу свою, что часто бывает с поспешно ходящими. Так и случилось. В глубокий вечер, он приходит ко мне, показывает обнаженную язву, требует пластыря, просит прижигания и изъявляет великое смущение духа. Но видя, что врач хочет употребить не весьма жестокое резание (потому что он достоин был милосердия), повергает себя на землю, хватается за ноги врача, орошает их обильными слезами, просит заключения в Темницу, которую ты видел: «Невозможно мне, – взывал он, – не пойти туда». Наконец он убеждает врача изменить милосердие на жестокость, что в недугующих редко и удивительно. Немедленно поспешает он к тем кающимся, и

делается сообщником и сострадальцем их. От любви Божией уязвленный в сердце печалью, как мечом, он в восьмой день отошел к Господу и просил, чтобы ему не делали погребения; но я вынес его сюда и положил с отцами, как достойного, потому что он, после семи дней рабства, в восьмой разрешился и получил свободу. Некто же достоверно узнал, что он не прежде встал от худых и скверных ног моих, как умилостивив Бога. И не удивительно: потому что, восприяв в сердце веру евангельской блудницы, с таким же упованием, как и она, омочил слезами он смиренные мои ноги, а Господь сказал, что «верующему все возможно» (*Мк.9:23*). Видел я нечистые души, которые до неистовства пылали плотскою любовию, но потом обратились к покаянию, и вкусивши вожделения, обратили вожделение свое ко Господу; и, миновавши всякий страх, ненасытною любовию прилепились к Богу. Посему и Господь о целомудренной оной блуднице не сказал, что она убоялась, но что «возлюбила много» (*Лк.7:47*), и удобно возмогла любовию отразить любовь.

27. Знаю, досточудные, что рассказанные мною подвиги блаженных оных страдальцев для одних покажутся невероятными, для других – превосходящими надежду, а для иных – приводящими в отчаяние. Но мужественный муж, от сего уязвленный, как острием отходит с огненною стрелою и ревностью в сердце. Низший же сего познает свою немощь, и, чрез самоукорение удобно стяжав смиренномудрие, устремится вслед за первым; но не знаю, настигнет ли его. Нерадивый же пусть и не касается того, что здесь описано, чтобы ему, отчаявшись, не расточить и того, что делает; и тогда сбудется на нем евангельское слово: «от неимущаго же усердия, и еже мнится имея, возмется от него» (*Мф.25:29*).

28. Когда мы впали в ров беззаконий, то не можем выйти из него, если не погрузимся в бездну смирения кающихся.

29. Иное есть смирение кающихся, исполненное сетования; иное зазрение совести еще согрешающих; и иное – блаженное и богато смирение, которое особенным Божиим действием вселяется в совершенных. Не станем усиливаться объяснить словами сие третие смирение; ибо труд наш будет суетен. Признак же второго состоит в совершенном терпении бесчестий. Часто старые привычки мучительным образом обладают и теми, которые оплакивают грехи свои; и сие не удивительно. Слово о судьбах и падениях темно для нас, и никакой ум не постигает, какие попущением Промысла, и какие по оставлению Божию. Впрочем некто сказал мне, что, если мы падаем в грех по попущению Божию, то вскоре и восстаем, и отвращаемся от греха; ибо Попустивший не дозволяет, чтобы мы долго были одержимы бесом печали. Если мы пали, то прежде всего против этого беса да ополчимся; ибо он, представ во время молитвы нашей и воспоминая нам прежнее наше дерзновение к Богу, хочет отторгнуть нас от молитвы.

30. Не ужасайся, если и каждый день падаешь, и не отступай от пути Божия, но стой мужественно; и без сомнения Ангел, который хранит тебя, почтит твое терпение. Когда язва еще нова и горяча, тогда удобно исцеляется; но застарелые, оставленные в небрежении и запущенные раны неудобно исцеляются; ибо для врачевания своего требуют уже многого труда, резания и прижигания. Многие раны от закоснения делаются неисцелимыми; но «у Бога вся возможна» (*Мф.19:26*).

31. Прежде падения нашего бесы представляют нам Бога человеколюбивым, а после падения жестоким.

32. В падении твоем, не покоряйся говорящему о малых согрешениях: «О, дабы тебе того не делать, а сие ничто». Часто и малые дары великую ярость судии утолили[37].

33. Кто истинно подвизается о своем спасении, тот всякий день, в который не оплакивает грехов своих, почитает потерянным, хотя бы и совершил в оный какие-нибудь добрые дела.

34. Никто из плачущих о грехах своих не должен ожидать, что при исходе из сей жизни получит извещение о прощении. Неизвестное не достоверно. «Ослаби ми извещением, да почию, прежде даже не отъиду» (*Пс.38:14*) отсюда без извещения[38]. «Где Дух Господень, там разрешаются узы» (*2Кор.3:17*): где смирение глубочайшее, и там разрешаются узы; а не имеющий ни того, ни другого пусть не обольщает себя, ибо он связан.

35. В мире (и по духу мира) живущие чужды сих извещений, и наипаче первого. Некоторые, впрочем, творящие милостыни, познают свое приобретение при исходе из сего мира.

36. Кто плачет о себе, тот не видит, плачет ли другой, и пал ли он; и не станет судить других. Пес, угрызенный зверем, еще более на него разъяряется, и от боли, которую чувствует в ране, неотступно на него лает.

37. Должно внимать себе, не перестала ли совесть наша обличать нас, не ради чистоты нашей, но как бы утомившись. Признак разрешения от грехов состоит в том, что человек всегда почитает себя должником перед Богом.

38. Нет ничего равного милости Божией; нет ничего больше ее. Посему отчаявающийся сам себя губит. Признак прилежного покаяния заключается в том, что человек почитает себя достойным всех случающихся ему видимых и невидимых скорбей, и еще больших. Моисей,

после того, как видел Бога в купине, снова возвратился в Египет, или в омрачение к деланию кирпичей, может быть, мысленного Фараона; но потом он опять восшел к купине, и не только к купине, но и на гору Боговидения. Кто понимает сию притчу, тот никогда не отчается. В нищету пришел великий Иов, но потом опять вдвойне обогатился.

39. Тяжки бывают падения для ленивых, по вступлении их в иночество: они отнимают у них всякую надежду бесстрастия, и заставляют их думать, что и одно восстание из пропасти довольно к блаженству. Помни, что отнюдь не тем путем, которым заблудили, возвращаемся, но другим кратчайшим[39].

40. Я видел двух, одинаковым образом и в то же время идущих ко Господу; один из них был стар, и превосходил трудами; а «другой ученик, но тече скорее старца, и прежде прииде ко гробу смирения» (*Ин. 20:4*).

41. Все, а в особенности падшие, должны беречься, чтобы не допустить в сердце свое недуг безбожного *Оригена*; ибо скверное его учение, внушая о Божием человеколюбии, весьма приятно людям сластолюбивым[40].

42. «В поучении моем, паче же в покаянии моем разгорится огнь» (*Пс. 38:4*) молитвы, пожигающий вещество (греха). Образом, примером, правилом и образцом покаяния да будут тебе прежде помянутые святые осужденники; и ты во всю жизнь не будешь иметь нужды ни в какой книге, доколе не воссияет тебе Христос, Сын Божий и Бог, в воскресении истинного покаяния. Аминь.

На пятую степень восшел ты, покаявшийся; покаянием пять чувств очистил, и произвольным томлением и мучением ты избежал невольного.

СЛОВО 6. О ПАМЯТИ СМЕРТИ

1. Всякому слову предшествует помышление; память же смерти и согрешений предшествует плачу и рыданию: посему о ней по порядку и предлагается в сем слове

2. Память смерти есть повседневная смерть; и память исхода из сей жизни есть повсечасное стенание.

3. Боязнь смерти есть свойство человеческого естества, происшедшее от преслушания; а трепет от памяти смертной есть признак нераскаянных согрешений. Боится Христос смерти, но не трепещет, чтобы ясно показать свойства двух естеств[41].

4. Как хлеб нужнее всякой другой пищи, так и помышление о смерти нужнее всяких других деланий. Память смерти побуждает живущих в общежитии к трудам и постоянным подвигам покаяния и к благодушному перенесению бесчестий. В живущих же в безмолвии память смерти производит отложение попечений, непрестанную молитву и хранение ума. Впрочем сии же самые добродетели суть и матери и дщери смертной памяти.

5. Как олово отличается от серебра, хотя и подобно ему по виду; так и различие между естественным и противоестественным страхом смерти для рассудительных ясно и очевидно.

6. Истинный признак того, что человек помнит смерть в чувстве сердца, есть добровольное беспристрастие ко всякой твари, и совершенное оставление своей воли

7. Тот без сомнения благоискусен, кто ежедневно ожидает смерти; а тот свят кто желает ее на всякий час.

8. Не всякое желание смерти достойно одобрения. Некоторые люди, насилием привычки увлекаемые в согрешения, желают смерти по чувству смирения; другие не хотят покаяться и призывают смерть из отчаяния; иные же не боятся ее потому, что в превозношении своем почитают себя бесстрастными; а бывают и такие (если только в нынешнее время найдутся), которые, по действию Духа Святаго, желают своего исшествия отсюда.

9. Некоторые испытывают и недоумевают, почему Бог не даровал нам предведения смерти, если воспоминание о ней столь благотворно для нас? Эти люди не знают, что Бог чудным образом устраивает через это наше спасение. Ибо никто, задолго предузнавши время своей смерти, не спешил бы принять крещение, или вступить в монашество, но каждый проводил бы всю жизнь свою в беззакониях, и на самом уже исходе из сего мира приходил бы к крещению, или к покаянию; (но от долговременного навыка грех делался бы в человеке второю природою, и он оставался бы совершенно без исправления)[42].

10. Когда оплакиваешь грехи свои, никогда не слушайся оного пса, который внушает тебе, что Бог человеколюбив; ибо он делает это с тем намерением, чтобы отторгнуть тебя от плача и от бесстрашного страха. Мысль же о милосердии Божием принимай тогда только, когда видишь что низвлекаешься во глубину отчаяния.

11. Кто хочет непрестанно сохранять в душе своей память смерти и суда Божия, а между тем предается попечениям и молвам житейским, тот подобен хотящему плавать и в то же время плескать руками.

12. Живая память смерти пресекает невоздержание в пище; а когда сие пресечено со смирением, то вместе отсекаются и другие страсти.

13. Безболезненность сердца ослепляет ум, а множество брашен иссушает источники слез. Жажда и бдение стесняет сердце, а когда сердце стесняется, тогда произникают слезные воды. Сказанное мною для угождающих чреву покажется жестоким, а для ленивых невероятным, но деятельный муж на деле усердно испытывает сие. Кто узнал сие опытом, тот возрадуется о сем; а кто еще ищет, тот не обойдется без печали.

14. Как отцы утверждают, что совершенная любовь не подвержена падению, так и я утверждаю, что совершенное чувство смерти свободно от страха.

15. Деятельный ум имеет многие делания: поучается любви к Богу, в памяти смертной, в памяти Божией, царствия небесного, ревности святых мучеников, вездеприсутствия Самого Бога, по слову Псалмопевца: «предзрех Господа предо мною выну» (*Пс.15:8*), в памяти святых и умных сил; в памяти об исходе души, об истязании, мучении и вечном осуждении. Мы начали здесь с великих вещей, а кончили такими, которые удерживают от падения.

16. Некогда один египетский инок рассказал мне следующее. «Когда память смерти, – говорил он, – утвердилась в чувстве моего сердца, и я, однажды, когда пришла потребность, захотел дать малое утешение сему бренному телу; то память смерти, как некий судия, возбранила мне это; и, что еще удивительнее, хотя я и желал ее отринуть, но не мог».

17. Другой некто, живший близ нас в месте, называемом Фола, часто от помышления о смерти приходил в исступление, и как лишившийся чувств, или пораженный падучею болезнию, относим был находившимися при нем братиями, почти бездыханный.

18. Не премину сообщить тебе повесть и об Исихии, иноке горы Хорива[43]. Он вел прежде самую неради-

вую жизнь, и нисколько не заботился о душе своей; наконец, впавши в смертельную болезнь, с час времени казался совершенно умершим. Пришедши в себя он умолял всех нас, чтобы тотчас же от него удалились, и заключив дверь своей келлии, прожил в ней лет двенадцать, никому никогда не сказав ни малого, ни великого слова, и ничего не вкушая кроме хлеба и воды; но сидя в затворе, как пред лицом Господним, ужасался и сетовал о том, что видел во время исступления, и никогда не изменял образа жизни своей, но постоянно был как бы вне себя, и не переставал тихо проливать теплые слезы. Когда же он приблизился к смерти, мы, отбив дверь, вошли в его келлию и, по многим прошении, услышали только сии слова: «Простите, – сказал он, – кто стяжал память смерти, тот никогда не может согрешить». Мы изумились, видя, что в том, который был прежде столько нерадив, внезапно произошло такое блаженное изменение и преображение. Похоронивши его в усыпальнице близ ограды, мы по прошествии некоторого времени искали святых мощей его, но не могли найти. Господь и сим засвидетельствовал усердное и достохвальное покаяние Исихия и удостоверил нас, что Он приемлет и тех, которые и после многого нерадения хотят исправиться.

19. Как бездну некоторые представляют себе бесконечною, и место оное называют бездонным; так и помышление о смерти рождает чистоту нерастлеваемую и делание бесконечное. Сие подтверждает преподобный отец, о котором мы теперь говорили. Подобные ему непрестанно переходят от страха к страху, пока и самая в костях содержащаяся сила не истощится.

20. Должно знать, что память смертная, как и все другие блага, есть дар Божий; ибо часто, находясь и у самых гробов, мы пребываем без слез и в ожесточении;

а в другое время, и не имея такого печального зрелища перед глазами, приходим в умиление.

21. Кто умертвил себя для всего в мире, тот истинно помнит смерть: а кто еще имеет какое-либо пристрастие, тот не может свободно упражняться в помышлении о смерти, будучи сам себе наветник.

22. Не желай словами уверять всех в твоем расположении к ним, а лучше проси Бога, чтобы Он открыл им любовь твою неведомым образом; иначе не достанет тебе времени на изъявление любви к ближним и на умиление.

23. Не прельщайся, безумный подвижник, думая, что можешь одно время вознаградить другим: ибо всякий день и к совершенной уплате собственного своего долга Владыке недостаточен.

24. «Невозможное, – как некто сказал, – невозможное для человеков дело, чтобы настоящий день провели мы благочестиво, если не думаем, что это последний день нашей жизни». И поистине удивительно, что и язычники изрекли нечто подобное этому; ибо и они полагали, что любомудрие заключается в помышлении о смерти.

Шестая степень: кто взошел на нее, тот во веки не согрешит.

«Поминай последняя твоя, и во веки не согрешиши» (*Сир.7:39*).

СЛОВО 7. О РАДОСТОТВОРНОМ ПЛАЧЕ

1. Плач по Богу есть сетование души, такое расположение болезненного сердца, которое с исступлением ищет того, чего оно жаждет, и не находя его, с трудом за ним стремится и горько рыдает в след его. Или иначе: плач есть златое жало, уязвлением своим обнажающее душу от всякой земной любви и пристрастия, и в назирании сердца святою печалию водруженное.

2. Умиление есть непрестанное мучение совести, которое прохлаждает сердечный огонь мысленною исповедию пред Богом. Исповедь есть забвение естества, как некто забыл «снести хлеб свой» (*Пс.101:5*).

3. Покаяние есть бесскорбное отвержение всякого утешения телесного.

4. Свойство преуспевающих еще в блаженном плаче есть воздержание и молчание уст; преуспевших – безгневие и непамятозлобие; а совершенных – смиренномудрие, жажда бесчестий, произвольная алчба невольных скорбей, неосуждение согрешающих, милосердие превыше силы. Достойны одобрения первые: достохвальны вторые; но блаженны алчущие скорби и жаждущие бесчестий; ибо они насытятся пищею ненасыщаемою.

5. Достигши плача, всею силою храни его; ибо прежде совершенного усвоения, он весьма легко теряется; и как воск тает от огня, так и он легко истребляется от

молвы, попечений телесных и наслаждения, в особенности же от многословия и смехотворства.

6. Источник слез после крещения больше крещения, хотя сии слова и кажутся несколько дерзкими. Ибо крещение очищает нас от прежде бывших зол, а слезы очищают грехи, сделанные и после крещения. Крещение приняв в младенчестве, мы все осквернили его, а слезами снова очищаем его. И если бы человеколюбие Божие не даровало нам оных, то поистине редки были бы и едва обретались бы спасающиеся.

7. Воздыхания наши и сетования вопиют ко Господу; слезы, происходящие от страха, ходатайствуют о нас; а те, которые от всесвятой любви, являют нам, что моление наше принято.

8. Если ничто так не согласно со смиренномудрием, как плач; то без сомнения ничто столько не противится ему, как смех.

9. С усилием держи блаженную радостную печаль святого умиления, и не переставай упражняться в сем делании, пока оно не поставит тебя выше всего земного и не представит чистым Христу.

10. Не переставай воображать и вспоминать бездну темного огня, немилостивых служителей, Судию немилосердого и неумолимого, бесконечную глубину преисподнего пламени, и тесные сходы в подземные места, ужасные пропасти, и другое сему подобное, чтобы гнездящаяся в душе нашей похотливость истребилась великим страхом, и душа соединилась с нетленною чистотою, и приняла в себя сияние невещественного света, блистающего паче всякого огня.

11. На молитве стой с трепетом, как осужденный преступник стоит пред судиею, чтобы тебе и внешним видом и внутренним устроением угасить гнев Праведного Судии: ибо Он не может презреть душу-вдовицу,

предстоящую Ему с болезненным чувством и утруждающую Неутруждаемого.

12. Кто приобрел душевные слезы, тому всякое место угодно к плачу; а у кого делание только внешнее, тому всегда надобно будет избирать приличные места и положения. Как скрытое сокровище не столько подвержено хищению, сколько лежащее на торжище: так должно разуметь и о вышесказанном.

13. Не подражай погребающим мертвых, которые то плачут по них, то ради их упиваются; но будь подобен узникам в рудокопнях, ежечасно получающим удары от приставников.

14. Кто иногда плачет, а иногда наслаждается и говорит смешное, тот, вместо камней, бросает хлебом на пса сластолюбия; по видимому он отгоняет его, но самым делом привлекает его к себе.

15. Сетуй внутренно, но не выказываясь, а углубляясь в сердце свое; ибо бесы боятся сетования, как тати псов.

16. Не на брачный пир, о друзья, не на брачный пир мы приглашены; но Призвавший нас сюда поистине призвал на плач о самих себе.

17. Некоторые, когда плачут, безвременно понуждают себя в это блаженное время не иметь совершенно никакого помышления, не разумея того, что слезы без помышлений свойственны бессловесному естеству, а не разумному. Слеза есть порождение помышлений; а отец помышлений есть смысл и разум.

18. Ложась на постель, воображай твое возлежание во гробе; и будешь меньше спать. Когда сидишь за столом, приводи себе на память плачевную трапезу червей; и ты будешь меньше наслаждаться. Когда пьешь воду, не забывай о жажде в пламени неугасающем; и без сомнения понудишь самое свое естество.

19. При досточестном бесчестии, досаждении и выговоре от настоятеля, представим себе страшный приговор оного Судии; и всеваемую в нас безрассудную печаль и огорчение без сомнения посечем кротостию и терпением, как обоюдоострым мечом.

20. «Временем оскудевает море» (*Иов.14:11*), говорит Иов; временем и терпением мало-помалу снискиваются нам и приходят в совершенство добродетели, о которых говорим.

21. Воспоминание о вечном огне каждый вечер да засыпает с тобою, и вместе с тобою да восстает: и леность никогда не будет обладать тобою во время псалмопения.

22. Да возбуждает тебя к деланию плача самая одежда твоя: ибо все оплакивающие умерших одеваются в черное. Если ты не имеешь плача, то плач об этом самом; если же имеешь плач, то еще более плачь о том, что из беструдного состояния ты сам низвел себя согрешениями твоими в состояние труда и печали.

23. Благий и праведный наш Судия, как во всем, так без сомнения и в плаче судит по мере сил естества; ибо я видел, что иные источают малые слезные капли, как капли крови, а другие без труда проливают целые источники слез. Но я судил о труждающихся более по труду, а не по слезам. Думая, что и Бог также судит.

24. Плачущим не прилично богословствовать: ибо этим истребляются их слезы. Богословствующий подобен сидящему на учительской кафедре, а плачущий пребывающему на гноище и во вретище. По сей-то причине, как думаю, и Давид, хотя был учитель и муж премудрый, но когда плакал, отвечал вопрошавшим: «како воспою песнь Господню на земли чуждей» (*Пс.136:4*), т.е. в страстном состоянии?

25. Как во внешнем творении, так и в умилении есть самодвижное, и есть движимое от иного чего-либо. Ког-

да душа, и без нашего страдания и попечения бывает склонна к слезам, мягка и проникнута умилением, тогда поспешим; ибо Господь пришел к нам и без нашего зова, и дал нам губу Боголюбезной печали и прохладную воду благочестивых слез, на изглаждение рукописания согрешений. Храни сей плач, как зеницу ока, пока он мало-помалу от тебя не отойдет; ибо велика сила оного. И далеко превосходит силу того плача, который приходит от нашего тщания и умышления.

26. Не тот достиг совершенства плача, кто плачет, когда хочет, но кто плачет, о чем хочет (т.е. о чем-либо душевнополезном). Даже и тот еще не достиг совершенства плача, кто плачет, о чем хочет, но кто плачет, как Бог хочет. С богоугодным плачем часто сплетается гнуснейшая слеза тщеславия; и сие на опыте благочестно узнаем, когда увидим; что мы плачем и предаемся гневливости.

27. Истинное умиление есть болезнование души, которая не возносится, и не дает себе никакого утешения, но ежечасно воображает только исход свой из сего мира. И от Бога, утешающего смиренных иноков, ожидает утешения, как прохладной воды.

28. Стяжавшие плач в чувстве сердца возненавидели самую жизнь свою, (как исполненную труда и причину слез и болезней); тела же своего отвращаются, как врага.

29. Если мы в тех, которые думают, что плачут по Богу, видим гнев и гордость: то слезы таковых должны считать неправильными: «кое бо общение свету ко тме?» (*2Кор.6:14*).

30. От ложного умиления рождается возношение, а от истинного – утешение.

31. Как огонь пожигает хворост, так и чистые слезы истребляют всякие внешние и внутренние скверны.

32. Многие из отцов говорят, что значение слез, особенно у новоначальных, темно и неудобопостижимо, и

что они происходят от многих и различных причин: от естества, от Бога, от неправильной скорби и от скорби истинной, от тщеславия, от блудной страсти, от любви, от памяти смерти и от многих других побуждений.

33. Исследовав все сии побуждения слез посредством страха Божия, постараемся приобрести те чистые и нелестные слезы, которые рождаются от размышления о разлучении нашем от тела; ибо в них нет ни окрадения, ни возношения, но очищение, преуспеяние в любви к Богу, омовение от грехов и освобождение от страстей.

34. Не удивительно начинать плач слезами добрыми, а оканчивать неправильными; но достойно похвалы от неправильных или естественных слез переходить к духовному плачу. Смысл сказанного ясен для тех, которые склонны к тщеславию.

35. Не верь слезам твоим прежде совершенного очищения от страстей; ибо то вино еще не надежно, которое прямо из точила заключено в сосуд.

36. Никто не может противоречить тому, что полезны все слезы наши по Богу; но какая именно польза от них бывает, это мы узнаем во время своего исхода.

37. Кто пребывает во всегдашнем плаче по Богу, тот не перестает ежедневно (духовно) праздновать; а кто всегда празднует телесно, того ожидает вечный плач.

38. Нет радости для осужденных в темнице, нет праздника на земле и для истинных монахов. Посему-то сладко плачущий пророк и говорит со стенанием: «изведи из темницы душу мою» (*Пс.141:8*) в радость неизреченного Твоего света.

39. Будь как царь в сердце твоем, сидя на высоком престоле смирения, и повелевай смеху: иди, и идет; и плачу сладкому: «прииди и приходит»; и телу, сему рабу и мучителю нашему: «сотвори сие и сотворит» (*Мф.8:9*).

40. Кто облекся в блаженный, благодатный плач, как в брачную одежду, тот познал духовный смех души (т.е. радость).

41. Есть ли такой инок, который бы все время свое в монашестве провел столь благочестиво, что ни дня ни часа, ни мгновения никогда не потерял, но все время свое посвящал Господу, помышляя, что невозможно в сей жизни увидеть дважды один и тот же день?

42. Блажен инок, могущий взирать очами души на умные силы; но тот по истине предохранен от падения, который, вследствие памятования смерти и грехов своих, всегда орошает ланиты свои живыми водами чувственных очей. И трудно мне поверить, чтобы первое устроение могло произойти (и быть твердым) без последнего.

43. Видал я просителей и бесстыдных нищих, красноречивыми словами вскоре преклонявших сердца и самих царей на милость: и видал я нищих и скудных в добродетели, которые не красноречивыми, но смиренными, неясными и недоумения исполненными словами, из глубины безнадежного сердца, бесстыдно и неотступно взывали к Царю небесному и как бы насильно исторгали милость у Того, Которого естество не подвержено никакому понуждению.

44. Кто слезами своими внутренно гордится, и осуждает в уме своем неплачущих, тот подобен испросившему у царя оружие на врага своего, и убивающему им самого себя.

45. Бог не требует, братия, и не желает, чтобы человек плакал от болезни сердца, но чтобы от любви к Нему радовался душевным смехом. Отыми грех, и излишни будут болезненные слезы чувственным очам; ибо когда нет раны, то не нужен и пластырь. У Адама прежде преступления не было слез, как не будет их и по вос-

кресении, когда грех упразднится; ибо тогда «отбежит болезнь, печаль и воздыхание» (*Ис.35:10*).

46. Видел я в некоторых плач, и видел других, которые плакали о том, что не имели плача. Сии последние, хотя и имеют плач, думают, что оного не имеют, и добрым неведением своим сохраняются от окрадения. О них-то сказано: «Господь умудряет слепцы» (*Пс.145:8*).

47. Часто случается, что и слезы надмевают легкомысленных; потому они и не даются некоторым. Таковые, стараясь снискать и не находя их, окаявают себя, осуждают и мучат себя воздыханиями и сетованием, печалию души, глубоким сокрушением и недоумением. Все сие безопасно заменяет для них слезы, хотя они ко благу своему вменяют это ни во что.

48. Если будем наблюдать, то найдем, что бесы часто горько над нами насмехаются. Ибо когда мы насытились, они возбуждают в нас умиление; когда же постимся, ожесточают нас, чтобы мы, прельстившись ложными слезами, предались наслаждению – матери страстей. Но им не должно покоряться, а делать противное.

49. Размышляя о свойстве умиления, изумляюсь тому, каким образом плач и, так называемая, печаль заключают в себе радость и веселие, как мед заключается в соте. Чему же из сего научаемся? Тому, что такое умиление есть поистине дар Господень. Нет тогда в душе бессладостной сладости, потому что Бог утешает сокрушенных сердцем сокровенным образом. Для показания силы истинного плача и от сокрушения проистекающей пользы выслушаем следующую душеполезную и трогательную повесть.

50. Жил здесь некто Стефан, который, любя пустынное и безмолвное житие, многие лета провел в монашеских подвигах, и просиял различными добродетелями, в особенности же украшен был постом и слезами. Он имел

прежде келлию на скате св. горы, где жил некогда св. Пророк и Боговидец Илия. Но потом сей достохвальный муж принял намерение действительнейшего, суровейшего и строжайшего покаяния, и удалился в местопребывание отшельников, называемое Сиддин, и там провел несколько лет самой строгой и суровой жизни; ибо то место лишено было всякого утешения, и удалено было от всякого пути человеческого. Так как находилось в расстоянии семидесяти поприщ от селений. Перед кончиною своею старец возвратился в келлию свою на св. горе, где имел и двух учеников из Палестины, весьма благоговейных, которые охраняли келлию старца в его отсутствии. Прожив там немного дней, старец впал в болезнь и скончался. За день же до кончины своей он пришел в исступление, и с открытыми глазами озирался то на правую, то на левую сторону постели своей и, как бы истязуемый кем-нибудь, он вслух всех предстоявших говорил иногда так: «Да, действительно, это правда; но я постился за это столько-то лет»; а иногда: «Нет, я не делал этого, вы лжете»; потом опять говорил: «Так, истинно так, но я плакал и служил братиям»; иногда же возражал: «Нет, вы клевещете на меня». На иное же отвечал: «Так, действительно так, и не знаю, что сказать на сие; но у Бога есть милость». Поистине страшное и трепетное зрелище было сие невидимое и немилостивое истязание; и что всего ужаснее, его обвиняли и в том, чего он и не делал. Увы! безмолвник и отшельник говорил о некоторых из своих согрешений: «Не знаю, что и сказать на это»: хотя он около сорока лет провел в монашестве и имел дарование слез. Увы мне! Увы мне! Где было тогда слово Иезекиилево, чтобы сказать истязателям: в чем застану, в том и сужу, глаголет Бог (*Иез.33:13, 16*). Ничего такого не мог он сказать. А почему? Слава Единому Ведающему. Некоторые же, как пред Господом, говорили мне, что он (Стефан) и леопарда кормил из рук своих в пустыне. В продолжении сего истязания душа его разлучилась с телом; и неизвестно осталось, какое было решение и окончание сего суда, и какой приговор последовал?

51. Как вдова, лишившаяся мужа, и имеющая единородного сына, в нем одном, по Боге имеет утешение: так и для падшей души нет иного утешения при исходе из тела, кроме трудов поста и слез (покаяния).

52. Плачущие не воспоют и не воскликнут в песнях: ибо сим истребляется плач. Если же ты этими средствами стараешься призывать его, то ты далеко еще от сего делания; ибо плач есть укоренившаяся от навыка скорбь души, имеющей в себе огонь (Божественный).

53. Плач бывает у многих предтечею блаженного бесстрастия, предукрасив, предочистив душу, и потребив вещество (т.е. страсти).

54. Один искусный делатель сего добра сказывал мне: «Когда я чувствовал стремление к тщеславию, или ко гневу, или к насыщению чрева, тогда помышление о плаче внутренно обличало меня и говорило: «Не предавайся тщеславию, иначе я оставлю тебя». Подобным образом удерживало оно меня и от других страстей. А я говорил ему: «Никогда не преслушаю тебя, пока не представишь меня Христу».

55. Итак в бездне плача находится утешение; и чистота сердца получает просвещение. Просвещение же есть неизреченное действие, неведомым образом разумеваемое и невидимо зримое. Утешение есть прохлаждение болезнующей души, которая, как младенец, и плачет внутренно, и вместе радостно улыбается. Заступление есть обновление души, погруженной в печаль, которое чудным образом превращает болезненные слезы в сладостные.

56. Слезы об исходе из сей жизни рождают страх; а когда страх породит безбоязненность (т.е. упование), тог-

да воссияет радость; когда же достигнет конца радость нескончаемая, прозябает цвет святой любви.

57. Рукою смирения отвергай приходящую радость, как недостойный ее, чтобы не обольститься ею, и не принять волка вместо пастыря.

58. Не стремись к видению не во время видения. Пусть лучше само оно, привлеченное красотою твоего смирения, придет к тебе, обнимет тебя и соединится с тобою чистейшим браком на веки веков.

59. С самого начала, когда младенец начнет познавать отца своего, он весь бывает исполнен радости и печали; радости, потому что опять зрит вожделенного; а печали, потому что столь долгое время лишен был видения любезнейшей ему красоты. Матерь также иногда скрывает себя от младенца, и видя, с какою скорбию он ищет ее, веселится; и таким образом учит его всегда прилепляться к ней, и сильнее воспламеняет любовь его к себе. «Имеяй уши слышати, да слышит» (*Мф.13:9*), глаголет Господь.

60. Осужденный преступник, который выслушал смертный приговор, не будет уже заботиться об учреждении зрелищ: и истинно плачущий не обратится ни к наслаждениям чувственным, ни к славе, ни к гневу и вспыльчивости. Плач есть укоренившаяся скорбь кающейся души, которая на всякий день прилагает скорбь к скорби, по подобию рождающей и страждущей жены.

61. Праведен и преподобен Господь; безмолвствующему с рассуждением Он премудро дарует умиление, и благоразумно повинующегося ежедневно веселит. А кто ни того, ни другого пути не проходит законным образом, тому плач не дается.

62. Отгоняй (адского) пса, который приходит во время глубочайшего плача, и представляет тебе Бога неумолимым и немилосердным. Наблюдая за ним, ты увидишь,

что он же, прежде грехопадения, называет Бога человеколюбивым, милосердым и снисходительным.

63. От всегдашнего упражнения рождается навык; навык обращается в чувство, а что делается в чувстве, то бывает неудобоотъемлемо.

64. Хотя бы мы и великие подвиги проходили в жизни нашей, но если мы не приобрели болезнующего сердца, то все они притворны и суетны; ибо тем, которые, так сказать, после омовения осквернились, необходимо, поистине необходимо очистить руки свои неослабным огнем сердечным и елеем милости Божией.

65. Видел я в некоторых крайний предел плача: от скорби болезненного и уязвленного сердца, они чувственным образом извергали кровь из уст. Видя это, я вспомнил сказавшего: «уязвлен бых яко трава, и изсше сердце мое» (*Пс.101:5*).

66. Слезы от страха сами в себе имеют трепет и хранение; слезы же от любви прежде совершенной любви в некоторых людях бывают окрадываемы; разве только великий оный и приснопамятный огнь возжжет сердце во время действия. И по истине удивительно, как смиреннейшее в свое время бывает тверже.

67. Есть вещи, которые иссушают источники наших слез; и есть другие, которые рождают в них тину и гады. Чрез первые Лот беззаконно совокупился с дочерьми; а чрез вторые диавол пал с неба.

68. Велика злоба наших врагов, так что они матерей добродетелей делают матерями зол, и средства к достижению смирения превращают в источник гордости. Часто самые местоположения жилищ наших и вид их призывает сердца к умилению; в этом уверяет нас пример Иисуса, Илии и Иоанна, молившихся в уединении. Но я видел, что у некоторых и в городах и среди молвы возбуждаются слезы. Это бывает по злоумышлению лука-

вых бесов, чтобы мы подумали, будто никакого вреда не получаем от этой молвы, и чтобы сближались с миром.

69. Часто одно слово истребляет плач; но было бы чудно, если бы одно же слово и возвращало оный.

70. Мы не будем обвинены, о братия, не будем обвинены, при исходе души нашей, за то, что не творили чудес, что не богословствовали, что не достигли видения, но без сомнения дадим Богу ответ за то, что не плакали беспрестанно о грехах своих.

СЛОВО 8. О БЕЗГНЕВИИ И КРОТОСТИ

1. Как вода, мало-помалу возливаемая на огонь, совершенно угашает его, так и слеза истинного плача угашает всякий пламень раздражительности и гнева. Потому скажем теперь по порядку о безгневии.

2. Безгневие есть ненасытное желание бесчестий, как в тщеславных людях бывает бесконечное желание похвалы. Безгневие есть победа над естеством, нечувствительность к досаждениям, происходящая от подвигов и потов.

3. Кротость есть недвижимое устроение души, в бесчестии и в чести пребывающее одинаковым.

4. Начало безгневия есть молчание уст при смущении сердца; средина – молчание помыслов при тонком смущении души; а конец – непоколебимая тишина при дыхании нечистых ветров.

5. Гнев есть воспоминание сокровенной ненависти, т. е. памятозлобия. Гнев есть желание зла огорчившему. Вспыльчивость есть безвременное воспаление сердца. Огорчение есть неприятное чувство, гнездящееся в душе. Раздражительность есть удобопреклонное движение нрава и безобразие души.

6. Как при явлении света исчезает тьма, так и от благовония смирения истребляется всякое огорчение и раздражительность.

7. Некоторые, будучи склонны к раздражительности, нерадят о врачевании и истреблении сей страсти; но сии

жалкие не размышляют о сказанном: «устремление... ярости его падение ему» (*Сир.1:22*).

8. Быстрое движение жернова в одно мгновение может стереть и истребить больше душевной пшеницы и плода жизни, нежели медленное обращение другого в течение целого дня: посему мы и должны благоразумно внимать себе. Иногда пламя, вдруг раздуваемое сильным ветром, более нежели продолжительный огонь сожигает и истребляет душевную ниву.

9. Не должно быть от нас сокрыто, о друзья, и то, что иногда во время гнева лукавые бесы скоро отходят от нас с тою целью, чтобы мы о великих страстях вознерадели[44], как бы о маловажных, и наконец сделали болезнь свою неисцельною.

10. Как твердый и остроугольный камень, сталкиваясь и соударяясь с другими камнями, лишается всей своей угловатости, неровности и шероховатости, и делается кругловидным: так и человек вспыльчивый и упорный, обращаясь с другими грубыми людьми, получает одно из двух: или терпением исцеляет язву свою, или отступает, и таким образом очевидно познает свою немощь, которая, как в зеркале, явится ему в малодушном его бегстве.

11. Гневливый человек по временам произвольно увлекаясь этою страстию[45], потом уже от навыка и невольно побеждается и сокрушается ею.

12. Ничто так не противно кающимся, как смущение от раздражительности, потому что покаяние требует великого смирения, а раздражительность есть знак великого вознощения.

13. Если признак крайней кротости состоит в том, чтобы и в присутствии раздражающего сохранять тишину сердечную и залог любви к нему; то, без сомнения, крайняя степень гневливости обнаруживается тем, что

человек наедине сам с собою, словами и телодвижениями как бы с оскорбившим его препирается и ярится.

14. Если Дух Святой называется и есть мир души, а гнев есть возмущение сердца; то ничто столько не препятствует пришествию в нас Духа Святого, как гневливость.

15. Нам известны премногие злые порождения гнева; одно только невольное исчадие оного, хотя и побочное, бывает для нас полезно. Ибо я видел людей, которые, воспламенившись неистовым гневом, извергли давнее памятозлобие, скрывавшееся внутри их, и таким образом страстию избавились от страсти, получив от оскорбившего или изъявление раскаяния, или объяснение относительно того, о чем долго скорбели. И видел опять таких, которые, по-видимому, являли долготерпение, но безрассудное, и под покровом молчания скрывали внутри себя памятозлобие; и я счел их окаяннейшими неистовых, потому что они белизну голубя омрачали как бы некоторою чернотою. Много потребно нам тщания против сего змия (т. е. гнева и памятозлобия), потому что и ему, как змию плотской похоти, содействует естество.

16. Видел я людей, которые прогневавшись, отвергали пищу от досады; и сим безрассудным воздержанием яд к яду прилагали. Видел и других, которые, как бы благословною причиною, воспользовавшись гневом своим, предавались многоядению, из рва падали в стремнину. Наконец видел я и разумных людей, которые, подобно хорошим врачам, растворив то и другое, от умеренного утешения, данного телу, получали весьма великую пользу.

17. Иногда умеренное песнопение успешно успокаивает раздражительность, а иногда, если оно безмерно и безвременно, способствует сластолюбию. Итак будем пользоваться им, рассудительно разбирая приличные времена.

18. Сидя, по некоторой нужде, близ келлий безмолвствующих мужей, я слышал, как они от досады и гнева наедине злились, как куропатки в клетках, и на огорчивших их, как будто на присутствующих там, наскакивали, и я благочестиво советовал им не жить в уединении, чтобы из людей не сделаться бесами. И видел опять людей сладострастных и похотливых сердцем, которые, по-видимому, были кротки, ласковы, братолюбивы, и любили красивые лица; сим я назначал проходить безмолвное житие, как врачевство, противодействующее блуду и смраду плотской нечистоты, чтобы им жалким образом не превратиться из разумных тварей в бессловесных животных. А как некоторые говорили мне, что они сильно увлекаются тою и другою страстию (т. е. и сладострастием и раздражительностью): то я запретил им жить по своей воле; а наставникам их с любовию советовал, чтобы они позволяли им по временам проходить то тот, то другой образ жизни, повинуясь однако во всем главному настоятелю. Сластолюбивый повреждает только себя самого, а может быть и еще одного, своего сотаинника; гневливый же, подобно волку, часто возмущает все стадо, и многие души огорчает и утесняет.

19. Великий вред возмущать око сердца раздражительностью, как сказано: «смятеся от ярости око мое» (*Пс.6:8*), но больший – словами обнаруживать душевное неистовство; если же и руками, то это уже вовсе неприлично, и чуждо монашескому, Ангельскому и Божественному житию.

20. Если хочешь, или думаешь, что хочешь вынуть сучец ближнего, то вместо врачебного орудия не употребляй бревна. Бревно – это жестокие слова и грубое обращение; врачебное орудие есть кроткое вразумление и долготерпеливое обличение. «Обличи, – говорит Апостол, – запрети, умоли» (*2Тим.4:2*), а не сказал: и бей;

если же и это потребуется, то как можно реже, и не сам собою.

21. Если присмотримся, то увидим, что многие из гневливых усердно упражняются во бдении, посте и безмолвии; а намерение у диавола то, чтобы под видом покаяния и плача подлагать им вещества, питающие их страсть.

22. Если, как мы выше сказали, один волк, имея беса помощником, может возмутить все стадо; то и один премудрый брат, имея Ангела помощником, может, как добрый мех, полный елея, укротить волну, и дать кораблю тихое плавание[46]. Сколь тяжкого осуждения заслуживает первый, столь великую награду получит от Бога второй, сделавшись для всех полезным примером.

23. Начало блаженного незлобия сносить бесчестия, хотя с огорчением и болезнью души. Средина – пребывать в оных беспечально. Конец же оного, если только оно имеет конец, – принимать поношения, как похвалы. Да радуется первый; да возмогает второй; блажен о Господе, и да ликует третий.

24. Жалкое зрелище видел я в людях гневливых, бывающее в них от тайного возношения. Ибо разгневавшись, они опять гневались за то, что побеждались гневом. Я удивлялся, видя в них, как падение следовало за падением; и не мог без сострадания видеть, как они сами себе за грех отмщали грехом, и ужасаясь о коварстве бесов, я едва не отчаялся в своей жизни.

25. Если кто замечает, что он легко побеждается возношением и вспыльчивостью, лукавством и лицемерием, и захочет извлечь против них обоюдоострый меч кротости и незлобия: тот пусть вступит, как бы в пратву спасения, в общежитие братий, и притом самых суровых, если хочет совершенно избавится от сих страстей; чтобы там, подвергаемый досаждениям, уничижениям

и потрясениям от братий и умственно, а иногда и чувственно ударяемый, или угнетаемый, удручаемый и ногами попираемый, он мог очистить ризу души своей от ее скверны. А что поношение есть в самом деле омовение душевных страстей, в том да уверит тебя обыкновенная в народе пословица; известно, что некоторые люди в мире, осыпавши кого-нибудь ругательными словами в лице, говорят: «Я такого-то хорошо омыл». И это истинно.

26. Иное безгневие в новоначальных, происходящее от плача, а иное – невозмутимость, бывающая в совершенных. В первых гнев связан слезами, как некоторою уздою; а в последних он умерщвлен бесстрастием, как змий мечом.

27. Я видел трех иноков, в одно время потерпевших бесчестие. Один из них оскорбился, но смолчал; другой порадовался ради себя, но опечалился об укорившем его; третий же, воображая вред ближнего, пролил теплые слезы. Так можно было видеть здесь делателей страха, мздовоздаяния и любви.

28. Как горячка в теле, будучи сама по себе одна, имеет не одну, а многие причины своего воспаления: так и возгорение и движение гнева и прочих страстей наших происходит от многих и различных причин. Посему и нельзя назначить против них одно врачевство. А такой даю совет, чтобы каждый из негодующих старательно изыскивал приличное средство для своего врачевания. Первым делом в этом врачевании да будет познание причины болезни, чтобы, нашедши оную, получить и надлежащий пластырь для своей болезни от Промысла Божия и от духовных врачей. Хотящие войти с нами о Господе в предложенное духовное судилище, да войдут: и мы исследуем, хотя и не ясно, упомянутые страсти и их причины.

29. Итак да свяжется гнев, как мучитель, узами кротости, и поражаемый долготерпением, влекомый святою

любовью и, представши пред судилищем разума, да подвергнется допросу. Скажи нам, безумная и постыдная страсть, название отца твоего, и именование злой твоей матери, а также имена скверных твоих сынов и дщерей. Объяви нам притом, кто суть ратующие против тебя, и убивающие тебя? – В ответ на это гнев говорит нам: «Матерей у меня много, и отец не один. Матери мои суть: тщеславие, сребролюбие, объедение, а иногда и блудная страсть. А отец мой называется надмением. Дщери же мои суть: памятозлобие, ненависть, вражда, самооправдание. Сопротивляющиеся же им враги мои, которые держат меня в узах, безгневие и кротость. Наветник мой называется смиренномудрием; а от кого рождается, спросите у него самого, в свое время».

На восьмой степени лежит венец безгневия. Но кто носит его от естества, тот, может быть не носит никакого иного; а кто приобрел его трудами, тот, без сомнения, победил восемь страстей.

СЛОВО 9. О ПАМЯТОЗЛОБИИ

1. Святые добродетели подобны лествице Иакова; а непотребные страсти – узам, спадшим с верховного Петра. Добродетели, будучи связаны одна с другою, произволяющего возводят на небо; а страсти, одна другую рождая, и одна другою укрепляясь, низвергают в бездну. И как мы ныне слышали от безумного гнева, что памятозлобие есть одно из собственных порождений его: то по порядку будем теперь об нем и говорить.

2. Памятозлобие есть исполнение гнева, хранение согрешений, ненависть к правде, пагуба добродетелей, ржавчина души, червь ума, посрамление молитвы, пресечение моления, отчуждение любви, гвоздь, вонзенный в душу, неприятное чувство, в огорчении с услаждением любимое, грех непрестающий, законопреступление неусыпающее, злоба повсечасная.

3. Памятозлобие, сия темная и гнусная страсть, есть одна из тех страстей, которые рождаются, а не рождают, или еще и рождают. Мы не намерены много об ней говорить.

4. Преставший от гнева убил памятозлобие; ибо доколе отец жив, дотоле бывает и чадородие.

5. Кто приобрел любовь, тот устранился от вражды; враждующий же собирает себе безвременные труды.

6. Трапеза любви разоряет ненависть; и дары искренние смягчают душу. Но трапеза без внимания есть ма-

терь дерзости; и чрез окно любви вскакивает чревообъядение.

7. Видал я, что ненависть расторгала долговременные узы блудной любви; а потом памятозлобие чудным образом не попускало им вновь соединиться. Дивное зрелище! Бес беса врачует; но может быть, это дело не бесов, но Провидения Божия.

8. Памятозлобие далеко от твердой естественной любви, но блуд удобно приближается к ней, как иногда видим в голубе кроющихся вшей.

9. Памятозлобствуя, памятозлобствуй на бесов и, враждуя, враждуй против твоей плоти непрестанно. Ибо плоть сия есть друг неблагодарный и льстивый: чем более мы ей угождаем, тем более она нам вредит.

10. Памятозлобие есть лукавый толковник писания, который толкует речения Духа по своему разумению. Да посрамляет его молитва, дарованная нам Иисусом, которой мы не можем произносить с Ним, имея памятозлобие.

11. Когда после многого подвига ты не возможешь исторгнуть сие терние: тогда кайся и смиряйся по крайней мере на словах перед тем, на кого злобишься, чтобы ты, устыдившись долговременного перед ним лицемерия, возмог совершенно полюбить его, будучи жегом совестию, как огнем.

12. Не тогда узнаешь, что ты совершенно избавился от сей гнилости, когда помолишься об оскорбившем, или за зло воздашь ему дарами, или пригласишь его на трапезу: но когда, услышав, что он впал в некое злоключение душевное или телесное, восскорбишь о нем, как о себе, и прослезишься.

13. Памятозлобный безмолвник есть аспид, скрывающийся в норе, который носит в себе яд смертоносный.

14. Воспоминание страданий Иисусовых исцелит памятозлобие, сильно посрамляемое Его незлобием. В

дереве, внутри гнилом, зарождается червь; а в видимо кротких и безмолвных, но не поистине таковых, скрывается продолжительный гнев. Кто извергает из себя гнев, тот получает прощение грехов; а кто прилепляется к нему, тот лишается милосердия Божия.

15. Некоторые взяли на себя труды и подвиги, чтобы получить прощение; но человек непомнящий зла опередил их. «Отпустите мало, и отпустят вам много» (*Лк.6:37*).

16. Непамятозлобие есть знак истинного покаяния; а кто содержит в сердце памятозлобие, и думает, что он творит покаяние, тот подобен человеку, которому во сне представляется, что он бежит.

17. Видал я зараженных памятозлобием, которые увещевали других забыть обиды, а потом, устыдившись слов своих, страсть свою оставили.

18. Никто не думай, что сия мрачная страсть маловажна; ибо часто она вкрадывается и в духовных мужей.

Степень девятая. Вступивший на нее с дерзновением да просит разрешения грехов у Спасителя Иисуса.

СЛОВО 10. О ЗЛОСЛОВИИ И КЛЕВЕТЕ

1. Никто из богомудрствующих, как я думаю, не будет противоречить тому, что от ненависти и памятозлобия рождается злословие. И так оно после своих родоначальников по порядку мною и предлагается.

2. Злословие есть исчадие ненависти, тонкий недуг; большая сокровенная и таящаяся пиявица, которая высасывает и истребляет кровь любви; лицемерие любви; причина осквернения и отягощения сердца; истребление чистоты

3. Некоторые отроковицы грешат бесстыдно; а другие тайно, и со стыдливостью, но предаются еще лютейшим порокам, нежели первые. Тоже можно видеть и в страстях бесчестия. Много тайно лукавых отроковиц; каковы лицемерие, лукавство, печаль, памятозлобие и сердечная клевета, кои видимо представляют одно, а внутренне взирают на другое.

4. Услышав, что некоторые злословят ближних, я запретил им; делатели же сего зла в извинение отвечали, что они делают это из любви и попечения о злословимом. Но я сказал им: «оставьте такую любовь», чтобы не оказалось ложным сказанное: «оклеветающаго тай искренняго своего, сего изгонях» (*Пс.100:5*). Если ты истинно любишь ближнего, как говоришь, то не осмеивай его, а молись о нем втайне; ибо сей образ любви приятен Богу. Станешь остерегаться осуждать согрешающих, если всегда будешь помнить, что Иуда был в соборе уче-

ников Христовых, а разбойник в числе убийц; но в одно мгновение произошла с ними чудная перемена.

5. Кто хочет победить духа злословия, тот пусть приписывает вину не согрешающему, но подущающему его бесу. Ибо никто не желает грешить против Бога, хотя каждый из нас согрешает не по принуждению.

6. Видел я согрешившего явно, но втайне покаявшегося; и тот, которого я осудил как блудника, был уже целомудр у Бога, умилостивив Бога чистосердечным обращением.

7. Никогда не стыдись того, кто перед тобою злословит ближнего; но лучше скажи ему: «перестань, брат, я ежедневно падаю в лютейшие грехи, и как могу его осуждать?» Ты сделаешь таким образом два добра, и одним пластырем исцелишь и себя и ближнего. Это один из самых кратких путей к получению прощения грехов, т. е. чтобы никого не осуждать. Ибо сказано: «не судите, и не судят вам» (*Лк.6:37*).

8. Как огонь противен воде, так и кающемуся несродно судить. Если бы ты увидел кого-либо согрешающего даже при самом исходе души из тела, то и тогда не осуждай его, ибо суд Божий неизвестен людям. Некоторые явно впадали в великие согрешения, но большие добродетели совершали втайне; и те, которые любили осмеивать их, обманулись, гоняясь за дымом и не видя солнца.

9. Послушайте меня, послушайте, злые судии чужих деяний: если истинно то, как в самом деле истинно, что «имже судом судите, судят вам» (*Мф.7:2*); то, конечно, за какие грехи осудим ближнего, телесные или душевные, в те впадем сами; и иначе не бывает.

10. Скорые и строгие судии прегрешений ближнего потому сею страстию недугуют, что не имеют совершенной и постоянной памяти и попечения о своих согрешениях. Ибо если бы человек в точности, без покрывала

самолюбия, увидел свои злые дела, то ни о чем другом, относящимся к земной жизни, не стал бы уже заботиться, помышляя, что на оплакание и самого себя не достанет ему времени, хотя бы он и сто лет прожил, и хотя бы увидел истекающим из очей своих целый Иордан слез. Я наблюдал за плачем истинного покаяния, и не нашел в нем и следа злословия и осуждения.

11. Человекоубийцы бесы побуждают нас или согрешить, или, когда не грешим, осуждать согрешающих, чтобы вторым осквернить первое.

12. Знай, что и это признак памятозлобного и завистливого человека, если он легко с удовольствием порицает учение, дела и добродетели ближнего, будучи одержим духом ненависти.

13. Видал я таких людей, которые тайно и скрытно соделывали тяжкие согрешения, а между тем, считая себя лучшими других, безжалостно нападали на тех, которые увлекались в легкие, но явные проступки.

14. Судить – значит бесстыдно похищать сан Божий; а осуждать значит погублять свою душу.

15. Как возношение и без другой страсти сильно́ погубить человека, так и осуждение, одно само по себе, может нас погубить совершенно, ибо и фарисей оный за сие осужден был.

16. Как добрый виноградарь вкушает только зрелые ягоды, а кислые оставляет, так и благоразумный и рассудительный ум тщательно замечает добродетели, какие в ком-либо узрит; безумный же человек отыскивает пороки и недостатки. О нем-то сказано: «Испыташа беззакония, изчезоша испытающия испытания» (*Пс.63:7*).

17. Хотя бы ты и своими очами увидел согрешающего, не осуждай, ибо часто и они обманываются.

Степень десятая. Кто взошел на нее, тот бывает делателем любви, или плача.

СЛОВО 11. О МНОГОГЛАГОЛАНИИ И МОЛЧАНИИ

1. В предшествовавшем слове мы сказали кратко о том, сколь бедственно и вредно судить ближних, вернее же самим судимыми быть и страдать от собственного языка; что случается и с мнимо духовными мужами. Ныне же порядок требует, чтобы мы показали причину сего порока и дверь, которою он входит в нас, или вернее, которою он из нас выходит.

2. Многоглаголание есть седалище, на котором тщеславие любит являться и торжественно себя выставлять. Многоглаголание есть признак неразумия, дверь злословия, руководитель к смехотворству, слуга лжи, истребление сердечного умиления, призывание уныния, предтеча сна, расточение внимания[47], истребление сердечного хранения, охлаждение святой теплоты, помрачение молитвы.

3. Благоразумное молчание есть матерь молитвы, воззвание из мысленного пленения, хранилище божественного огня, страж помыслов, соглядатай врагов, училище плача, друг слез, делатель памяти о смерти, живописатель вечного мучения, любоиспытатель грядущего суда, споспешник спасительной печали, враг дерзости, безмолвия супруг, противник любоучительства, причащение разума, творец видений. Неприметное преуспеяние, сокровенное восхождение.

4. Познавший свои прегрешения имеет силу и над языком своим; а многоглаголивый еще не познал себя, как должно.

5. Любитель молчания приближается к Богу, и тайно с Ним беседуя, просвещается от Него.

6. Молчание Иисусово постыдило Пилата; и безмолвие уст благочестивого мужа упраздняет тщеславие.

7. Петр Апостол изрек слово, и потом плакася горько, забыв изречение Псалмопевца: «рех сохраню пути моя, еже не согрешати ми языком моим» (*Пс.38:2*); и слово другого мудрого мужа: "лучше пасть с высоты на землю, нежели от языка» (*Сир.20:18*).

8. Но не хочу много писать о сем, хотя коварство страстей и побуждает меня к тому. Впрочем скажу, что я узнал некогда от одного человека, который беседовал со мною о молчании уст. «Многоглаголание», – сказал, – «рождается непременно от которой-нибудь из сих причин: или от худой и невоздержной жизни и привычки (ибо язык, будучи естественным членом сего тела, чему научится, того по навыку и требует); или, что наиболее бывает в подвизающихся, от тщеславия, а иногда и от многоядения. Посему часто бывает, что многие с некоторым насилием и изнеможением укрощая чрево, обуздывают вместе и язык и многословие».

9. Кто возымел попечение об исходе из сей жизни, тот пресек многословие; и кто приобрел плач души, тот отвращается многоглаголания, как огня.

10. Возлюбивший безмолвие затворил уста свои; а кто любит выходить из келлии, тот бывает изгоним из нее страстию многоглаголания.

11. Познавший благоухания огня, сходящего свыше, бегает многолюдных собраний, как пчела – дыма. Ибо как дым изгоняет пчелу, так и сему нетерпимо многолюдство.

12. Не многие могут удержать воду без плотины; и еще менее таких, которые могут удерживать уста невоздержные.

На одиннадцатой степени одержавший победу одним ударом отсек множество зол.

СЛОВО 12. О ЛЖИ

1. Железо и камень, соударяясь, производят огонь: многословие же и смехотворство порождают ложь.

2. Ложь есть истребление любви; а клятвопреступление есть отвержение от Бога.

3. Никто из благоразумных не сочтет ложь за малый грех; ибо нет порока, против которого Всесвятой Дух произнес бы столь страшное изречение, как против лжи. Если Бог погубит «вся глаголющия лжу» (*Пс.5:7*): то что пострадают те, которые сшивают ложь с клятвами?

4. Видал я людей, которые величались ложью и празднословием, и остротами своими, возбуждая смех, истребляли в слушавших плач и сокрушение духа.

5. Когда бесы увидят, что мы в самом начале стараемся отойти от слушания смехотворных речей вредного рассказчика, как от губительной заразы; тогда покушаются обольстить нас двоякими помыслами: «не опечаливай», внушают они нам, «повествователя»; или «не выставляй себя человеком более боголюбивым, нежели прочие». Отскочи скоро, не медли; а если не так, то во время молитвы твоей вообразятся помышления о предметах смешных. И не только бегай таких бесед и лукавых собраний, но и разоряй их благочестно, предлагая на среду воспоминание о смерти и последнем суде; ибо лучше тебе окропиться, в сем случае, малым тщеславием, только бы сделаться виновником общей пользы.

6. Лицемерие есть матерь лжи, а часто оно бывает и поводом к оной. Ибо некоторые утверждают, что лицемерие есть не что иное, как поучение во лжи и изобретатель лжи, с которою сплетается достойная казни клятва.

7. Кто стяжал страх Божий, тот устранился лжи, имея в себе неподкупного судию, – свою совесть.

8. Как во всех страстях, так и во лжи познаем мы различные степени вреда; ибо иной суд тому, который лжет по страху наказания, и иной тому, кто лжет без предлежащей опасности.

9. Один лжет ради увеселения, другой – ради сластолюбия, иной, чтобы заставить присутствующих смеяться, а некоторый для того, чтобы ближнему поставить сеть и сделать ему зло.

10. Истязаниями властителей прогоняется ложь; множество же слез ее совершенно погубляет.

11. Сплетатель лжи извиняется благим намерением; и что, в самом деле, есть погибель души, то он почитает за праведное дело. За подражателя Раавы выдает себя лживый муж, и думает соделывать спасение иных своею погибелью.

12. Когда мы будем совершенно чисты от лжи, тогда уже, если случай и нужда потребуют, и то не без страха, можем употребить ее.

13. Не знает младенец лжи; не знает оной и душа, очистившаяся от лукавства.

14. Развеселившийся от вина, поневоле во всем говорит истину; так и упившийся умилением солгать не может.

Восхождение двенадцатое. Кто взошел на сию степень, тот стяжал корень добродетелей.

СЛОВО 13. ОБ УНЫНИИ И ЛЕНОСТИ

1. Уныние часто бывает одною из отраслей, одним из первых исчадий многословия, как мы уже и прежде сказали; потому мы сей порок и поставили здесь, как на месте, приличном ему в лукавой цепи страстей.

2. Уныние есть расслабление души, изнеможение ума, пренебрежение иноческого подвига, ненависть к обету, ублажатель мирских, оболгатель Бога, будто Он немилосерд и нечеловеколюбив; в псалмопении оно слабо, в молитве немощно, в телесном же служении крепко как железо, в рукоделии безленостно, в послушании лицемерно.

3. Муж послушливый не знает уныния, чрез чувственные дела исправляя мысленные и духовные (делания)

4. Общежитие противно унынию, а мужу, пребывающему в безмолвии, оно всегдашний сожитель, прежде смерти оно от него не отступит и до кончины его на всякий день будет бороть его. Увидев келлию отшельника, (уныние) улыбается и, приблизившись к нему, вселяется подле него.

5. Врач посещает больных поутру, а уныние находит на подвижников около полудня.

6. Уныние подущает к странноприимству; увещевает подавать милостыню от рукоделья; усердно побуждает посещать больных; напоминает о Том, Который сказал: «болен... бых, и придосте ко Мне» (*Мф. 25:36*); увещевает

посещать скорбящих и малодушествующих; и будучи само малодушно, внушает утешать малодушных.

7. Ставшим на молитву сей лукавый дух напоминает о нужных делах и употребляет всякое ухищрение, чтобы только отвлечь нас от собеседования с Господом, как оброть, каким-либо благовидным предлогом.

8. Бес уныния производит трехчасовое[48] дрожание, боль в голове, жар, боль в животе; когда же настанет девятый час, дает немного возникнуть; а когда уже и трапеза предложена, понуждает соскочить с одра; но потом, в час молитвы, снова отягощает тело; стоящих на молитве он погружает в сон, и в безвременных зеваниях похищает стихи из уст.

9. Каждая из прочих страстей упраздняется одною, какою-нибудь противною ей добродетелью; уныние же для инока есть всепоражающая смерть.

10. Мужественная душа воскрешает и умерший ум; уныние же и леность расточают все богатство. Но как из всех восьми предводителей злобы дух уныния есть тягчайший, то поступим и с ним по тому же порядку, как с другими; однако прибавим еще следующее.

11. Когда нет псалмопения, тогда и уныние не является; и глаза, которые закрывались от дремоты во время правила, открываются, как только оно кончилось.

12. Во время уныния обнаруживаются подвижники[49]; и ничто столько венцов не доставляет иноку, как уныние[50].

13. Наблюдай и увидишь, что оно борет тех, которые стоят на ногах, склоняя их к тому, чтобы сели; а сидящих увещевает приклониться к стене; оно заставляет посмотреть в окно келлии, побуждает производить стук и топот ногами. Плачущий о себе не знает уныния.

14. Свяжем теперь и сего мучителя памятию о наших согрешениях; станем бить его рукоделием, повлечем его

размышлением о будущих благах; и когда оно предстанет нам, предложим ему подобающие вопросы.

15. Итак, скажи нам, о ты, нерадивый и расслабленный, кто есть зле родивший тебя? и какие твои исчадия? Кто суть воюющие против тебя? и кто убийца твой? Он отвечает: «в истинных послушниках я не имею где главу подклонить; а имею для себя место в безмолвниках, и с ними живу. Родительницы у меня многие: иногда бесчувствие души, иногда забвение небесных благ, а иногда и чрезмерность трудов. Исчадия мои, со мною пребывающие: перемены местопребываний, пренебрежение повелений отца духовного. Непамятование о последнем суде, а иногда и оставление монашеского обета. А противники мои, которые связывают меня ныне, суть псалмопение с рукоделием. Враг мой есть помышление о смерти; умерщвляет же меня молитва с твердою надеждою сподобиться вечных благ; а кто родил молитву, о том ее и спросите

Кто подлинно одержал тринадцатую победу, тот и во всем будет искусен.

СЛОВО 14. О ЛЮБЕЗНОМ ДЛЯ ВСЕХ И ЛУКАВОМ ВЛАДЫКЕ, ЧРЕВЕ

1. Имея намерение говорить о чреве, если когда-нибудь, то теперь наиболее, предположил я любомудрствовать против себя самого; ибо чудно было бы, если бы кто-нибудь, прежде сошествия своего во гроб, освободился от сей страсти.

2. Чревоугодие есть притворство чрева; потому что оно, и будучи насыщено, вопиет: «Мало!», будучи наполнено, и расседаясь от излишества, взывает: «Алчу».

3. Чревоугодие есть изобретатель приправ, источник сластей. Упразднил ли ты одну жилу его, оно проистекает другой. Заградил ли ты и сию, – иною прорывается и одолевает тебя.

4. Чревоугодие есть прельщение очей; вмещаем в меру, а оно подстрекает нас поглотить все разом.

5. Насыщение есть мать блуда; а утеснение чрева – виновник чистоты.

6. Кто ласкает льва, тот часто укрощает его: а кто угождает телу, тот усиливает его свирепость.

7. Жид радуется о своей субботе и о празднике, и монах – чревоугодник веселится о субботе и о воскресном дне; во время поста считает, сколько осталось до Пасхи; и за много дней до нее приготовляет снеди. Раб чрева рассчитывает, какими снедями почтить праздник; а раб

Божий помышляет, какими бы дарованиями ему обогатиться.

8. Когда пришел странник, чревоугодник весь движется на любовь, подстрекаемый чревонеистовством; и думает, что случай сделать брату утешение есть разрешение и для него. Пришествие других считает он за предлог, разрешающий пить вино; и под видом того, чтобы скрыть добродетель, делается рабом страсти.

9. Часто тщеславие враждует против объедения; и сии две страсти ссорятся между собою за бедного монаха, как за купленного раба. Объедение понуждает разрешать, а тщеславие внушает показывать свою добродетель; но благоразумный монах избегает той и другой пучины, и умеет пользоваться удобным временем для отражения одной страсти другою.

10. Если бывает разжжение плоти[51], то должно укрощать ее воздержанием, во всякое время и на всяком месте. Когда же она утихнет (чего впрочем не надеюсь дождаться прежде смерти), тогда может скрывать пред другими свое воздержание.

11. Видал я престарелых священников, поруганных бесами, которые юным, не находившимся под их руководством, благословением разрешали на вино и прочее на пиршествах. Если они имеют доброе о Господе свидетельство, то можем с их позволения немного разрешить; если же они нерадивы, то нам не должно в этом случае обращать внимание на их благословение; а особенно, когда мы еще боремся с огнем плотской похоти.

12. Богопротивный Евагрий[52] воображал, что он из премудрых премудрейший, как по красноречию, так и по высоте мыслей: но он обманывался, бедный, и оказался безумнейшим из безумных, как во многих своих мнениях, так и в следующем. Он говорит: «Когда душа наша желает различных снедей, тогда должно изну-

рять ее хлебом и водою». Предписывать это то же, что сказать малому отроку, чтобы он одним шагом взошел на самый верх лестницы. Итак, скажем в опровержение сего правила: если душа желает различных снедей, то она ищет свойственного естеству своему; и потому противу хитрого нашего чрева должно и нам употребить благоразумную осторожность; и когда нет сильной плотской брани, и не предстоит случая к падению, то отсечем прежде всего утучняющую пищу, потом разжигающую, а после и услаждающую. Если можно, давай чреву твоему пищу достаточную и удобоваримую, чтобы насыщением отделываться от его ненасытной алчности, и чрез скорое переварение пищи избавиться от разжжения, как от бича. Вникнем, и усмотрим, что многие из яств, которые пучат живот, возбуждают и движения похоти.

13. Посмевайся ухищрению беса, который по вечери внушает тебе впредь позднее принимать пищу; ибо в следующий же день, когда настанет девятый час[53], он понудит тебя отказаться от правила, уставленного в предшествовавший день.

14. Одно воздержание прилично неповинным, а другое — повинным и кающимся. Для первых, движения похоти в тебе бывают знаком к восприятию особенного воздержания; а последние пребывают в нем даже до смерти; и до самой кончины не дают своему телу утешения, но борются с ним без примирения. Первые хотят сохранять всегда благоустройство ума; а последние душевным сетованием и истаяванием умилостивляют Бога.

15. Время веселия и утешение пищею для совершенного есть отложение всякого попечения; для подвижника — время борьбы; а для страстного — праздник праздников и торжество торжеств.

16. В сердцах чревоугодников – сновидения о снедях и яствах; в сердцах же плачущих – сновидения о последнем суде и о муках.

17. Будь господин над своим чревом, прежде нежели оно тобою возобладает, и тогда будешь принужден со стыдом воздерживаться. Впадшие в ров беззаконий, о которых я не хочу говорить, понимают, что я сказал; целомудренные же опытом сего не познали.

18. Будем укрощать чрево помышлением о будущем огне. Повинуясь чреву, некоторые отрезали наконец сокровенные свои члены, и умерли двоякою смертию. Будем внимательны, и мы увидим, что объедение есть единственная причина потоплений, с нами случающихся.

19. Ум постника молится трезвенно; а ум невоздержанного исполнен нечистых мечтаний. Насыщение чрева иссушает источники слез; а чрево, иссушенное воздержанием, рождает слезные воды.

20. Кто служит своему чреву, и между тем хочет победить дух блуда; тот подобен угашающему пожар маслом.

21. Когда чрево утесняется, тогда смиряется и сердце; если же оно упокоено пищею, то сердце возносится помыслами.

22. Испытывай себя в первый час дня, в полдень, за час до принятия пищи, и узнаешь таким образом пользу поста. Поутру помысл играет и скитается; когда же настал шестой час он немного ослабевает, а во время захождения солнца окончательно смиряется.

23. Утесняй чрево воздержанием, и ты возможешь заградить себе уста; ибо язык укрепляется от множества снедей. Всеми силами подвизайся противу сего мучителя, и бодрствуй неослабным вниманием, наблюдая за ним; ибо если ты хотя мало потрудишься, то и Господь тотчас поможет.

24. Мехи[54], когда их размягчают, раздаются и вмещают большее количество жидкости; а оставленные в

небрежении не принимают и прежней меры. Обременяющий чрево свое расширяет внутренности; а у того, кто подвизается против чрева, они стягиваются мало-помалу; стянутые же не будут принимать много пищи, и тогда, по нужде самого естества, будем постниками.

25. Жажда весьма часто жаждою же и утоляется; но голод прогнать голодом трудно, и даже невозможно. Когда тело победит тебя, укрощай его трудами; если же ты по немощи не можешь этого, то борись с ним бдением. Когда глаза отяжелели, берись за рукоделие; но не касайся оного, когда сон не нападает; ибо невозможно работать вместе Богу и мамоне, т. е. простирать мысль свою к Богу и на рукоделье.

26. Знай, что часто бес приседит желудку, и не дает человеку насытиться, хотя бы он пожрал все снеди Египта, и выпил всю воду в Ниле.

27. По пресыщении нашем, сей нечистый дух отходит, и посылает на нас духа блудного; он возвещает ему, в каком состоянии мы остались, и говорит: «Иди, возмути такого-то: чрево его пресыщено, и потому ты немного будешь трудиться». Сей, пришедши, улыбается и, связав нам руки и ноги сном, уже все, что хочет, делает с нами, оскверняя душу мерзкими мечтаниями и тело истечениями.

28. Удивительное дело, что ум, будучи бестелесен, от тела оскверняется и омрачается, и что напротив невещественное от борения утончевается и очищается.

29. Если ты обещался Христу идти узким и тесным путем, то утесняй чрево свое; ибо угождая ему и расширяя его, ты отвергнешься своих обетов. Но внимай, и услышишь говорящего: пространен и широк путь чревоугодия, вводящий в пагубу блуда, и многие идут по нему. «Но узки врата и тесен путь воздержания, вводящий в жизнь чистоты, и немногие входят им» (*Мф. 7:14*).

30. Начальник бесов есть падший денница; а глава страстей есть объедение.

31. Сидя за столом, исполненным снедей, представляй пред мысленными очами твоими смерть и суд; ибо и таким образом едва возможешь хоть немного укротить страсть объедения. Когда пьешь всегда вспоминай оцет и желчь Владыки твоего; и таким образом или пребудешь в пределах воздержания, или, по крайней мере, восстенав, смиришь свой помысл.

32. Не обманывайся, ты не можешь освободиться от мысленного фараона, ни узреть горней пасхи. Если не будешь всегда вкушать горького зелия и опресноков. Горькое зелие есть понуждение и терпение поста. А опресноки – ненадмевающееся мудрование. Да соединится с дыханием твоим сие слово Псалмопевца: «аз же, внегда бесы стужаху ми, облачахся во вретище, и смирях постом душу мою, и молитва моя в недро души моея возвратится» (*Пс.34:13*).

33. Пост есть насилие естества. Отвержение всего, что услаждает вкус. Погашение телесного разжжения, истребление лукавых помышлений. Освобождение от скверных сновидений, чистота молитвы, светило души, хранение ума, истребление сердечной бесчувственности, дверь умиления, воздыхание смиренное, радостное сокрушение, удержание многословия, причина безмолвия, страж послушания, облегчения сна, здравие тела, виновник бесстрастия, разрешение грехов, врата рая и небесное наслаждение.

34. Спросим же и сего нашего врага, паче же главнейшего начальника наших злых врагов, дверь страстей, т. е. объедение. Сию причину падения Адамова, погибели Исава, пагубы Израильтян, обнажения Ноева, истребления Гоморрян, Лотова кровосмешения, погубления сынов Илии священника, и руководителя ко всяким

мерзостям. Спросим. Откуда сия страсть рождается? И какие ее исчадия? Кто сокрушает ее, и кто совершенно ее погубляет?

35. Скажи нам. Мучительница всех людей, купившая всех золотом ненасытной алчности: как нашла ты вход в нас? Вошедши, что обыкновенно производишь? и каким образом ты выходишь из нас?

36. Она же, раздражившись от сих досад, яростно и свирепо отвечает нам: «Почто вы, мне повинные, биете меня досаждениями? И как вы покушаетесь освободиться от меня, когда я естеством связана с вами. Дверь, которою я вхожу, есть свойство снедей, а причина моей ненасытности – привычка; основание же моей страсти – долговременный навык, бесчувствие души и забвение смерти. И как вы ищете знать имена исчадий моих? Изочту их, и паче песка умножатся. Но узнайте, по крайней мере, какие имена моих первенцев и самых любезных исчадий моих. Первородный сын мой есть блуд, а второе после него исчадие – ожесточение сердца. Третие же – сонливость. Море злых помыслов, волны скверн, глубина неведомых и неизреченных нечистот от меня происходят. Дщери мои суть: леность, многословие, дерзость, смехотворство, кощунство, прекословие, жестоковыйность, непослушание, бесчувственность, пленение ума, самохвальство, наглость, любовь к миру, за которою следует оскверненная молитва, парение помыслов и нечаянные и внезапные злоключения; а за ними следует отчаяние, – самая лютая из всех страстей. Память согрешений воюет против меня. Помышление о смерти сильно враждует против меня; но нет ничего в человеках, чтобы могло меня совершенно упразднить. Кто стяжал Утешителя, тот молится Ему против меня, и Он будучи умолен, не попускает мне страстно действовать в нем. Невкусившие же небесного Его утешения всячески ищут наслаждаться моею сладостию».

ПРЕДИСЛОВИЕ К 15-МУ СЛОВУ

О человеках, во плоти живущих подобно бесплотным.

Мы слышали от неистового объедения, что блудная брань в теле есть его исчадие; и это не удивительно. Сему научает нас древний наш праотец Адам; ибо если бы он не был побежден чревом, то, конечно, не познал бы, что такое жена. Посему соблюдающие первую заповедь (о воздержании) не впадают во второе преступление (нарушением целомудрия); и хотя пребывают сынами Адамовыми, однако не знают, что был Адам (по падении); но бывают малым чим умалены от Ангел; и это для того, чтобы зло не пребывало бессмертным, как говорит учитель, почтенный именем Богослова[55]

СЛОВО 15. О НЕТЛЕННОЙ ЧИСТОТЕ И ЦЕЛОМУДРИИ, КОТОРОЕ ТЛЕННЫЕ ПРИОБРЕТАЮТ ТРУДАМИ И ПОТАМИ

1. Чистота есть усвоение бестелесного естества. Чистота есть вожделенный дом Христов, и земное небо сердца.

2. Чистота есть вышеестественное отречение от естества, и поистине преславное соревнование мертвенного и тленного тела с бестелесными духами.

3. Чист тот, кто (плотскую) любовь отражает любовью (божественною), и телесный огнь угасил огнем невещественным.

4. Целомудрие есть всеобъемлющее название всех добродетелей.

5. Целомудрие есть чистота души и тела.

6. Целомудр тот, кто и в самом сне не ощущает никакого движения или изменения в том устроении, в котором он пребывает.

7. Целомудр, кто навсегда стяжал совершенную нечувствительность к различию тел.

8. Предел и крайняя степень совершенной и всеблаженной чистоты состоит в том, чтобы в одинаковом устроении пребывать при виде существ одушевленных и бездушных, словесных и бессловесных.

9. Никто из обучившихся хранению чистоты да не вменяет себе приобретение ее; ибо невозможное дело,

чтобы кто-нибудь победил свою природу; и где природа побеждена, там познается пришествие Того, Кто выше естества; ибо, без всякого прекословия, меньшее упраздняется большим.

10. Начало чистоты бывает, когда помысл не слагается с блудными прилогами и без мечтаний случается по временам во сне истечения; а средина чистоты, когда от довольства пищи бывают естественные движения, но без мечтаний; конец же чистоты – умерщвление тела (т. е. телесных движений), предваряемое умерщвлением нечистых помыслов.

11. Поистине блажен тот, кто стяжал совершенную нечувствительность ко всякому телу и виду и красоте.

12. Не тот чист, кто сохранил нерастленным сие бренное тело, но тот, кто члены его совершенно покорил душе.

13. Велик, кто пребывает бесстрастным при осязании; больший, кто не уязвляется видением, и помышлением о красотах небесных угашает огонь, который возгорается при виде земных красот. Отгоняющий сладострастного пса молитвою подобен борющемуся со львом; а кто противоречием низлагает его, подобен уже прогоняющему врага своего; тот же, который и прилог вовсе уничтожает, хотя и пребывает в теле, но уже воскрес из гроба. Если признак истинной чистоты состоит в том, чтобы и в сонных мечтаниях пребывать без движения; то конечно предел блуда означает то, чтобы и наяву от одних помыслов терпеть истечения.

14. Кто телесными трудами и потами ведет брань с сим соперником, тот подобен связавшему врага своего слабым вервием; кто воюет против него воздержанием и бдением, тот подобен обложившему врага своего железными оковами; а кто вооружается смиренномудрием, безгневием и жаждою, тот подобен убившему своего

супостата и скрывшему его в песке. Под именем песка разумей смирение, потому что оно не произращает пажити для страстей, но есть земля и пепел.

15. Иной связал сего мучителя подвигами, иной – смирением, а иной – откровением Божиим. Первый подобен утренней звезде, второй – полной луне, а третий – светлому солнцу; но все имеют жительство на небесах. И как от зари свет, а по свете воссияет солнце, так и о сказанном можно разуметь и видеть это на самом деле.

16. Лисица притворяется спящей, а бес целомудренным; та хочет обмануть птицу, а сей погубить душу.

17. Не верь во всю жизнь твою сему бренному телу, и не надейся на него, пока не предстанешь Христу.

18. Не думай, что ты по причине воздержания пасть не можешь; ибо некто, и ничего не вкушавший, был свержен с неба.

19. Некоторые из имеющих дар рассуждения хорошо определили отвержение самого себя, сказав, что оно есть вражда на тело и брань против чрева.

20. С новоначальными телесные падения случаются обыкновенно от наслаждения снедями; со средними они бывают от высокоумия, и от той же причины, как и с новоначальными; но с приближающимися к совершенству они случаются только от осуждения ближних.

21. Некоторые ублажают скопцов по естеству, как избавленных от мучительства плоти; а я ублажаю повседневных скопцов, которые разумом, как ножом, обучились оскоплять себя.

22. Видал я невольно падших; и видал произвольно желающих падать, но не могущих; и я счел сих последних окаяннейшими падающих на всякий день; потому что, не имея возможности согрешить, желают злосмрадия греховного.

23. Окаянен падающий; но тот окааннее, кто и сам падает, и другого увлекает к падению, потому что он

понесет тяжесть двух падений, и тяжесть сласти иного[56].

24. Не думай низложить беса блуда возражениями и доказательствами; ибо он имеет многие убедительные оправдания, как воюющий против нас с помощью нашего естества.

25. Кто хочет бороться с своею плотию и победить ее своими силами, тот тщетно подвизается; ибо если Господь не разорит дома плотской похоти, и не созиждет дома душевного, то всуе бдит и постится думающий разорить.

26. Представь Господу немощь своего естества, сознавая во всем свое бессилие, и неощутительным образом получишь дарование целомудрия.

27. В сладострастных людях бывает (как некто из них, испытавший это, признавался мне по истрезвлении своем), чувство чрезвычайного некого влечений и любви к телам, и столь бесстыдный и бесчеловечный дух, в самом чувстве сердца явственно гнездящийся, что боримый сим духом во время брани ощущает телесное разжжение подобное огню от распаленной печи; он не боится Бога, вменяет ни во что воспоминание о муке, молитвы гнушается, почти как бы совершает грех на самом деле, и смотрит на мертвые тела, как на бездушные камни. Страждущий сие делается как бы безумным и исступленным, будучи упоен всегдашним страстным желанием словесных и бессловесных существ, так что если бы не прекращались дни сей мучительной брани, то не могла бы спастись никакая душа, одеянная в сие брение, растворенное кровью и мокротами. Да и может ли быть иначе? Ибо все существующее по природе своей ненасытно желает сродного себе: кровь – крови, червь – червя, и брение – брения; а потому и плоть сия желает плоти, хотя понудители естества и желатели царства

небесного и покушаются прельщать сию прелестницу различными ухищрениями. Блаженны неиспытавшие вышеописанной брани. И так будем молиться, да избавит Он нас навсегда от такого искушения. Поползнувшиеся и падшие в сей ров далече отстоят от восходящих и нисходящих по оной лестнице Ангелов; и к такому восхождению, после падения, потребны для них многие поты со строжайшим пощением.

28. Рассмотрим, не каждый ли из мысленных наших врагов, при ополчении их на нас, назначается исполнять свойственное ему поручение как это бывает и в чувственном сражении; и это достойно удивления. Я наблюдал за искушаемыми и видел падения одни других лютейшие: «имеяй уши слышати да слышит» (*Мф.11:15*)!

29. Часто диавол все усилие, старание, ухищрение, коварство и все свои козни устремляет к тому, чтобы проходящие монашеское житие и подвизающиеся на сем поприще, исполненном искушений, были боримы противоестественными страстями. Посему часто находясь в одном месте с женским полом, и не будучи боримы плотскою похотию, или помыслами, некоторые ублажают себя; а того не разумеют несчастные, что где большая пагуба, там в меньшей нет нужды.

30. Думаю, что всеокаянные убийцы по двум причинам обыкновенно низвергают нас бедных в противоестественные падения: потому что мы везде имеем удобность для таких согрешений, и потому что они подвергают нас большей муке. Узнал сказанное тот, кто прежде повелевал дикими ослами, а потом сам был поруган и порабощен адскими ослами; и питавшийся некогда хлебом небесным после лишился сего блага; всего же удивительнее то, что и после его покаяния, наставник наш Антоний с горькою скорбию, сказал: «Великий столп пал!» Но образ падения скрыл премудрый муж, ибо знал, что бывает

телесный блуд и без участия иного тела. Есть в нас некая смерть и погибель падения, которую мы всегда с собою и в себе носим, а наиболее в юности. Но погибель сию я не дерзнул предать писанию, потому что руку мою удержал сказавший: «бываемая отай от некоторых срамно есть и глаголати и писати и слышати».

31. Сию мою, а можно сказать и не мою враждебную, но и любимую плоть Павел назвал смертию. «Кто мя избавит, – говорил он, – от тела смерти сея?» (*Рим.7:24*). А *Григорий Богослов* называет ее страстною, рабскою и ночною. Я хотел бы знать, почему сии святые мужи дают ей такие названия? Если плоть, как выше сказано, есть смерть, то победивший ее, конечно, никогда не умрет. Но кто есть человек, иже поживет и не узрит смерти – осквернения плоти своей?

32. Испытаем, прошу вас, кто больше пред Господом: умерший ли и воскресший или никогда не умиравший? Ублажающий последнего обманывается: ибо Христос умер и воскрес; а ублажающий первого увещевает умирающих, то есть падающих, не предаваться отчаянию.

33. Бесчеловечный наш враг и наставник блуда внушает, что Бог человеколюбив, и что Он скорое прощение подает сей страсти, как естественной. Но если станем наблюдать за коварством бесов, то найдем, что по совершении греха, они представляют нам Бога праведным и неумолимым Судиею. Первое они говорят, чтобы вовлечь нас в грех; а второе, чтобы погрузить нас в отчаяние.

34. Когда печаль и отчаяние в нас усиливается, тогда мы не можем приносить должного покаяния, ни окаявать себя, ни укорять, хотя в печальном расположении души и не предаемся греху. Когда оные угаснут, тогда опять мучитель наш внушает нам о милосердии Божием, чтобы мы снова пали.

35. Господь, как нетленный и бестелесный, радуется о чистоте и нетлении нашего тела; бесы же, по утверждению некоторых, ни о чем другом столько не веселятся, как о злосмрадии блуда, и никакой страсти не любят так, как оскверняющую тело.

36. Чистота нас усвояет Богу, и сколько возможно, делает Ему подобными.

37. Земля с росою есть матерь сладости плодов, а матерь чистоты есть безмолвие с послушанием. Приобретенное в безмолвии бесстрастие тела, при частом сближении с миром, не пребывает непоколебимо: от послушания же происходящее – везде искусно и незыблемо.

38. Видел я, что гордость бывает причиною смиренномудрия, и вспомнил сказавшего: «кто уразуме ум Господень?» (*Рим.11:34*). Ров и плод надмения есть падение в грех; грехопадение же для желающих спастись часто бывает поводом к смиренномудрию.

39. Кто хочет с объедением и насыщением победить беса блуда, тот подобен угашающему пожар маслом.

40. Кто одним воздержанием покушается утолить сию брань, тот подобен человеку, который думает выплыть из пучины, плавая одной рукою. Совокупи с воздержанием смирение; ибо первое без последнего не приносит пользы.

41. Кто видит в себе какую-нибудь господствующую страсть, тому должно прежде всего противу ней вооружаться, особенно же если это – домашний враг; ибо если мы не победим сей страсти, то от победы над прочими не будет нам никакой пользы, а поразивши сего Египтянина, конечно, и мы узрим Бога в купине смирения.

42. Будучи в искушении, я ощутил, что сей волк хочет обольстить меня, производя в душе моей бессловесную радость, слезы и утешение; и по младенчеству своему я думал, что я получил плод благодати, а не тщету и прелесть.

43. Если «всяк грех, его же аще сотворит человек, кроме тела есть, а блудяй во свое тело согрешает» (*1Кор.6:18*), то это без сомнения потому, что истечением оскверняется самое существо нашей плоти; а в другом грехе невозможно этому быть. Спрашиваю здесь, почему о согрешающих всяким другим грехом мы обыкновенно говорим только: «Он согрешил», а когда слышим, что кто-нибудь сделал блуд, то с прискорбием говорим: «Такой-то пал»[57]?

44. Рыба спешит убежать от удочки: а душа сластолюбивая отвращается безмолвия.

45. Когда диавол хочет связать два лица союзом постыдной любви, тогда испытывает ту и другую сторону: и потом уже начинает возжигать огонь страсти.

46. Склонные к сладострастию часто бывают сострадательны и милостивы, скоры на слезы и ласковы; но пекущиеся о чистоте не бывают таковы.

47. Один мудрый муж предложил мне страшный вопрос: «Какой грех, – сказал он, – после человекоубийства и отречения от Христа, есть тягчайший из всех?» И когда я отвечал: «Впасть в ересь, – тогда он возразил: – как же соборная *Церковь* принимает еретиков и удостаивает их причащения Св. Таин, когда они искренно анафематствуют свою ересь: а соблудившего, хотя он и исповедал сей грех, и перестал делать его, принимая, отлучает на целые годы от пречистых Таин, как повелевают апостольские правила?» Я поражен был недоумением; а недоумение это осталось недоумением и без разрешения[58].

48. Будем испытывать, исследовать и наблюдать: какая сладость происходит в нас, при псалмопении, от беса блуда, и какая от словес Духа, и заключающейся в них благодати и силы.

49. Не забывайся, юноша! Я видел, что некоторые от души молились о своих возлюбленных будучи движимы

духом блуда, и думали, что они исполняют долг памяти и закон любви.

50. Можно осквернить тело и одним осязанием; ибо нет ничего столь опасного, как сие чувство. Помни того, который обвил руку свою краем одежды,[59] (когда нес престарелую свою мать), и удерживай чувство руки своей и не прикасайся к сокровенным и прочим членам ни своего, ни чужого тела.

51. Думаю, что человек не может быть назван совершенно святым, если прежде не освятит сего брения (т. е. тела), и некоторым образом не преобразит его, если только возможно такое преображение во временной жизни.

52. Возлегши на постель, мы наиболее должны бодрствовать и трезвиться; потому что тогда ум наш один без тела борется с бесами; и если он бывает сластолюбив, или исполнен сладострастных мечтаний, то охотно делается предателем.

53. Память смерти да засыпает да и восстает с тобою, и вместе с нею Иисусова молитва единопомышляемая; ибо ничто не может тебе доставить столь сильное заступление во время сна, как сии делания.

54. Некоторые утверждают, что брань сия во время сна и истечения происходят единственно от пищи: но я видал, что одни находясь в тяжкой болезни, а другие, держа самый строгий пост, часто были оскверняемы истечениями. Однажды я спросил об этом предмете одного из искуснейших и рассудительных иноков; и сей блаженный дал мне весьма ясное наставление. «Бывают», – говорил приснопамятный, – «истечения во сне от изобилия пищи и от излишнего покоя; а иногда от гордости, когда мы, долго пребывая свободными от истечений, этим возносимся; иногда же и от того, что осуждаем ближнего. Но от последних двух причин истечения могут случаться и с больными, а может быть и от всех трех. Если же кто

чувствует, что он чист от всех сих показанных ныне причин: то блажен сей человек ради такого бесстрастия; он от одной зависти бесовской претерпевает случающееся временем, когда Бог сие на него попускает для того, чтобы безгрешным злоключением приобретал высочайшее смирение».

55. Никто в продолжение дня не представляй себе в уме случающихся во сне мечтаний; ибо и то есть в намерении бесов, чтобы сновидениями осквернять нас бодрствующих.

56. Услышим и о другом коварстве наших врагов. Как снеди, вредные для тела, по некотором времени, или день спустя производят в нас болезнь: так весьма часто действуют и причины, оскверняющие душу. Видел я наслаждающихся и не вдруг боримых; видел, что некоторые едят и пребывают с женщинами, и в то время не имеют никакого худого помышления; но когда они обольстились самонадеянностию и возмечтали, что имеют мир и утверждение, то внезапно подверглись погибели в своей келлии. А какая это погибель, телесная и душевная, которой человек может подвергаться один, знает тот, кто находился в сем искушении, а кто не был искушен, тому и знать не надобно.

57. В это время великою мощью служат нам: худая одежда, пепел, стояние всенощное, голод, жажда, палящая язык, и не многими каплями прохлаждаемая, пребывание при гробах, а прежде всего смирение сердца, и, если можно, отец духовный, или усердный брат, скорый на помощь и старый разумом: ибо я почитаю за чудо, чтобы кто-нибудь мог один сам собою спасти корабль свой от сей пучины.

58. Часто один и тот же грех, будучи сделан одним человеком, заслуживает сторично большее наказание, нежели когда он сделан другим, судя по нраву согреши-

шего, по месту, где грех случился, духовному возрасту, в котором был согрешивший, и по многим другим причинам.

59. Поведал мне некто об удивительной и высочайшей степени чистоты. Некто увидев необыкновенную женскую красоту, весьма прославил о ней Творца, и от одного этого видения возгорел любовию к Богу и пролил источник слез. Поистине удивительное зрелище! Что иному могло быть рвом погибели, то ему сверхъестественно послужило к получению венца славы. Если такой человек в подобных случаях всегда имеет такое же чувство и делание, то он воскрес, нетленен прежде общего воскресения.

60. Так должны мы поступать и при слушании песнопений и песней. Боголюбивые души, когда слышат пение мирских или духовных песен, исполняются чистейшего утешения, любви божественной и слез; между тем как в сластолюбивых возбуждаются совсем противные чувства.

61. Некоторые, как мы и прежде говорили, пребывая в безмолвных местах, гораздо более бывают боримы от бесов; и сие неудивительно, потому что бесы обыкновенно пребывают там, будучи изгнаны Господом в пустыни и в бездну, ради нашего спасения. С особенною лютостию нападают на безмолвника бесы блуда, чтобы изгнать его в мир, внушивши ему, что он никакой пользы не получает от пустыни. Но когда мы пребываем в мире, они отходят от нас, чтобы мы, видя себя свободными от брани, оставались между мирскими. Итак, где мы терпим нападение от врагов, так без сомнения и сами сильно с ними боремся; а кто этой брани не чувствует, тот оказывается в дружбе со врагами.

62. Когда мы пребываем по некоторой нужде в мире, нас покрывает рука Господня; часто, может быть, и мо-

литва отца духовного, чтобы имя Божие не хулилось через нас. Иногда сие бывает от нечувствительности и от того, что мы прежде уже много испытали то, что видим и слышим, и насытились этим; или и от того, что бесы с намерением отступают от нас, оставляя беса гордости, который один заменяет собою всех прочих.

63. Все вы, желающие обучиться чистоте, услышьте еще об одной хитрости и коварстве обольстителя души, и будьте осторожны. Некто собственным опытом изведал сей обман его, и сказывал мне, что бес плотского сладострастия весьма часто вовсе скрывает себя, наводит на инока крайнее благоговение, и производит в нем источники слез, когда он сидит или беседует с женщинами, и подстрекает его учить их памятованию о смерти, о последнем суде, и хранению целомудрия, чтобы сии окаянные, прельстившись его словами и притворным благоговением, прибегнули к этому волку, как к пастырю; но окаяннейший оный, от близкого знакомства получив дерзновение, наконец подвергается падению.

64. Всеми силами будем убегать, чтобы ни видеть, ни слышать о том плоде, которого мы обещались никогда не вкушать; ибо удивляюсь, если мы считаем себя крепчайшими пророка Давида; чему быть невозможно.

65. Похвала чистоты столь велика и высока, что некоторые из отцов осмелились назвать ее бесстрастием.

66. Некоторые говорят, что по вкушении плотского греха невозможно называться чистым; а я, опровергая их мнение, говорю, что хотящему возможно и удобно привить дикую маслину к доброй. И если бы ключи царства небесного были вверены девственнику по телу, то мнение оное, может быть, имело бы основательность. Но да постыдит умствующих таким образом тот, кто имел тещу, а был чист и носил ключи царствия.

67. Змий сладострастия многообразен; невкусившим сласти греха он внушает, чтобы только однажды вкусили ее и перестали; а вкусивших коварный побуждает воспоминанием опять к совершению греха. Многие из первых, поскольку не знают зла сего, бывают свободны и от борьбы; а из последних многие, как познавшие опытом сию мерзость, терпят стужение и брани. Впрочем часто случается и совсем противное этому.

68. Иногда восстаем мы от сна чисты и мирны, и это бывает тайным благодеянием, которое мы получаем от св. Ангелов, особенно когда мы уснули со многою молитвою и трезвением; иногда же встаем нечистыми и смущенными; причиною же сего бывают худые сновидения.

69. «Видех нечестиваго превозносящася и высящася яко кедры Ливанския, и как он мятется и неистовствует против меня; и мимо идох воздержанием, и се не бе, как прежде ярость его; и взысках его, смирив помысл мой, и не обретеся место его» во мне, или след его (*Пс. 36:35–36*).

70. Кто победил тело, тот естество победил; победивший же естество, без сомнения, стал выше естества; а такой человек «малым чим», или, если можно так сказать, ничем «не умален от Ангел» (*Пс. 8:6*).

71. Нет ничего чудного, если невещественный борется с невещественным; но то поистине великое чудо, что дух, облеченный в вещество, враждебное ему и борющееся с ним, побеждает врагов невещественных.

72. Благий Господь, и в том являет великое о нас промышление, что бесстыдство женского пола удерживает стыдом, как бы некою уздою; ибо если бы женщины сами прибегали к мужчинам, то не спаслась бы никакая плоть.

73. По определению рассудительных отцов, иное есть прилог, иное – сочетание, иное – сосложение, иное – пленение, иное – борьба, и иное, так называемая – страсть в душе. Блаженные сии определяют, что прилог есть про-

стое слово, или образ какого-нибудь предмета, вновь являющийся уму и вносимый в сердце; а сочетание есть собеседование с явившимся образом, по страсти или бесстрастно; сосложение же есть согласие души с представившимся помыслом, соединенное с услаждением, пленение есть насильственное и невольное увлечение сердца, или продолжительное мысленное совокупление с предметом, разоряющее наше доброе устроение; борьбою называют равенство сил борющего и боримого в брани, где последний произвольно или побеждает, или бывает побеждаем; страстию называют уже самый порок, от долгого времени вгнездившийся в душе, и чрез навык сделавшийся как бы природным ее свойством, так что душа уже произвольно и сама собою к нему стремится. Из всех сих первое безгрешно; второе же не совсем без греха; а третие судится по устроению подвизающегося; борьба бывает причиною венцов или мучений; пленение же иначе судится во время молитвы, иначе в другое время, иначе в отношении предметов безразличных, т. е. ни худых, ни добрых, и иначе в худых помышлениях. Страсть же без сомнения подлежит во всех, или соразмерному покаянию, или будущей муке; но кто первое (т. е. прилог в мысли), помышляет бесстрастно,[60] тот одним разом отсекает все последнее.

74. Просвещеннейшие и рассудительнейшие из отцов приметили еще иной помысл, который утонченнее всех вышепоказанных. Его называют набегом мысли; и он проходит в душе столь быстро, что без времени, без слова и образа мгновенно представляет подвизающемуся страсть. В плотской брани между духами злобы ни одного нет быстрее и неприметнее сего. Он одним тонким воспоминанием, без сочетания, без продолжения времени, неизъяснимым, а в некоторых даже неведомым образом, вдруг является своим присутствием в душе. Кто плачем

успел постигнуть такую тонкость помысла, тот может нас научить: каким образом, одним оком, и простым взглядом, и осязанием руки, и слышанием песни, без всякой мысли и помысла душа может любодействовать страстно.

75. Некоторые говорят, что страсти входят в тело от помыслов сердца; а другие напротив утверждают, что худые помыслы рождаются от чувств телесных. Первые говорят, что если бы не предшествовал ум, то и тело не последовало бы; последние же приводят в защищение своего мнения зловредное действие телесной страсти, говоря, что весьма часто худые помыслы получают вход в сердце от приятного взгляда, или от слышания приятного голоса. Кто мог познать сие о Господе, тот и нас научит: ибо все это весьма нужно и полезно для тех, которые разумно проходят духовное делание. В простоте же и правоте сердца пребывающим делателям нет в этом никакой надобности; ибо не все могут иметь тонкое ведение, и не все блаженную простоту, сию броню против всех ухищрений лукавых бесов.

76. Некоторые из страстей, родившись в душе, переходят в тело; а некоторые наоборот. Сие последнее случается обыкновенно с мирскими, а первое с проходящими монашеское житие, по неимению к тому случаев. Что касается до меня, я скажу о сем: «взыщеши в злых разума, и не обрящеши» (*Притч.14:6*).

77. Когда после долгого подвига против беса блуда, единомышленника нашей бренной плоти, мы изгоним его из сердца нашего, изранивши его камнем поста и мечом смирения: тогда сей окаянный, как червь некий, пресмыкаясь внутри нашего тела, будет стараться осквернить нас, подстрекая на безвременные и непристойные движения.

78. Сему же наиболее подвержены те, которые покоряются бесу тщеславия; ибо они, видя, что уже не часто

возмущаются в сердце своем блудными помыслами, преклоняются к тщеславию; а что это справедливо, в том сами они могут увериться, когда, удалившись на время в безмолвие, будут внимательно испытывать самих себя. Они непременно найдут, что в глубине из сердца скрывается некий тайный помысл, как змей в гноище, который в некоторой степени чистоту внушает им приписывать собственному тщанию и усердию, не давая сим окаянным подумать о словах Апостола: «что имаши, егоже неси приял» (*1Кор.4:7*) туне, или непосредственно от Бога, или помощию других и посредством их молитвы. Итак, да внимают они себе, и да стараются о том, чтобы умертвить вышепоказанного змия многим смиренномудрием, и извергнуть его из сердца; дабы, избавившись от него, возмогли и они некогда совлечься кожаных риз (сладострастия) и воспеть Господу победную песнь чистоты, как некогда оные Евангельские целомудренные дети. И без сомнения воспоют, аще совлекшеся «не нази обрящутся» незлобия и смирения, свойственного младенцам (*2Кор.5:3*).

79. Сей бес тщательнее всех других наблюдает времена, какие удобнее для уловления нас; и когда видит, что мы не можем помолиться против него телесно, тогда сей нечистый в особенности старается нападать на нас.

80. Тем, которые еще не стяжали истинной сердечной молитвы, в телесной молитве способствует подвиг понуждения, например: распростертие рук, биение в грудь, умиленное взирание на небо, глубокие воздыхания, и частое преклонение колен. Но как часто случается, что они в присутствии других людей не могут сего делать, что бесы и стараются тогда на них нападать; а так как они еще не в силах противиться им мужеством ума и невидимою силою молитвы, то, может быть, по нужде и уступают борющим их. В таком случае, если можно, скорее

отойти от людей, скройся на малое время в тайное место, и там воззри на небо, если можешь, душевным оком, а если нет, то хоть телесным; простри крестовидно руки, и держи их неподвижно, чтобы и сим образом посрамить и победить мысленного Амалика. Возопий к Могущему спасти, и возопий не красноречивыми словами, но смиренными вещаниями, начиная прежде всего сим воззванием: «помилуй мя, яко немощен есмь» *(Пс.6:3)*. Тогда опытом познаешь силу Всевышнего, и невидимою помощию невидимо обратишь в бегство невидимых (врагов). Кто обучился таким образом с ними бороться, тот вскоре начнет и одною душою отгонять сих врагов; ибо Господь дает делателям сие второе дарование, в награду за первые подвиги. И справедливо!

81. Бывши негде в собрании, я заметил, что на одного тщательного брата напали нечистые помыслы; и как ему не нашлось приличного места, где бы тайно от других помолиться, то он вышел, как бы по естественной нужде, и там произнес усердную молитву на сих супостатов. И когда я ему выговаривал за неприличность места к молитве, он отвечал: «О прогнании нечистых помыслов я и молился в нечистом месте, чтобы очиститься от скверны».

82. Все бесы покушаются сначала помрачить наш ум, а потом уже внушают то, что хотят; ибо если ум не смежит очей своих, то сокровище наше не будет похищено; но блудный бес гораздо больше всех употребляет это средство. Часто помрачив ум, сего владыку, он побуждает и заставляет нас и пред людьми делать то, что одни только сумасшедшие делают. Когда же, спустя несколько времени, ум истрезвится, тогда мы стыдимся не только видевших наши бесчинные действия, но и самих себя, за непристойные наши поступки, разговоры и движения, и ужасаемся о прежнем нашем ослеплении; почему некоторые, рассуждая о сем, нередко отставали от этого зла.

83. Отвращайся от сего супостата, когда он, по соделании тобою вышеописанных поступков, возбраняет тебе молиться, упражняться в благочестивых делах, и пребывать во бдении; и поминай Того, Который сказал: «зане творит ми труды душа сия, мучимая порочными навыками, сотворю отмщение ея» от врагов ея (*Лк.18:5*).

84. Кто победит свое тело? Тот, кто сокрушил свое сердце. А кто сокрушил свое сердце? Тот, кто отвергся себя самого; ибо как не быть сокрушенным тому, кто умер своей воле?

85. Между страстными бывает один страстнее другого; и некоторые самые скверны свои исповедуют со сладострастием и услаждением. Нечистые и постыдные помышления обыкновенно рождаются в сердце от беса блуда, сего сердце-обольстителя; но их исцеляет воздержание и вменение их ни во что.

86. Каким образом и способом связать мне плоть свою, сего друга моего, и судить ее по примеру прочих страстей? Не знаю. Прежде, нежели успею связать ее, она уже разрешается; прежде, нежели стану судить ее, примиряюсь с нею; и прежде, нежели начну мучить, преклоняюсь к ней жалостию. Как мне возненавидеть ту, которую я по естеству привык любить? Как освобожусь от той, с которою я связан навеки? Как умертвить ту, которая должна воскреснуть со мною? Как сделать нетленною ту, которая может противоположить мне столько естественных возражений? Если свяжу ее постом, то, осудив ближнего, снова предаюсь ей; если, перестав осуждать других, побеждаю ее, то, вознесшись сердцем, опять бываю ею низлагаем. Она и друг мой, она и враг мой, она помощница моя, она же и соперница моя; моя заступница и предательница. Когда я угождаю ей, она вооружается против меня. Изнуряю ли ее, изнемогает. Упокоиваю ли ее, бесчинствует. Обременяю ли, не тер-

пит. Если я опечалю ее, то сам крайне буду бедствовать. Если поражу ее, то не с кем будет приобретать добродетели. И отвращаюсь от нее, и объемлю ее. Какое это во мне таинство? Каким образом составилось во мне это соединение противоположностей? Как я сам себе и враг, и друг? Скажи мне, супруга моя – естество мое; ибо я не хочу никого другого, кроме тебя, спрашивать о том, что тебя касается; скажи мне, как могу я пребывать неуязвляем тобою? Как могу избежать естественной беды, когда я обещался Христу вести с тобою всегдашнюю брань? Как могу я победить твое мучительство, когда я добровольно решился быть твоим понудителем? Она же, отвечая душе своей, говорит: «Не скажу тебе того, чего и ты не знаешь; но скажу то, о чем мы оба разумеем. Я имею в себе отца своего самолюбие. Внешние разжжения происходят от угождения мне и от чрезмерного во всем покоя; а внутренние от прежде бывшего покоя и от сладострастных дел. Зачавши, я рождаю падения; они же, родившись, сами рождают смерть отчаянием. Если явственно познаешь глубокую мою и твою немощь, то тем свяжешь мои руки. Если гортань умучишь воздержанием, то свяжешь мои ноги, чтобы они не шли вперед. Если соединишься с послушанием, то освободишься от меня, а если приобретешь смирение, то отсечешь мне голову».

Пятнадцатая степень. Кто, будучи во плоти, получил и здесь победную почесть, тот умер и воскрес, и еще здесь познал начало будущего нетления.

СЛОВО 16. О СРЕБРОЛЮБИИ

1. Большая часть премудрых учителей, после описанного нами сладострастного мучителя, полагают обыкновенно сего тмоглавного беса сребролюбия. Чтобы и нам, немудрым, не изменить порядка премудрых, восхотели и мы последовать тому же распределению и правилу. Итак, если угодно, поговорим немного о сем недуге, а потом скажем вкратце и о врачевании.

2. Сребролюбие есть поклонение идолам, дщерь неверия, извинение себя своими немощами, предсказатель старости, предвозвестник голода, гадатель о бездождии.

3. Сребролюбец есть хулитель Евангелия, и добровольный отступник. Стяжавший любовь расточил деньги; а кто говорит, что имеет и то и другое, тот сам себя обманывает.

4. Оплакивающий себя самого, даже и тела своего отвергся и не щадит его в случае нужды.

5. Не говори, что собираешь деньги ради нищих; ибо и две лепты вдовицы купили царство небесное.

6. Страннолюбец и сребролюбец друг с другом встретились; и второй назвал первого безрассудным.

7. Победивший страсть сию отсек попечения; а связанный ею никогда не молится чисто.

8. Сребролюбие начинается под видом раздаяния милостыни, а оканчивается ненавистию к бедным. Сребро-

любец бывает милостив, пока собирает деньги; а как скоро накопил их, так и сжал руки.

9. Видел я нищих деньгами, которые, в сожительстве с нищими духом, обогатившись духовно и забыли первую свою нищету.

10. Монах, любящий деньги, чужд лености; он ежечасно вспоминает слово апостола: «праздный да не яст» (*2Сол.3:10*); и другое: «руце сии послужисте мне и сущим со мною» (*Деян.20:34*).

Шестнадцатая борьба. Кто в ней одержал победу, тот или любовь Божию приобрел, или отсек суетные попечения.

СЛОВО 17. О НЕСТЯЖАНИИ

1. Нестяжание есть отложение земных попечений, беззаботность о жизни, невозбраняемое путешествие, вера заповедям Спасителя; оно чуждо печали.

2. Нестяжательный инок есть владыка над миром, вверивший Богу попечение о себе, и верою стяжавший всех своими рабами. Он не будет говорить человеку о своей нужде; а что приходит, то принимает, как от руки Господней.

3. Нестяжательный подвижник есть сын беспристрастия, и что он получает, то считает за ничто. Если случится ему куда-либо отойти, все вменяет за уметы. Если же печалится о чем-нибудь, то еще не сделался нестяжательным.

4. Нестяжательный муж молится чистым умом; а любостяжательный во время молитвы представляет образы вещества.

5. Пребывающие в повиновении чужды сребролюбия; ибо когда они и тело свое предали, то что уже будут считать своею собственностью? Тем только лишаются они пользы, что удобны и готовы к переходам с места на место. Видел я, что вещество родило монахам терпение, чтобы пребывать на одном месте; но я больше их ублажил скитающихся ради Господа.

6. Вкусивший вышних благ легко презирает земные; невкусивший же первых радуется о стяжании последних.

7. Безрассудно нестяжательный лишается двоякой пользы: и настоящих благ удаляется, и будущих лишается.

8. О монахи! не будем невернее птиц, которые не пекутся и не собирают.

9. Велик благочестиво отвергший свое имение, но свят, кто отвергается своей воли. Первый сторицею имением или дарованиями обогатится; а последний жизнь вечную наследует.

10. Волны не оставят моря; а сребролюбца не оставят гнев и печаль.

11. Презревший вещество избавился от словооправданий и прекословий; любостяжательный же за иглу готов состязаться до смерти.

12. Непоколебимая вера отсекает суетные попечения; а память о смерти научает отвергаться и тела.

13. В Иове не было и следа сребролюбия; потому-то он, и всего лишившись, пребыл без смущения.

14. «Сребролюбие есть и называется корень всем злым» (*1Тим.6:10*); и оно действительно таково, ибо производит ненависть, хищения, зависть, разлучения, вражды, смущения, злопамятство, жестокость и убийства.

15. Малым огнем сожгли некоторые много вещества; и одною добродетелию избежали многие всех вышеписанных страстей: эта добродетель называется беспристрастием. Она рождается в нас от опытного ведения и вкушения Божественного разума, и от попечения о страшном ответе во время исхода из сего мира.

16. Со вниманием прочитавший слово об объедении, сей матери толиких зол, не не ведает, что в пагубном и проклятом своем чадородии оно назвало вторым своим исчадием камень нечувствия. Но я не мог дать ему места, по порядку ему принадлежащего, быв обязан говорить прежде о многоглавом змие идолослужения, который у

рассудительнейших отцов получил третье звено в цепи восьми главных страстей. Теперь, окончивши умеренное об нем слово, мы намерены говорить о нечувствии, занимающем по порядку третье место, а по происхождению второе. Потом будем говорить о сне и о бдении; а также и о детской малодушной боязливости побеседуем кратко; ибо все сии недуги свойственны новоначальным.

Степень семнадцатая. Кто на нее взошел, тот шествует на небо, совлекшись вещества.

СЛОВО 18. О НЕЧУВСТВИИ

1. Нечувствие, как телесное, так и душевное, есть омертвение чувства от долговременного недуга и нерадения, окончившееся нечувствием.

2. Безболезненность есть обратившееся в природу нерадение, оцепенение мысли, порождение худых навыков, сеть усердию, силок мужеству, незнание умиления, дверь отчаяния, матерь забвения, которая, родив дщерь свою, снова бывает ее же дщерию; это – отвержение страха Божия.

3. Бесчувственный есть безумный мудрец, учитель, осуждающий себя самого, любослов, который говорит против себя; слепец, учащий видеть; беседует о врачевании язвы, а между тем, беспрестанно чешет и растравляет ее; жалуется на болезнь, и не отстает от вредных для него снедей; молится о своем избавлении от страсти, и тотчас исполняет ее на самом деле; за совершение ее гневается сам на себя, и не стыдится слов своих, окаянный. «Худо я поступаю», вопиет, и усердно продолжает делать злое. Устами молится против своей страсти, а делом для нее подвизается. О смерти любомудрствует, а живет как бессмертный. Вздыхает о разлучении души с телом, а сам пребывает в дремоте, как бы был вечный. О воздержании беседует, а стремится к объедению. Читает слово о последнем суде, и начинает смеяться. Читает слово против тщеславия, и самым чтением тщеслави-

ся. Говорит о бдении, и тотчас погружается в сон. Хвалит молитву, и бегает от нее, как от бича. Послушание ублажает, а сам первый преступник. Беспристрастных хвалит, а сам не стыдится за рубище памятозлобствовать и ссориться. Разгневавшись, огорчается, и опять за самое это огорчение на себя гневается: и прилагая побеждение к побеждению, не чувствует. Пресытившись, раскаивается; и немного спустя опять прилагает насыщение к насыщению. Ублажает молчание, но восхваляет его многословием. Учит кротости, но часто в самом том учительстве гневается, и за огорчение свое опять на себя гневается. Воспрянув от греховного усыпления, воздыхает; но, покивав головою, снова предается страсти. Осуждает смех, и учит о плаче, смеясь. Порицает себя перед некоторыми, как тщеславного, и тем порицанием покушается снискать себе славу. Сладострастно смотрит на лица, и между тем беседует о целомудрии. Пребывая в мире, хвалит безмолвствующих; а того не разумеет, что он этим посрамляет себя самого. Славит милостивых, а нищих поносит. Всегда сам себя обличает, и придти в чувство не хочет, чтобы не сказать, что не может.

4. Видал я много таких людей, которые, слушая слово о смерти и страшном суде, проливали слезы; а потом, когда слезы еще были в очах их, со тщанием спешили на трапезу. Я подивился тому, каким образом госпожа оная, смрадная страсть объедения, будучи укрепляема долговременным бесчувствием, могла победить и плач.

5. По мере немощной моей силы, я объяснил коварства и язвы сей безумной и неистовой, каменистой и жестокой страсти; ибо я не намерен много против нее распространяться. Могущий же о Господе от опыта своего приложит врачевания к сим язвам, да не обленится это сделать; я же не стыжусь исповедать мою немощь в этом деле, будучи сам одержим крепкою оною страстию. Я не мог бы

сам собою постигнуть хитростных козней ее, если бы не настиг ее негде, силою не задержал ее, и муками не принудил ее исповедать все вышесказанное, бив ее мечом страха Господня и непрестанною молитвою. Потому-то сия злотворная мучительница и говорила мне: союзники мои, когда видят мертвых, смеются; стоя на молитве, бывают совершенно окаменелыми, жестокосердыми и омраченными. Пред священною трапезою Евхаристии остаются бесчувственными; и даже, причащаясь сего небесного дара, как бы простой хлеб вкушают. Когда я вижу людей, предстоящих с умилением, то ругаюсь над ними. От отца, родившего меня, научилась я убивать все доброе, рождающееся от мужества и от любви. Я матерь смеха; я питательница сна; я друг пресыщению: я неразлучна с ложным благоговением; и когда меня обличают, я не чувствую скорби.

6. От слов сей неистовой страсти я окаянный ужаснулся, и спросил о имени родившего ее. Она мне сказала: «Рождение у меня не одно: зачатие мое смешано и неопределенно. Насыщение меня укрепляет, время возращает, а худой навык утверждает; одержимый им никогда от меня не освободится. Если ты со многим бдением соединишь размышление о вечном суде, то, может быть, дам тебе малую ослабу. Смотри, от какой причины я в тебе родилась, и против матери моей подвизайся; ибо я не во всех бываю от одной причины. Молись часто при гробах, и неизгладимо напечатлевай в сердце своем их образы; если же сие не будет в тебе начертано кистию поста, то никогда не победишь меня».

СЛОВО 19. О СНЕ, О МОЛИТВЕ И ПСАЛМОПЕНИИ В СОБОРЕ БРАТИЙ

1. Сон есть некоторое свойство природы, образ смерти, бездействие чувств. Сон сам по себе один и тот же; но он, как и похоть, имеет многие причины: происходит от естества, от пищи, от бесов, и, может быть, от чрезмерного и продолжительного поста, когда изнемогающая плоть хочет подкрепить себя сном.

2. Как много пить зависит от привычки, так и много спать. Потому-то и должно нам, особенно в начале нашего подвига, подвизаться против сна; ибо трудно исцелить давний навык.

3. Начнем наблюдать и найдем, что когда, по гласу духовной трубы (колокола), видимо собираются братия, невидимо стекаются душевные враги. Они приступают к постели, когда мы встали, и подущают нас снова лечь на нее, говоря: «Подожди, пока кончатся начальные песни, и тогда пойдешь в *церковь*». Другие предстоящих на молитве погружают в сон. Иные производят сильные и безвременные движения в животе. Иные побуждают заводить в церкви разговоры. Другие отвлекают ум наш в скверные помыслы. Иные заставляют нас, как изнемогших, опираться о стену, а иногда наводят весьма частую зевоту. Некоторые же возбуждают в нас во время молитвы смех, чтобы чрез сие подвигнуть Бога к негодованию на нас. Иные побуждают нас от лености спешить в псал-

мопении. Другие убеждают петь медленнее от самоуслаждения; а иногда сидят при устах наших и заключают их, так что мы едва можем их открыть.

4. Но кто в чувстве сердца помышляет, что он предстоит Богу, тот в молитве будет, как столп неподвижный, и ничем из прежде сказанных не будет поруган.

5. Часто истинный послушник, став на молитву, вдруг исполняется света и радости; потому что подвижник сей был приготовлен к сему и предочищен[61] нелицемерным послушанием.

6. Все могут молиться со множеством братий; но для многих приличнее совершать молитву с одним единодушным братом; ибо немного таких, которые могут молиться наедине

7. Поя со множеством, не возможешь помолиться невещественно. Во время чтения и пения ум твой да будет занят разумением слышимых слов или определенною молитвою, в ожидании ближнего стиха.

8. Никто не должен во время молитвы заниматься рукодельем, и в особенности работой. Ясное наставление об этом преподал Ангел великому Антонию[62].

9. В горниле искушается золото, а предстояние на молитве искушает усердие и любовь к Богу в монахах.

Кто приобрел похвальное дело молитвы, тот приближается к Богу и избегает бесов.

СЛОВО 20. О БДЕНИИ ТЕЛЕСНОМ: КАК МЫ ЧРЕЗ НЕГО ДОСТИГАЕМ ДУХОВНОГО, И КАК ДОЛЖНО ОНОЕ ПРОХОДИТЬ

1. Земным царям предстоят иные просто и без оружия, другие с жезлами, иные со щитами; некоторые же с мечами. Великое и несравненное превосходство первых пред последними, потому что первыми бывают обыкновенно сродники и домашние царевы. Так бывает у земных царей.

2. Приидите теперь, увидим, как и мы исправляем предстояние наше перед Богом и Царем в вечерних, дневных и ночных молитвах. Ибо некоторые воздевают руки на молитву в вечерних и всенощных бдениях, как невещественные и чуждые всякого попечения; другие же предстоят тогда Богу с псалмопением; иные трудятся в чтении священных Писаний; иные, по немощи, но мужественно борются со сном посредством рукоделия; иные, упражняясь в размышлении о смерти, хотят чрез это приобрести умиление. Из всех сил подвижников первые и последние упражняются в Боголюбезном бдении; вторые в исправлениях, общих всем монахам; прочие шествуют низшим путем. Однако Бог приемлет дары, и ценит их, смотря по расположению и силе каждого.

3. Бодрственное око очищает ум, а долгий сон ожесточает душу.

4. Бодрый инок – враг блуда, сонливый же друг ему.

5. Бдение есть погашение плотских разжжений, избавление от сновидений, исполнение очей слезами, умягчение сердца, хранение помыслов, лучшее горнило для сварения принятой пищи, укрощение злых духов, обуздание языка, прогнание мечтаний.

6. Бдительный инок есть ловец помыслов, могущий удобно их усматривать и уловлять в тишине ночи.

7. Боголюбивый монах, когда гласит молитвенная труба, говорит: «Слава Богу, слава Богу!», а ленивый говорит: «Увы, увы!»

8. Приготовление трапезы обнаруживает чревоугодников; а молитвенный подвиг показывает боголюбивых; первые, увидевши трапезу, радуются, а последние сетуют.

9. Излишество сна – причина забвения; бдение же очищает память.

10. Богатство земледельцев собирается на гумне и точиле; а богатство и разум монахов в вечерних и ночных предстояниях Богу и в деланиях ума.

11. Многий сон есть неправедный сожитель, похищающий у ленивых половину жизни, или еще больше.

12. Неискусный монах в беседах бывает бодр; а когда настал час молитвы, тогда и глаза его отяготились сном.

13. Нерадивый монах искусен в многословии; а когда пришло время чтения, от дремоты смотреть не может. Когда возгласит последняя труба, будет воскресение мертвых; а когда начнется празднословие, возбуждаются сонливые.

14. Мучительный дух сонливости есть коварный друг: часто, когда мы пресыщены, он удаляется, а во время поста, во время алчбы и жажды, сильно на нас нападает.

15. Во время молитвы он подущает взяться за рукоделье; ибо иначе не может погубить молитву бдящих.

16. Особенно же он воздвигает брань против новоначальных, чтобы они разленились при самом начале подвига, или чтобы приготовить вход бесу блуда.

17. Доколе не освободимся от сего духа, дотоле мы не должны отрицаться от пения псалмов в соборе братий; ибо мы часто и от стыда не дремлем. Пес враждует против зайца; а бес тщеславия есть враг сонливости.

18. Купец считает свой прибыток по прошествии дня; а духовный подвижник по совершении псалмопения.

19. Внимай себе трезвенно после молитвы, и увидишь, что толпы бесов, побежденных нами, стараются после молитвы осквернить нас нечистыми мечтаниями. Итак сядь и наблюдай, и ты увидишь обыкших похищать начатки душевного делания

20. От частого псалмопения, во время бодрственного состояния, бывает то, что и во сне приходят на ум слова псалмов; иногда же случается, что и бесы представляют их нашему воображению, чтобы привести нас в гордость. О третьем же состоянии душевном я хотел умолчать, но некто убедил меня говорить[63]. Душа, которая днем непрестанно поучается слову Божию, обыкновенно и во сне упражняется в том же; ибо сие второе бывает истинным воздаянием за первое делание, для отгнания духов и лукавых мечтаний.

Двадцатая степень. Восшедший на нее принял в сердце своем свет.

СЛОВО 21. О МАЛОДУШНОЙ БОЯЗЛИВОСТИ, ИЛИ СТРАХОВАНИИ

1. Если ты с другими или в общежитии проходишь подвиг добродетелей, то боязливость не очень будет на тебя нападать: если же ты подвизаешься в местах безмолвнейших, то смотри, чтобы не овладела тобою сия дщерь неверия и порождение тщеславия.

2. Боязливость есть младенчественный нрав в старой тщеславной душе. Боязливость есть уклонение от веры, в ожидании нечаянных бед.

3. Страх есть предвоображаемая беда; или иначе, страх есть трепетное чувство сердца, тревожимое и сетующее от представления неведомых злоключений. Страх есть лишение твердой надежды.

4. Гордая душа есть раба страха; уповая на себя, она боится слабого звука тварей, и самых теней.

5. Плачущие и болезнующие о грехах своих не имеют страхований; а страшливые часто лишаются ума; и по справедливости. Ибо праведно Господь оставляет гордых, чтобы и прочих научить не возноситься.

6. Все боязливые тщеславны, но не все небоящиеся смиренномудры; ибо случается, что и разбойники, и гробокопатели не боятся.

7. Не ленись в самую полночь приходить в те места, где ты боишься быть. Если же ты хоть немного уступишь сей младенчественной и смеха достойной страсти, то она

состареется с тобою. Но когда ты пойдешь в те места, вооружайся молитвою; пришедши же, распростри руки, и бей супостатов именем Иисусовым; ибо нет сильнейшего оружия, ни на небе, ни на земле. А избавившись от сего недуга, восхваляй Избавившего; ибо когда ты будешь Его благодарить, то и Он во век будет покрывать тебя.

8. Нельзя в одну минуту насытить чрево; так нельзя и боязливость победить скоро. По мере усиления в нас плача, она от нас отходит; а с уменьшением оного увеличивается в нас.

9. «Устрашишася ми власи и плоти» (*Иов.4:15*), говорил Елифаз, возвещая о коварстве сего беса. Иногда душа, а иногда плоть прежде поражается страхом, и потом страсть сию одна другой передают. Если плоть устрашилась, а в душу не вошел сей безвременный страх, то близко избавление от этого недуга. Если же мы, от сокрушения сердца, с преданностию Богу, усердно ожидаем от Него всяких непредвидимых случаев, то мы воистину освободились от боязливости.

10. Не пустыня и мрачность места укрепляет бесов против нас, но бесплодие нашей души; иногда же это бывает промыслительно к вразумлению нашему.

11. Кто сделался рабом Господа, тот боится одного своего Владыки; а в ком нет страха Господня, тот часто и тени своей боится.

12. Когда злой дух приступает невидимо, тогда боится тело; а когда приступает Ангел, тогда радуется душа смиренного. Итак, когда мы по этому действию узнаем пришествие Ангела Божия, то скорее восстанем на молитву: ибо добрый хранитель наш пришел помолиться вместе с нами.

СЛОВО 22. О МНОГООБРАЗНОМ ТЩЕСЛАВИИ

1. Некоторые имеют обыкновение писать о тщеславии во особенной главе и отделять оное от гордости; посему и говорят они, что начальных и главных греховных помыслов восемь. Но *Григорий Богослов* и другие насчитывают их семь[64]. С ними и я более согласен; ибо кто, победив тщеславие, может быть обладаем гордостию? Между сими страстями такое же различие, какое между отроком и мужем, между пшеницею и хлебом; ибо тщеславие есть начало, а гордость конец. Итак, по порядку слова, скажем теперь вкратце о нечестивом возношении, о сем начале и исполнении всех страстей; ибо кто покусился бы пространно о сем предмете любомудрствовать, то уподобился бы человеку, который всуе старается определить вес ветров.

2. Тщеславие, по виду своему, есть изменение естества, развращение нравов, наблюдение укоризн. По качеству же оно есть расточение трудов, потеря потов, похититель душевного сокровища, исчадие неверия, предтеча гордости, потопление в пристани, муравей на гумне, который, хотя и мал, однако расхищает всякий труд и плод. Муравей ждет собрания пшеницы, а тщеславие собрания богатства: ибо тот радуется, что будет красть; а сие, что будет расточать.

3. Дух отчаяния веселится, видя умножение грехов; а дух тщеславия, когда видит умножение добродетелей;

ибо дверь первому множество язв, а дверь второму изобилие трудов.

4. Наблюдай и увидишь, что непотребное тщеславие до самого гроба украшается одеждами, благовониями, многочисленною прислугою, ароматами и тому подобным.

5. Всем без различия сияет солнце: а тщеславие радуется о всех добродетелях. Например: тщеславлюсь, когда пощусь; но когда разрешаю пост, чтобы скрыть от людей свое воздержание, опять тщеславлюсь, считая себя мудрым. Побеждаюсь тщеславием, одевшись в хорошие одежды; но и в худые одеваясь, также тщеславлюсь. Стану говорить, побеждаюсь тщеславием; замолчу, и опять им же победился. Как ни брось сей троерожник, все один рог станет вверх.

6. Тщеславный человек есть идолопоклонник, хотя и называется верующим. Он думает, что почитает Бога; но в самом деле угождает не Богу, а людям.

7. Всякий человек, который любит себя выказывать, тщеславен. Пост тщеславного остается без награды, и молитва его бесплодна, ибо он и то и другое делает для похвалы человеческой.

8. Тщеславный подвижник сам себе причиняет двойной вред: первый, что изнуряет тело, а второй, что не получает за это награды.

9. Кто не посмеется делателю тщеславия, которого сия страсть, во время предстояния на псалмопении, понуждает иногда смеяться, а иногда пред всеми плакать?

10. Господь часто скрывает от очей наших и те добродетели, которые мы приобрели; человек же хвалящий нас, или, лучше сказать, вводящий в заблуждение похвалою, отверзает нам очи; а как скоро они отверзлись, то и богатство добродетели исчезает.

11. Льстец есть слуга бесов, руководитель к гордости, истребитель умиления, губитель добродетелей, отво-

дитель от истинного пути. «Блажащии вас, льстят вы» (*Ис.3:12*), говорит Пророк.

12. Людям великим свойственно переносить обиды мужественно и с радостию, святым же и преподобным – выслушивать похвалу без вреда.

13. Видал я плачущих, которые, будучи похвалены, за похвалу воспылали гневом; и как случается в торговле, променяли одну страсть на другую.

14. «Никтоже весть... яже в человеце, точию дух человека» (*1Кор.2:11*). Итак, пусть посрамляются и обуздываются те, которые покушаются ублажать нас в лице.

15. Когда услышишь, что ближний твой, или друг, укорил тебя в отсутствии или в присутствии твоем: тогда покажи любовь, и похвали его.

16. Великое дело отвергнуть от души похвалу человеческую, но большее – отвратить от себя похвалу бесовскую.

17. Не тот показывает смиренномудрие, кто осуждает сам себя (ибо кто не стерпит поношения от себя самого?); но тот, кто, будучи укорен другим, не уменьшает к нему любви.

18. Приметил я, что бес тщеславия, внушив одному брату помыслы, в то же время открывает их другому, которого подстрекает объявить первому брату, что у него на сердце, и чрез то ублажает его, как прозорливца. Иногда сей нечистый прикасается даже к членам тела, и производит трепет.

19. Не внимай ему, когда он внушает тебе желание быть епископом, или игуменом, или учителем; ибо трудно отогнать пса от мясопродажного стола.

20. Когда он видит, что некоторые приобрели хотя несколько мирное устроение, то тотчас побуждает их идти из пустыни в мир, и говорит: «Иди на спасение погибающих душ».

21. Иной вид эфиопа, и иной истукана: так и образ тщеславия иной у пребывающих в общежитии, и иной у живущих в пустынях[65].

22. Тщеславие побуждает легкомысленных монахов предупреждать пришествие мирских людей, и выходить из обители на встречу идущих; научает припадать к ногам их, и, будучи исполнено гордости, облекается в смирение; в поступках и в голосе показывает благоговение, смотря на руки пришедших, чтобы от них что-нибудь получить; называет их владыками, покровителями и подателями жизни по Боге; во время трапезы побуждает их воздерживаться перед ними, и повелительно обращаться с низшими; на псалмопении же ленивых делает ревностными и безголосных хорошо поющими, и сонливых бодрыми: льстит уставщику и просит дать ему первое место на клиросе, называя его отцом и учителем, пока не уйдут посетители.

23. Тщеславие предпочитаемых делает гордыми, а презираемых памятозлобными.

24. Тщеславие часто бывает причиною бесчестия, вместо чести; ибо разгневавшимся ученикам своим приносит великий стыд.

25. Тщеславие делает гневливых кроткими перед людьми.

26. Оно весьма удобно присоединяется к естественным дарованиям, и чрез них нередко низвергает окаянных рабов своих.

27. Видел я, как один бес опечалил и прогнал брата своего. Один монах рассердился, а между тем пришли мирские; и вдруг окаянный сей, оставив гнев, перепродал себя тщеславию; ибо не мог в одно время служить обеим страстям.

28. Монах, сделавшийся рабом тщеславия, ведет двойственную жизнь, по наружности пребывая в монастыре, а умом и помышлениями в мире.

29. Если мы усердно хотим угождать Царю Небесному, то, без сомнения, и славы небесной вкусим; а вкусивший ее будет презирать всякую земную славу; и я удивился бы, если бы кто, не вкусивши первой, мог презреть последнюю.

30. Часто случается, что мы, будучи окрадены тщеславием, а потом обратившись, и сами быстроумнее окрадываем оное. Я видел некоторых по тщеславию начавших духовное делание, но хотя и порочное положено было начало, однако конец вышел похвальный, потому что переменилась их мысль.

31. Кто возносится естественными дарованиями, т. е. остроумием, понятливостью, искусством в чтении и произношении, быстротою разума, и другими способностями, без труда нами полученными, тот никогда не получит вышеестественных благ; ибо неверный в малом – и во многом неверен и тщеславен.

32. Некоторые для получения крайнего бесстрастия и богатства дарования, силы чудотворения и дара прозорливости всуе изнуряют тело свое; но сии бедные не знают того, что не труды, но более всего смирение есть матерь этих благ.

33. Кто просит у Бога за труды свои дарований, тот положил опасное основание; а кто считает себя должником, тот неожиданно и внезапно обогатится.

34. Не повинуйся веятелю сему, когда он научает тебя объявлять свои добродетели на пользу слышащих; «какая бо польза человеку, если он весь мир будет пользовать, душу же свою отщетит?» (*Мф. 16:26*). Ничто не приносит столько пользы ближним, как смиренный и непритворный нрав и слово. Таким образом мы и других будем побуждать, чтобы они не возносились; а что может быть полезнее сего?

35. Некто из прозорливцев сказал мне виденное им. «Когда я, говорил он, сидел в собрании братий, бес тщеславия и бес гордости пришли и сели при мне, по ту и по другую сторону; и первый толкал меня в бок тщеславным своим перстом, побуждая меня рассказать о каком-нибудь моем видении, или делании, которое я совершил в пустыне. Но как только я успел отразить его, сказав: «да возвратятся вспять и постыдятся мыслящии ми злая» (*Пс.39:15*); тотчас же сидевший по левую сторону говорит мне на ухо: благо же, благо же ты сотворил, и стал велик, победив бесстыднейшую матерь мою. Тогда я, обратившись к нему, произнес слова следующие по порядку после сказанного мною стиха: «да возвратятся... абие стыдящеся, глаголющии ми: благо же, благо же сотворил еси» (*Пс.39:15–16*). Потом спросил я того же отца, как тщеславие бывает материю гордости? Он отвечал мне: «Похвалы возвышают и надмевают душу; когда же душа вознесется, тогда объемлет ее гордость, которая возводит до небес, и низводит до бездн».

36. Есть слава от Господа, ибо сказано в Писании: «Прославляющие Мя прославлю» (*1Цар.2:30*); и есть слава, происходящая от диавольского коварства, ибо сказано: «горе егда добре рекут вам вси человецы» (*Лк.6:26*). Явно познаешь первую, когда будешь взирать на славу, как на вредное для тебя, когда всячески будешь от нее отвращаться, и куда бы ни пошел, везде будешь скрывать свое жительство. Вторую же можешь узнать тогда, когда и малое что-либо делаешь для того, чтобы видели тебя люди.

37. Скверное тщеславие научает нас принимать образ добродетели, которой нет в нас, убеждая к сему словами Евангелия: «тако да просветится свет ваш пред человеки, яко да видят добрая ваша дела» (*Мф.5:16*).

38. Часто Господь исцеляет тщеславных от тщеславия приключающимся бесчестием.

39. Начало к истреблению тщеславия есть хранение уст и люпление бесчестия; средина же – отсечение всех помышляемых ухищрений тщеславия; а конец (если только есть конец в этой бездне) состоит в том, чтобы стараться делать пред людьми то, что нас уничижает, и не чувствовать при оном никакой скорби.

40. Не скрывай своих погрешностей[66] с тою мыслию, чтобы не подавать ближнему повода к преткновению; хотя может быть и не во всяком случае будет полезно употреблять сей пластырь, но смотря по свойству грехов.

41. Когда мы домогаемся славы, или когда, без искательства с нашей стороны, она приходит к нам от других, или когда покушаемся употреблять некие ухищрения, служащие к тщеславию: тогда вспомним плач свой и помыслим о святом страхе и трепете, с которым мы предстояли Богу в уединенной нашей молитве; и таким образом без сомнения посрамим бесстыдное тщеславие, если, однако, стараемся об истинной молитве. Если же в нас нет этого, то поспешим вспомнить об исходе своем. Если же мы и сего помышления не имеем: то, по крайней мере, убоимся стыда, следующего за тщеславием, потому что «возносяйся непременно смирится» (*Лк.14:11*) еще и здесь прежде будущего века.

42. Когда хвалители наши, или, лучше сказать, обольстители начнут хвалить нас, тогда поспешим вспомнить множество наших беззаконий; и увидим, что мы поистине недостойны того, что говорят или делают в честь нашу.

43. Бывают из тщеславных такие, коих некоторые прошения должны бы быть услышаны Богом; но Бог предваряет их молитвы и прошения, чтобы они, получив чрез молитву просимое, не впали в большее самомнение.

44. Простые же сердцем не очень подвержены отравлению сим ядом; ибо тщеславие есть погубление простоты и притворное жительство.

45. Часто случается, что червь, достигши полного возраста, получает крылья и возлетает на высоту: так и тщеславие, усилившись, рождает гордость, всех зол начальницу и совершительницу.

46. Не имеющий сего недуга весьма близок ко спасению; а одержимый оным далек явится от славы святых.

Степень двадцать вторая. Кого не уловило тщеславие, тот не впадет в безумную гордость, враждующую на Бога.

СЛОВО 23. О БЕЗУМНОЙ ГОРДОСТИ

1. Гордость есть отвержение Бога, бесовское изобретение, презрение человеков, матерь осуждения, исчадие похвал, знак бесплодия души, отгнание помощи Божией, предтеча умоисступления, виновница падений, причина беснования, источник гнева, дверь лицемерия, твердыня бесов, грехов хранилище, причина немилосердия, неведение сострадания, жестокий истязатель, бесчеловечный судья, противница Богу, корень хулы.

2. Начало гордости – корень тщеславия; средина – уничижение ближнего, бесстыдное проповедание своих трудов, самохвальство в сердце, ненависть обличения; а конец – отвержение Божией помощи, упование на свое тщание, бесовский нрав.

3. Услышим все, хотящие избежать рва сего: весьма часто сия страсть получает пищу от благодарения, ибо она сначала не склоняет нас бесстыдно к отвержению Бога. Видал я людей, устами благодаривших Бога, и возносившихся в мыслях своих. О сем ясно свидетельствует фарисей, сказавший: «Боже, благодарю Тя» (*Лк.18:11*).

4. Где совершилось грехопадение, там прежде водворялась гордость; ибо провозвестник первого есть второе.

5. Один почтенный муж сказал мне: положим, что есть двенадцать бесчестных страстей; если произвольно возлюбишь одну из них, то есть гордость, то и одна сия наполнит место прочих одиннадцати.

6. Высокомудрый монах сильно прекословит; смиренномудрый же не только не прекословит, но и очей возвести не смеет.

7. Не преклоняется кипарис, и не стелется по земле: так и монах высокосердый не может иметь послушания.

8. Высокоумный человек желает начальствовать; да иначе он и погибнуть совершенно не может, или правильнее сказать, не хочет.

9. «Бог гордым противится» (*Иак.4:6*): кто же может помиловать их? «Не чист пред Господом всяк высокосердый» (*Притч.16:5*); кто же может очистить его?

10. Наказание гордому – его падение, досадитель – бес; а признаком оставления его от Бога есть умоисступление. В первых двух случаях люди нередко людьми же были исцеляемы; но последнее от людей неисцельно[67].

11. Отвергающий обличение обнаруживает страсть, а кто принимает оное, тот разрешился от уз ее.

12. Если от одной этой страсти, безо всякой другой, некто ниспал с неба: то должно исследовать, не возможно ли смирением, и без других добродетелей, взойти на небо?

13. Гордость есть потеря богатства и трудов. Воззваша и не бе спасаяй, без сомнения потому, что взывали с гордостию; «воззваша... ко Господу и не услыша их» (*Пс. 17:42*), без сомнения потому, что не отсекали причин того, против чего молились.

14. Один премудрый старец духовно увещевал гордящегося брата: но сей, ослепленный, сказал ему: «Прости меня, отче, я не горд». Мудрый же старец возразил: «Чем же ты, сын мой, яснее можешь доказать, что ты горд, как не тем, что говоришь: я не горд».

15. Таковым весьма полезно повиновение, жестокое и презренное жительство, и чтение о сверхъестественных подвигах св. отцов. Может быть, хотя чрез это, сии недугующие получат малую надежду ко спасению.

16. Стыдно тщеславиться чужими украшениями, и крайнее безумство – гордиться Божиими дарованиями. Превозносись только теми добродетелями, которые ты совершил прежде рождения твоего; а те, которые ты исполнил после рождения, даровал тебе Бог, как и самое рождение. Какие ты исправлял добродетели без помощи ума, те только и твои; потому что Бог даровал тебе и самый ум. Какие подвиги показал ты без тела, те только и относи к твоему тщанию, ибо и тело не твое, а творение Божие.

17. Не уповай на себя, пока не услышишь последнего о тебе изречения, памятуя, что и возлежавший уже на брачной вечери был связан по рукам и по ногам, и «ввержен во тьму кромешную» *(Мф. 22:13)*.

18. Не возвышай выи, перстный; ибо многие, будучи святы и невещественны, были свержены с неба.

19. Когда бес гордости утвердился в своих служителях, тогда являясь им во сне или наяву, в образе светлого Ангела, или мученика, преподает им откровение таинств, и как бы дар дарований, чтобы сии окаянные, прельстившись, совершенно лишились ума.

20. Если бы мы и бесчисленные смерти за Христа претерпели, то и тогда не исполнили бы должного; ибо иное есть кровь Бога, а иное кровь рабов, по достоинству, а не по существу.

21. Если не перестанем сами себя испытывать, и сравним житие наше с житием прежде нас бывших св. Отцов и светил; то найдем, что мы еще и не вступали на путь истинного подвижничества, ни обета своего, как должно не исполнили, но пребываем еще в мирском устроении.

22. Монах собственно есть тот, кто имеет невозносящееся око души и недвижимое чувство тела.

23. Монах есть тот, кто невидимых супостатов, даже и когда они бежат от него, призывает на брань и раздражает, как зверей.

24. Монах есть тот, кто находится в непрерывном восхищении ума к Богу и спасительной печали.

25. Монах есть тот, кто имеет такой навык к добродетелям, какой другие к страстям.

26. Монах есть непрестанный свет в очах сердца.

27. Монах есть бездна смирения, в которую он низринул и в которой потопил всякого злого духа.

28. От гордости происходит забвение согрешений; а память о них есть ходатай смиренномудрия.

29. Гордость есть крайнее убожество души, которая мечтает о себе, что богата, и находясь во тьме, думает, что она во свете.

30. Сия скверная страсть не только не дает нам преуспевать, но и с высоты низвергает.

31. Гордый подобен яблоку, внутри сгнившему, а снаружи блестящему красотою.

32. Гордый монах не имеет нужды в бесе; он сам сделался для себя бесом и супостатом.

33. Тьма чужда света; и гордый чужд всякой добродетели.

34. В сердцах гордых рождаются хульные слова, а в душах смиренных небесные видения.

35. Тать не любит солнца; гордый же уничижает кротких.

36. Не знаю, как это бывает, что многие из гордых, не зная самих себя, думают, что они достигли бесстрастия, и уже при исходе из сего мира усматривают свое убожество.

37. Кто пленен гордостию, тому нужна помощь Самого Бога; ибо суетно для такого спасение человеческое.

38. Некогда я уловил сию безумную прельстницу в сердце моем, внесенную в оное на раменах ее матери, тщеславия. Связав обеих узами послушания и бив их бичем смирения, я понуждал их сказать мне, как они вошли

в мою душу? Наконец, под ударами, они говорили: мы не имеем ни начала, ни рождения, ибо мы сами начальницы и родительницы всех страстей. Не мало ратует против нас сокрушение сердца, рождаемое от повиновения. Быть кому-нибудь подчиненными мы не терпим; посему-то мы, и на небе пожелав начальствовать, отступили оттуда. Кратко сказать: мы родительницы всего противного смиренномудрию; а что оному споспешествует, то нам сопротивляется. Впрочем, если мы и на небесах явились в такой силе, то куда ты убежишь от лица нашего? Мы весьма часто следуем за терпением поруганий, за исправлением послушания и безгневия, непамятозлобия и служения ближним. Наши исчадия суть падения мужей духовных: гнев, клевета, досада, раздражительность, вопль, хула, лицемерие, ненависть, зависть, прекословие, своенравие, непокорство. Есть только одно, чему мы не имеем силы противиться; будучи сильно тобою биемы, мы и на сие тебе скажем: если будешь искренно укорять себя пред Господом, то презришь нас, как паутину. Ты видишь, говорила гордость, что конь, на котором я еду, есть тщеславие; преподобное же смирение и самоукорение посмеются коню и всаднику его, и со сладостию воспоют победную оную песнь: «поим Господеви, славно бо прославился: коня и всадника вверже в море» (*Исх.15:1*), и в бездну смирения.

Степень двадцать третья. Кто взойдет на нее (если только возможет взойти), тот будет крепок

О неизъяснимых хульных помыслах

39. Выше сего мы слышали, что от злого корня и злой матери происходит злейшее исчадие, т. е. от скверной гордости рождается несказанная хула. Посему нужно и ее

вывести на среду; ибо это немаловажное что-нибудь, но самый лютый из наших врагов и супостатов. И, что еще ужаснее, мы не можем без затруднения сказать, открыть, исповедать врачу духовному сии помыслы. Посему они часто многих повергали в отчаяние и безнадежность, истребив всю надежду их, подобно червю в древе.

40. Часто во время Божественной литургии, и в самый страшный час совершения Таин, сии мерзкие помыслы хулят Господа и совершаемую святую Жертву. Отсюда явно открывается, что сии нечестивые, непостижимые и неизъяснимые слова внутри нас не душа наша произносит, но богоненавистник бес, который низвержен с небес за то, что и там хулить Бога покушался. И если мои сии бесчестные и нелепые изречения, то как же я, приняв оный небесный Дар, поклоняюсь? Как могу благословлять, и в то же время злословить?

41. Часто сей обольститель и душегубец многих приводил в исступление ума. Никакой помысл не бывает так трудно исповедать, как сей; посему он во многих пребывал до самой старости, ибо ничто так не укрепляет против нас бесов и злых помыслов, как то, что мы их не исповедаем, но таим и питаем их в сердце.

42. Никто не должен думать, что он виновен в хульных помыслах; ибо Господь есть сердцеведец, и знает, что такие слова не наши, но врагов наших.

43. Пьянство бывает причиною преткновения, а гордость – причина непотребных помыслов. Хотя преткнувшийся неповинен за преткновение, но за пьянство, без сомнения, будет наказан.

44. Когда мы станем на молитву, то сии нечистые и неизрекаемые помыслы восстают на нас, а по окончании молитвы тотчас от нас отходят; ибо они не имеют обыкновения бороться с теми, которые против них не вооружаются.

45. Безбожный сей дух не только хулит Бога и все Божественное, но и слова срамные и бесчестные произносит в нас, чтобы мы или оставили молитву, или впали в отчаяние.

46. Сей лукавый и бесчестный мучитель многих отвлек от молитвы; многих отлучил от Св. Таин; некоторых тела изнурил печалию; иных истомил постом, не давая им ни малейшей ослабы.

47. Он делает это не только с мирянами, но и проходящими монашескую жизнь, внушая им, что для них нет никакой надежды ко спасению, и что они окааннее всех неверных и язычников.

48. Кого дух хулы беспокоит, и кто хочет избавиться от него, тот пусть знает несомненно, что не душа его виновна в таких помыслах, но нечистый бес, сказавший некогда Самому Господу: «сия вся Тебе дам, аще пад поклонишимися» (*Мф. 4:9*). Посему и мы, презирая его, и вменяя за ничто влагаемые им помыслы, скажем ему: иди за мною сатано: Господу Богу моему поклонюся и Тому Единому послужу; «болезнь же твоя и слова твои обратятся на главу твою, и на верх твой снидет хула твоя в нынешнем веке и в будущем» (*Пс.7:17*).

49. Кто другим образом хотел бы победить беса хулы, тот уподобился бы покушающемуся удержать своими руками молнию. Ибо как настигнуть, состязаться и бороться с тем, который вдруг, как ветер, влетает в сердце, мгновенно произносит слово, и тотчас исчезает? Все другие враги, стоят, борются, медлят и дают время тем, которые подвизаются против них. Сей же не так: он только что явился, и уже отступил; проговорил – и исчез.

50. Бес этот часто старается нападать на простейших по уму и незлобивейших, которые более других беспокоятся и смущаются от сего; о них можно сказать по

справедливости, что все сие бывает с ними не от превозношения их, но от зависти бесов.

51. Перестанем судить и осуждать ближнего, и мы не будем бояться хульных помыслов; ибо причина и корень второго есть первое.

52. Как затворившийся в доме слышит слова проходящих, хотя сам с ними и не разговаривает: так душа, пребывающая в себе самой, слыша хулы диавола, смущается тем, что он, проходя мимо[68] ее произносит.

53. Кто презирает сего врага, тот от мучительства его освобождается; а кто иным образом ухищряется вести с ним борьбу, тем он возобладает. Хотящий победить духов словами подобен старающемуся запереть ветры.

54. Один тщательный монах, претерпевая нападения от сего беса, двадцать лет изнурял тело свое постом и бдением; но как никакой не получал от сего пользы, то, описав на бумаге свое искушение, пошел к некоему святому мужу и вручив ему оную, повергся лицом на землю, не дерзая воззреть на него. Старец, прочитав писание, улыбнулся, и подняв брата, говорит ему: «Положи, чадо, руку твою на мою выю». Когда же брат оный сделал это, великий муж сказал ему: «На вые моей, брат, да будет грех сей, сколько лет он ни продолжался и ни будет продолжаться в тебе; только ты вменяй его за ничто». После инок сей уверял, что он еще не успел выйти из кельи старца, как эта страсть исчезла. Сие поведал мне сам, бывший в искушении, принося благодарение Богу.

Кто одержал победу над сею страстию, тот отринул гордость.

СЛОВО 24. О КРОТОСТИ, ПРОСТОТЕ И НЕЗЛОБИИ, КОТОРЫЕ НЕ ОТ ПРИРОДЫ ПРОИСХОДЯТ, НО ПРИОБРЕТАЮТСЯ ТЩАНИЕМ И ТРУДАМИ, И О ЛУКАВСТВЕ

1. Солнцу предшествует утренний свет, а всякому смиренномудрию предтеча есть кротость; посему послушаем истинного Света, Христа, Который так располагает сии добродетели в их постепенности. «Научитеся от Мене, – говорит Он, – яко кроток есмь и смирен сердцем» (*Мф.11:29*). Итак прежде солнца нам должно озариться светом, и потом мы уже яснее воззрим на самое солнце; ибо невозможно, невозможно, говорю, узреть солнце тому, кто прежде не просветится оным светом, как показывает самое свойство сих добродетелей.

2. Кротость есть неизменное устроение ума, которое и в чести и в бесчестии пребывает одинаковым.

3. Кротость состоит в том, чтобы при оскорблениях от ближнего, без смущения и искренно о нем молиться.

4. Кротость есть скала, возвышающаяся над морем раздражительности, о которую разбиваются все волны, к ней приражающиеся: а сама она не колеблется.

5. Кротость есть утверждение терпения, дверь, или, лучше сказать, матерь любви, начало рассуждения духовного; ибо Писание говорит: «научит Господь кроткия путем Своим» (*Пс.24:9*). Она есть ходатаица отпущения грехов, дерзновение в молитве, вместилище Духа Свято-

го. «На кого воззрю,... глаголет Господь, токмо на кроткаго и безмолвного» (*Ис.66:2*).

6. Кротость есть споспешница послушания, путеводительница братства, узда неистовству, пресечение гнева, подательница радости, подражание Христу, свойство ангельское, узы на бесов и щит противу огорчения.

7. В кротких сердцах почивает Господь, а мятежливая душа — седалище диавола.

8. Кротцыи наследят землю, или лучше, возобладают землею; а неистовые во гневе потребятся от земли их.

9. Кроткая душа – престол простоты, а гневливый ум есть делатель лукавства.

10. Тихая душа вместит слова премудрости; ибо сказано: «Господь наставит кроткия на суд» (*Пс.24:9*), паче же на рассуждение.

11. Душа правая – сожительница смирения; лукавая же – раба гордости.

12. Души кротких исполнятся разума; а гневливый ум сожитель тьмы и неразумия.

13. Гневливый человек и лицемер встретились друг с другом; и невозможно было найти правого слова в их беседе. Если раскрыть сердце первого, то найдешь неистовство; а испытавши душу второго, увидишь лукавство.

14. Простота есть утвердившийся навык души, которая сделалась чуждою всякого различия и неспособною к лукавству[69].

15. Лукавство есть искусство, или, лучше сказать, безобразие бесовское, которое потеряло истину и думает утаить это от многих.

16. Лицемерие есть противоположное тела с душой устроение, переплетенное всякими вымыслами.

17. Незлобие есть тихое устроение души, свободной от всякого ухищрения.

18. Правота есть незрительная мысль, искренний нрав, непритворное и неподготовленное слово.

19. Нелукавый есть тот, кто находится в естественной чистоте души, как она была сотворена, и который искренно обращается со всеми.

20. Лукавство есть извращение правоты, обольщенный разум, лживое оправдание себя благонамеренностию, клятвы, повинные муке, двусмысленные слова, скрытность сердца, бездна лести, навык лгать, превратившееся в природу самомнение, противник смирения, личина покаяния, удаление плача, вражда против исповеди, упорство в своем мнении, причина падений, препятствие восстанию от падения, коварная улыбка при обличениях, безрассудное сетование, притворное благоговение; словом оно есть бесовское житие.

21. Лукавый – диаволу соименник и сообщник; потому и Господь научил нас называть диавола лукавым, когда говорим: «избави нас от лукаваго» (*Мф.6:13*).

22. Убежим от стремнины лицемерия и от рова тайнолукавства, слыша сказанное: «лукавнующия потребятся» (*Пс.36:9*), «яко зелие злака... отпадут» (*Пс.36:2*); ибо такие суть пажить бесов.

23. Бог называется как любовью, так и правотою. Посему Премудрый в Песни Песней говорит к чистому сердцу: «правость возлюби тя» (*Песн. 1:3*). А отец его сказал: «благ и прав Господь» (*Пс.24:8*); и о тех, кои Ему соименны, говорит, что они спасаются: «спасающаго правыя сердцем» (*Пс.7:11*); и еще в ином псалме: «правоты душ виде и посетило лице Его» (*Пс.10:7*).

24. Первое свойство детского возраста есть безразличная простота; и доколе Адам имел ее, дотоле не видел наготы души своей, и ничего постыдного в наготе плоти своей. Похвальна и блаженна и та простота, которая бывает в некоторых от природы, но не так, как претворен-

ная из лукавства чрез многие поты и труды; ибо первая покрывает нас от многоразличия и страстей, а вторая бывает причиною высочайшего смиренномудрия и кротости; почему и награда первой не велика, а последней преславна.

25. Все, хотящие привлечь к себе Господа, приступим к Нему, как ученики к Учителю, с простотою, без притворства, без двоедушия и лукавства, без пытливости. Он, будучи прост и незлобен, хочет, чтобы и души, приходящие к Нему, были просты и незлобивы; ибо кто не имеет простоты, тот не может когда-либо увидеть смирение.

26. Лукавый есть лживый провидец, который думает, что он из слов может разуметь мысль других, и по внешним поступкам – сердечное расположение.

27. Видал я таких людей, которые прежде были праводушны, а потом у лукавых научились лукавить. Я удивился, как могли они так скоро потерять свое природное свойство и преимущество. Но сколь удобно праводушным людям измениться в лукавых, столь трудно лукавым переродиться в простосердечных.

28. Истинное удаление от мира, повиновение и хранение уст часто имели великую силу, и сверх чаяния врачевали неисцельные страсти.

29. Если разум надмевает многих, то напротив невежество и неученость некоторым образом умеренно смиряют.

30. Блаженный Павел, прозванный Препростым, показал нам собою явственный пример, правило и образец блаженной простоты; ибо никто нигде не видал и не слыхал, да и не может никогда увидеть такого преуспеяния в столь краткое время.

31. Простосердечный монах, как бы одаренное разумом бессловесное, всегда послушен, совершенно сложив-

ши бремя свое на своего руководителя; и как животное не противоречит тому, кто его вяжет, так и душа правая не противится наставнику, но последует ведущему, куда бы он ни захотел; хотя бы повел на заклание, не умеет противоречить.

32. Неудобь богатии внидут в царствие небесное; неудобно и мудрецы безумные мира сего войдут в простоту.

33. Часто падение исправляло лукавых, невольно даруя им спасение и незлобие.

34. Борись, и старайся посмеваться своей мудрости[70]. Делая так, обрящешь спасение и правость о Христе Иисусе, Господе нашем. Аминь.

Кто на сей степени одержал победу, – да дерзает: ибо он, сделавшись подражателем Христу, обрел спасение.

СЛОВО 25. ОБ ИСКОРЕНИТЕЛЕ СТРАСТЕЙ, ВЫСОЧАЙШЕМ СМИРЕННОМУДРИИ, БЫВАЮЩЕМ В НЕВИДИМОМ ЧУВСТВЕ

1. Кто хотел бы чувственным словом изъяснить ощущение и действие любви Божией во всей точности, святого смиренномудрия – надлежащим образом блаженной чистоты – истинно, просвещения Божественного во всей его ясности, страха Божия – неложно, сердечного извещения[71] – чисто; и кто думает одним сказанием своим просветить и научить невкусивших сего самым делом: тот делает нечто подобное человеку, вознамерившемуся словами и примерами дать понятие о сладости меда тем, которые никогда его не вкушали. Но как последний всуе риторствует, или, лучше сказать, пустословит: так и первый, будучи неопытен, сам не знает, о чем говорит, или сильно поруган тщеславием[72].

2. Настоящее слово представляет рассуждению вашему сокровище в бренных сосудах, т. е. в телах. Никакое слово не может изъяснить его качество. Одну надпись имеет сие сокровище, надпись непостижимую, как свыше происходящую; и те, которые стараются истолковать ее словами, принимают на себя труд великого и бесконечного испытания. Надпись эта такова: святое смирение.

3. Все, которые Духом Божиим водятся, да внидут с нами в сие духовное и премудрое собрание, неся в мыс-

ленных руках Богописанные скрижали разума! И мы сошлись, исследовали силу и значение честного оного надписания. Тогда один сказал, что смирение есть всегдашнее забвение своих исправлений. Другой сказал: смирение состоит в том, чтобы считать себя последнейшим и грешнейшим всех. Иной говорил, что смирение есть сознание умом своей немощи и бессилия. Иной говорил, что признак смирения состоит в том, чтобы в случае оскорбления, предварять ближнего примирением и разрушать оным пребывающую вражду. Иной говорил, что смирение есть познание благодати и милосердия Божия. Другой же говорил, что смирение есть чувство сокрушенной души и отречение от своей воли.

4. Все сие выслушав, и с великою точностью и вниманием рассмотрев и сообразив, не мог я слухом познать блаженное чувство смирения; и потому, будучи последним из всех как пес, собрав крупицы, падавшие со стола мудрых и блаженных мужей, т. е. слова их уст, определяя добродетель оную, говорю так: смиренномудрие есть безымянная благодать души, имя которой тем только известно, кои познали ее собственным опытом; оно есть несказанное богатство; Божие именование; ибо Господь говорит: «научитеся» не от Ангела, не от человека, не от книги, но «от Мене», т. е. от Моего в вас вселения и осияния и действия, «яко кроток есмь и смирен сердцем» и помыслами, и образом мыслей, «и обрящете покой душам вашим» от браней, и облегчение от искусительных помыслов (*Мф.11:29*).

5. Иной вид священного сего вертограда еще во время зимы страстей, другой – весною, которая обещает плоды, и иной – во время лета созреваемых добродетелей; впрочем все сии видоизменения ведут к одному концу – к веселию и плодоносию; и потому каждое его время имеет свои некоторые указания и признаки плодов. Ибо

когда начнет в нас процветать священный грозд смирения, тогда мы, хотя и с трудом, возненавидим всякую славу и похвалу человеческую, отгоняя от себя раздражительность и гнев. Когда же смиренномудрие, сия царица добродетелей, начнет преуспевать в душе нашей духовным возрастом, тогда не только за ничто почитаем наши все добрые дела, но и вменяем их в мерзость, думая, что мы ежедневно прилагаем к бремени наших грехов, неведомым для нас расточением, и что богатство дарований, которые получаем от Бога, и которых мы недостойны, послужит к умножению наших мучений в грядущем веке. Посему ум бывает в то время неокрадом, затворившись в ковчеге смирения, и только слышит вокруг себя топот и игры невидимых татей, но ни один из них не может ввести его в искушение; ибо смирение есть такое хранилище сокровищ, которое для хищников неприступно.

6. Итак мы дерзнули любомудрствовать в немногих словах и цветоносии и первом преуспеянии оного присноцветущего плода; а какова совершенная почесть священнейшего смиренномудрия, о том вопросите Самого Господа, ближайшие его други. О количестве богатства сего говорить невозможно: о качестве – еще труднее; однако о свойстве ее покусимся сказать по данному нам разумению.

7. Покаяние искреннее, плач, очищенный от всякой скверны, и преподобное смирение новоначальных такое имеют различие между собою, как мука, тесто и печеный хлеб. Ибо душа стирается и истончевается истинным покаянием, соединяется же неким образом, и, так сказать, смешивается с Богом, водою плача неложного; а когда от него разжжется огнем Господним, тогда хлеботворится и утверждается блаженное смирение, бесквасное и невоздымающееся. Посему сия священная и триплетная

вервь, или, лучше сказать, радуга, сходясь в одну силу и действие, имеет свои особенные действия и свойства; и если укажешь на какой-либо признак одного, то в то же время найдешь, что он служит признаком и свойством и другого. Но что мы здесь сказали кратко, то постараемся утвердить и доказательством.

8. Первое, и одно из превосходнейших свойств сей прекрасной и досточудной троицы, состоит в радостнейшем подъятии уничижений, когда душа распростертыми руками принимает и объемлет их, как врачевство, исцеляющее и попаляющее ее недуги и великие грехи. Второе же по оном свойство есть истребление всякого гнева, и в утоление оного – смирение. А третия и превосходнейшая степень есть совершенное неверование своим добрым делам, и всегдашнее желание научаться.

9. «Кончина убо закона и пророков – Христос, в правду всякому верующему» (*Рим.10:4*); конец же нечистых страстей – тщеславие и гордость всякому невнимающему себе. Истребитель же их – мысленный сей олень, т. е. смиренномудрие, хранит сожителя своего невредимым от всякого смертоносного яда[73]. Ибо когда является в смиренномудрии яд лицемерия? Когда яд клеветы? Где может в нем гнездиться и крыться змей? Не извлекает ли оно его паче из земли сердца, и умерщвляет, и истребляет?

10. В том, кто совокупляется со смирением, не бывает ни следа ненависти, ни вида прекословия, ни вони непокорства, разве только где дело идет о вере.

11. Кто с добродетелью смиренномудрия соединился браком, тот кроток, приветлив, удобоумилен, милосерд; паче же всего тих, благопокорлив, беспечален, бодр, неленостен, и – что много говорить – бесстрастен; потому что «в смирении нашем помяну ны Господь,... и избавил ны есть от врагов наших» (*Пс.135:23–24*), от страстей и скверн наших.

12. Смиренномудрый монах не любопытствует о предметах непостижимых; а гордый хочет исследовать и глубину судеб Господних.

13. К одному из рассудительнейших братий бесы приступили очевидно и ублажали его. Но сей премудрый сказал им: «Если бы вы перестали хвалить меня в душе моей, то, из отшествия вашего, я заключил бы, что я велик; если же не перестанете похвалять меня, то из похвалы вашей вижу мою нечистоту; ибо «нечист пред Господем всяк высокосердый» (*Притч.16:5*). Итак, или отойдите, чтобы я почел себя за великого человека; или хвалите, и я, посредством вас, приобрету больше смирения». Сим обоюдным изречением они так были поражены, что тотчас же исчезли.

14. Да не будет душа твоя рвом, который иногда источает животворную воду смирения, а иногда иссыхает от зноя славы и возношения; но да будет она источником бесстрастия, всегда изводящим из себя реку нищеты.

15. Возлюбленный! Знай, что «удолия умножат пшеницу» (*Пс.64:14*), и плод духовный в себе. Сие удолие есть душа смиренная, которая посреди гор, трудов и добродетелей, всегда пребывает без возношения и неподвижною. Не постился я, говорит Давид, не бдел, не лежал на голой земле: но «смирихся, и спасе мя Господь» вскоре (*Пс.114:5*).

16. Покаяние восстановляет падшего; плач ударяет во врата небесные; а святое смирение отверзает оные. Я же, говоря сие, поклоняюсь Троице во Единице и Единице в Троице.

17. Солнце освещает все видимые твари, а смирение утверждает все разумные действия. Где нет света, там все мрачно; и где нет смиренномудрия, там все наши дела суетны.

18. Одно во всей вселенной такое место, которое только однажды видело солнце: и один помысл часто рождал

смирение. В один и единственный день весь мир возрадовался: и одна только добродетель смиренномудрия такова, что бесы подражать ей не могут[74].

19. Иное дело превозноситься; иное дело не возноситься; а иное смиряться. Один целый день судит (о всех и о всем); другой ни о чем не судит, но и себя не осуждает, третий же, будучи неповинен, всегда сам себя осуждает.

20. Иное дело смиренномудрствовать; иное дело подвизаться для приобретения смиренномудрия; а иное дело хвалить смиренномудрого. Первое принадлежит совершенным; второе – истинным послушникам; а третие – всем православным христианам.

21. Кто смирил себя внутренне, тот не бывает окрадываем чрез уста; ибо чего нет в хранилище, того и дверь сия не износит.

22. Когда конь бежит один, ему кажется, что он скоро бегает: но когда находится в бегу с другими, тогда познает свою медленность.

23. Если помысл наш уже не хвалится природными дарованиями, то это знак начинающегося здравия; а доколе чувствует он сей смрад тщеславия, дотоле благовония мира (смирения) обонять не может.

24. Святое смиренномудрие говорит: кто имеет любовь ко мне, но еще не совокупился со мною совершенно, тот никого не будет осуждать, не пожелает начальствовать, не будет выказывать свою премудрость. По совокуплении же со мною для него уже «закон не лежит» (*1Тим.1:9*).

25. Нечистые бесы тайно слагали похвалу в сердце одному, тщательно стремящемуся к сей блаженной добродетели подвижнику; но он, будучи наставляем божественным вдохновением, умел убедить лукавство духов благочестивою хитростию. Вставши, написал он на стене своей келлии названия высочайших добродетелей, т. е.

любви совершенной, ангельского смиренномудрия, чистой молитвы, нетленной чистоты, и других подобных; и когда помыслы начинали хвалить его, он говорил к ним: «Пойдем на обличение» и, подошедши к стене, читал написанные названия, и взывал к себе: «Когда и все сии добродетели приобретешь, знай, что ты еще далеко от Бога».

26. Итак, мы не можем сказать, в чем собственно состоит сила и существо сего солнца (смиренномудрия); однако по его свойствам и действиям можем постигать его существо.

27. Смиренномудрие есть покров божественный, который не дает нам видеть наши исправления. Смиренномудрие есть бездна самоохуждения, неприступная для всех невидимых татей. Смиренномудрие есть «столп крепости от лица вражия» (*Пс. 60:4*). «Ничтоже успеет враг на него, и сын, т. е. помысл беззакония не преложит озлобити его» (*Пс. 88:23*). «И истечет от лица своего враги своя и ненавидящие его победит» (*Пс. 88:24*).

28. Кроме показанных свойств, которые все, за исключением одного[75], суть видимые знамения сего сокровища духовного, есть еще и другие свойства, которые познает в душе своей великий обладатель сего богатства. Тогда ты достоверно узнаешь, что святое существо сей добродетели есть в тебе, когда будешь исполнен неизреченного света и несказанной любви к молитве. Прежде же чем ты достигнешь сих дарований, надлежит тебе приобрести сердце, неназирающее чужих согрешений; предтечею же всего сказанного должна быть ненависть к тщеславию.

29. Кто познал себя во всяком чувстве души, тот как бы посеял на земле; а кто так не посеял, в том невозможно процвести смиренномудрию[76].

30. Познавший себя достиг разума страха Господня, и ходя в оном, достигает врат любви.

31. Смиренномудрие есть дверь царствия небесного, и она вводит туда приближающихся к ней. Думаю, что о входящих сею дверью говорит и Сам Спаситель сими словами: «и внидет и изыдет» (*Ин.10:9*) без страха из сей жизни, и пажить обрящет и злак в райских селениях. Все же, которые пришли в монашество иною дверью, татие суть своей жизни и разбойницы.

32. Если хотим достигнуть добродетели смиренномудрия, да не престанем самих себя испытывать и истязывать; и если в истинном чувстве души будем думать, что каждый ближний наш превосходнее нас, то милость Божия недалека от нас.

33. Невозможно пламени происходить от снега; еще более невозможно быть смиренномудрию в иноверном, или еретике. Исправление это принадлежит одним православным, благочестивым, и уже очищенным.

34. Многие называют себя грешниками, а может быть и в самом деле так о себе думают; но сердце искушается уничижением (от других).

35. Поспешающий к оному необуреваемому пристанищу смиренномудрия да не престанет делать все, что может, и да понуждается и словами, и помышлениями, и разными способами, исследованиями и изысканиями, и всем житием, и ухищрениями творя молитвы и моления, размышляя, придумывая, и все средства изобретая, доколе содействием Божиим и пребыванием в уничиженнейших и наиболее презираемых состояниях и трудах не избавится ладья души его от бедствий приснобурного моря тщеславия; ибо избавившийся от сей страсти получает удобное оправдание от всех прочих грехов своих, как евангельский мытарь.

36. Некоторые хотя и получили уже прощение грехов, но для всегдашнего побуждения к смиренномудрию удерживают до конца жизни воспоминание о

преждебывших согрешениях, заушая оным суетное возношение. Другие, размышляя о страданиях Христа Спасителя, считают себя неоплатными должниками пред Ним. Иные охуждают себя за ежедневные неисправности. Иные случающимися искушениями, немощами, и согрешениями, в какие впадают, низвергают гордость. Другие молением о взятии от них дарований, усвоили себе матерь дарований смирение. Есть и такие (но ныне есть ли, не могу сказать), которые тем более смиряются пред Богом, чем более ущедряются Божиими дарованиями, почитая себя недостойными такового богатства, и такой имеют залог в душе, что будто бы они ежедневно прилагают к долгу своему. Вот смирение, вот блаженство, вот совершенная почесть победная! Если увидим или услышим, что кто-нибудь, в продолжение немногих лет, приобрел высочайшее бесстрастие: верь, что такой шествовал не иным путем, но сим блаженным и кратким.

37. Священная двоица – любовь и смирение; первая возносит, а последнее вознесенных поддерживает и не дает им падать.

38. Иное дело – сокрушение сердца; другое дело – самопознание; а еще иное – смирение.

39. Сокрушение происходит от грехопадения. Падающий сокрушается, и хотя бездерзновенен, однако с похвальным бесстыдством предстоит на молитве, как разбитый, на жезл надежды опираясь и отгоняя им пса отчаяния.

40. Самопознание есть верное понятие о своем духовном возрасте и неразвлекаемое памятование легчайших своих согрешений.

41. Смирение есть духовное учение Христово, мысленно приемлемое достойными в душевную клеть. Словами чувственными его невозможно изъяснить.

42. Кто говорит, что он ощущает благовоние сего мира, и во время похвал хотя мало движется сердцем, и силу слов оных понимает (но не отвращается их): тот да не прельщает себя, ибо он обманут.

43. «Не нам, Господи, не нам, сказал некто, в чувстве души, но имени Твоему даждь славу» (*Пс. 113:9*); ибо он знал, что естество человеческое не может принимать похвалу безвредно. «У Тебе похвала моя в Церкви велицей» (*Пс. 21:26*) в будущем веке: а прежде того не могу принимать ее безопасно.

44. Если предел, свойство и образ крайней гордости состоит в том, что человек ради славы лицемерно показывает добродетели, каких в нем нет: то глубочайшего смиренномудрия признак, когда человек ради уничижения, в некоторых случаях, принимает на себя такие вины, каких и нет в нем. Так поступил тот духовный отец, который взял в руки хлеб и сыр[77]; так поступил и тот делатель чистоты, который снял с себя одежду и прошел город бесстрастно[78]. Таковые уже не заботятся и не боятся, как бы не соблазнились люди, потому что они молитвою получили силу всех невидимо пользовать. А кто из них о первом, то есть о соблазнах, еще заботится, тот изъявляет скудость второго дарования; ибо где Бог готов исполнить прошение, там мы все можем сделать.

45. Избирай лучше оскорбить людей, нежели Бога; ибо Он радуется, видя, что мы усердно стремимся к бесчестию, чтобы потрясти, уязвить и уничтожить суетное наше тщеславие.

46. Таковые дарования[79] доставляет совершенно уклонение от мира. И поистине дело великих – терпеть поругания от своих. Но да не приводит вас в ужас сказанное мною; никто никогда не мог одним шагом взойти на верх лестницы.

47. «О сем разумеют вси, яко Божии ученицы есмы» (*Ин.13:35*), «не яко беси нам повинуются,... но яко имена наша написана суть на небеси смирения» (*Лк.10:20*).

48. Естественное свойство лимонного дерева таково, что оно, будучи бесплодно, поднимает ветви кверху; а когда оные наклоняет, то они скоро бывают плодоносны. Разумно познавший уразумеет сие.

49. Святое смирение имеет дарование от Бога к восхождению на тридесять, на шестьдесят и на сто. На последнюю степень восходят одни бесстрастные, на среднюю – мужественные: на первую же степень все могут взойти.

50. Познавший себя никогда не бывает поруган, чтобы предпринять дело выше своей силы; он утвердил ногу свою на блаженной стези смиренномудрия.

51. Птицы боятся и вида ястреба; а делатели смирения – и гласа прекословия.

52. Многие получили спасение без прорицаний и осияний, без знамений и чудес; но без смирения никто не внидет в небесный чертог. Ибо хранитель первых (дарований) есть второе (смирение); но часто, в легкомысленных людях, чрез первые истребляется второе.

53. Чтобы нас и не желающих смириться побудить к сей добродетели, Господь промыслом Своим устроил то, что никто язв своих не видит так хорошо, как видит их ближний; и потому мы обязаны не себе приписывать исцеление наше, но ближнему, и Богу воздавать благодарение о здравии.

54. Смиренномудрый всегда гнушается воли своей, как погрешительной, даже и в прошениях своих ко Господу: он с несомненною верою научается должному, и принимает оное, не жительству учителя внимая, но возложив попечение на Бога, Который и чрез ослицу научил Валаама должному. И хотя такой делатель все по воле Божией и делает, и мыслит, и говорит, но никогда

не доверяет себе; ибо для смиренного тягость и жало – верить самому себе: как гордому трудно последовать словам и мнению других.

55. Мне кажется, что только Ангелу свойственно не быть окрадываему никаким грехом в неведении; ибо слышу земного Ангела, говорящего: «ничесо же в себе свем, но ни о сем оправдаюся; востязуяй же мя Господь есть» (*1Кор.4:4*). Посему и надлежит нам всегда осуждать и укорять себя, чтобы вольным самоосуждением загладить невольные грехи; а если не так, то при исходе из сего мира мы претерпим за них лютое истязание.

56. Кто просит от Бога меньше того, чего он достоин, тот, конечно, получит более, нежели чего стоит. Об истине сего свидетельствует мытарь, просивший отпущения грехов, и получивший оправдание. Разбойник также просил только, чтобы Господь помянул его во царствии Своем, но он первый получил весь рай в наследие.

57. Как ни в какой твари невозможно видеть огня по естеству[80], ни малого, ни великого: так и в непритворном смирении невозможно оставаться и виду вещества, то есть страстей; и доколе мы грешим произвольно, дотоле нет в нас смирения; а из сего можно уже разуметь, когда оно в нас присутствует.

58. Господь наш, зная, что добродетель души сообразуется с наружными поступками, взяв лентий, показал нам пример к обретению пути смирения; ибо душа уподобляется действиям телесным, и соображается и соглашается с тем, что делает тело. Начальствование сделалось для некоторого из Ангелов причиною высокомудрия, хотя оно и не для того ему было вверено.

59. Иное душевное устроение у человека, сидящего на престоле; и иное у сидящего на гноище. По сей-то, может быть, причине и великий праведник Иов сидел на гноище вне града; ибо тогда-то, стяжав совершенное смирен-

номудрие, сказал он в чувстве души: «укорих себе сам и истаях: и вмених себе землю и пепел» (*Иов.42:6*).

60. Обретаю, что Манассия согрешил паче всех человеков, осквернив храм Божий и все Богослужение почитанием идолов; так что если бы за него и весь мир постился, то нимало не мог бы удовлетворить за его беззакония. Но одно смирение возмогло исцелить и неисцельные язвы его. «Яко аще бы восхотел еси жертвы, – говорит Давид к Богу, – дал бых убо: всесожжения, то есть тел, постом истаивающих не благоволиши: жертва же Богу дух сокрушен» (*Пс.50:18–19*); прочее, что там следует, всем известно.

61. Согреших ко Господу возопило некогда сие блаженное смирение к Богу по совершении прелюбодеяния и убийства: и тотчас услышало: «Господь отъя согрешение твое» (*2Цар.12:13*).

62. Приснопамятные отцы наши утверждают, что путь к смирению и начальная причина сей добродетели суть труды телесные; а я полагаю, – послушание и правость сердца, которая естественно сопротивляется возношению.

63. Если гордость некоторых из Ангелов превратила в бесов, то без сомнения смирение может и из бесов сделать Ангелов. Итак, да благодушествуют падшие (уповая на Бога).

64. Потщимся и потрудимся всею силою взойти на верх сей добродетели. Если идти не можем, потщимся, чтобы оно подъяло нас на раменах своих. Если немоществуем чем-нибудь, то да не отпадем по крайней мере от объятий; ибо я подивился бы, если бы отпадающий от него получил некий вечный дар.

65. Жилы и пути смирения, но еще не признаки сей добродетели, суть: нестяжательность, уклонение от мира, утаение своей мудрости, простота речи, прошение

милостыни, скрытие благородия, изгнание дерзновения, удаление многословия.

66. Ничто так не смиряет душу, как пребывание в нищете и пропитание подаянием; ибо тогда наипаче показуемся любомудрыми и боголюбивыми, когда, имея средства ко возвышению, убегаем оного невозвратно.

67. Если ты вооружаешься против какой-нибудь страсти, то возьми себе в помощь смиренномудрие; ибо оно «наступит на аспида и василиска, то есть на грех и отчаяние, и поперет льва и змия» (*Пс. 90:13*), то есть диавола и змия плотской страсти.

68. Смиренномудрие есть тифон, могущий возвести душу из бездн грехов на небо.

69. Некто увидел в сердце своем красоту сей добродетели, и, будучи объят удивлением и ужасом, вопрошал ее, да скажет ему имя родителя своего. Она же, радостно и кротко улыбаясь, сказала ему: «Как ты стараешься узнать имя Родившего меня, когда Он неименуем? Итак, я не объявляю тебе оного имени, доколе не стяжешь в себе Бога». Слава Ему во веки веков. Аминь.

Матерь источника – бездна; рассуждения же источник – смирение.

СЛОВО 26. О РАССУЖДЕНИИ ПОМЫСЛОВ И СТРАСТЕЙ, И ДОБРОДЕТЕЛЕЙ

1. Рассуждение в новоначальных есть истинное познание своего устроения душевного; в средних оно есть умное чувство, которое непогрешительно различает истинно доброе от естественного, и от того, что противно доброму; в совершенных же рассуждение есть находящийся в них духовный разум, дарованный Божественным просвещением, который светильником своим может просвещать и то, что есть темного в душах других.

2. Или же, рассуждение в общем смысле в том состоит и познается, чтобы точно и верно постигать божественную волю во всякое время, во всяком месте и во всякой вещи. Оно находится в одних только чистых сердцем, телом и устами.

3. Кто благочестно низложил первые три из главных страстей[81], тот низложил вместе и пять последних[82]; но кто нерадит о низложении первых, тот ни одной не победит.

4. Рассуждение есть совесть неоскверненная и чистое чувство[83].

5. Никто по неразумию своему да не впадет в неверие, видя или слыша в монашеской жизни бывающее выше естества; ибо где Бог, превыший естества, являет Свое присутствие, там много бывает вышеестественного.

6. Все брани бесовские происходят от трех главных причин: или от нерадения нашего, или от гордости, или от зависти диавола. Окаянен первый; всеокаянен второй; третий же – треблажен.

7. Целию и правилом во всех случаях, да поставляем по Богу совесть нашу, и узнавши, откуда веют ветры, по ее указанию уже да распростираем и паруса.

8. Во всех деланиях, которыми стараемся угодить Богу, бесы выкапывают нам три ямы. Во-первых, борются, чтобы воспрепятствовать нашему доброму делу. Во-вторых, когда они в сем первом покушении бывают побеждены, то стараются, чтобы сделанное не было по воле Божией. А если тати оные в сем умышлении не получают успеха: тогда уже тихим образом приступивши к душе нашей, ублажают нас, как живущих во всем Богоугодно. Первому искушению сопротивляются тщание и попечение о смерти; второму – повиновение и уничижение; а третьему – всегдашнее укорение самого себя. Сие труд есть пред нами, «дондеже внидет во святилище» наше огнь оный Божий (*Пс.72:17*). Тогда уже не будет в нас насилия злых навыков; «ибо Бог наш есть огнь поядаяй» (*Евр.12:29*) всякое разжжение и движение похоти, всякий злой навык, ожесточение и омрачение, внутреннее и внешнее, видимое и помышляемое.

9. Бесы же со своей стороны, делают обыкновенно совсем противное тому, что мы теперь сказали. Когда они одолеют душу, и свет ума помрачат, тогда не будет более в нас, окаянных, ни трезвенного внимания, ни рассуждения, ни сознания, ни стыда, но место их заступят беспечность, бесчувствие, нерассуждение и слепота ума.

10. Сказанное теперь весьма ясно для тех, которые истрезвились от блуда, обуздали дерзновение, и от бесстыдства перешли к стыдливости: как они, по истрезвлении ума, по избавлении его от ослепления, или, лучше

сказать, повреждения, стыдятся внутренне самих себя, и того, что они говорили и делали, будучи в ослеплении.

11. Если прежде день в душе нашей не померкнет и не потемнеет, то невидимые тати оные не окрадут, не убиют и не погубят. Окрадывание души есть, когда мы почитаем за добро, в чем нет добра; окрадывание есть неприметное лишение духовного богатства; окрадывание есть неведомое пленение души. Убиение души есть умерщвление словесного ума, впадением в дела непристойные; а погибель души есть впадение в отчаяние, после совершения беззакония.

12. Никто не должен извиняться в неисполнении евангельских заповедей своею немощию; ибо есть души, которые сделали более, нежели сколько повелевают заповеди. Да уверит тебя в справедливости сказанного тот, кто возлюбил ближнего паче себя, и предал за него свою душу, хотя на сие и не получил заповеди Господней[84] (*Ин.15:13*). Тогда-то мы поняли, что значили слова его: «Я буду царствовать». Ибо истинно он воцарился, положив душу свою за друзей своих..

13. Да благодушествуют страстные смирившиеся. Ибо если они и во все ямы впадали и во всех сетях увязали, и всяким недугом вознедуговали; но по выздоровлении бывают для всех светилами и врачами, путеводителями и наставниками, объявляя свойства и виды каждого недуга, и своею опытностию спасая близких к падению.

14. Если некоторые, мучимые прежде приобретенными привычками, могут хотя простым словом учить других, да научат, только да не начальствуют; может быть они когда-нибудь, хотя собственных слов устыдившись, начнут деятельную добродетель. Таким образом, и на них сбудется то, что, как я видел, случалось с некоторыми погрязшими в тине: испытавши нечистоту ее, они рассказывали мимоходящим, каким

образом попали в тину; и делали сие в предохранение их, чтобы и они не погрязли, идя тем же путем; и за спасение иных Всесильный избавил и их от тины греха. Если же страждущие от страстей произвольно предаются сластям, то молчанием да показывают свое учение. Ибо Писание говорит: «Иисус начат творити же и учити» (*Деян.1:1*).

15. Свирепое поистине и неукротимое, мы, смиренные иноки, переплываем море, исполненное многих ветров и скал, водоворотов, разбойников, смерчей и мелей, чудовищ и свирепых волн. Скала в душе есть свирепая и внезапная вспыльчивость. Водоворот безнадежие, которое объемлет ум и влечет его во глубину отчаяния. Мели суть неведение, содержащее зло под видом добра. Чудовища же суть страсти сего грубого и свирепого тела. Разбойники – лютейшие слуги тщеславия[85], которые похищают наш груз и труды добродетелей. Волна есть надменное и напыщенное сытостию чрево, которое стремлением своим предает нас оным зверям; а смерч есть сверженная с небес гордость, которая возносит нас (до небес) и низводит до бездн.

16. Занимающиеся науками знают, какое учение прилично новоначальным, какое средним и какое самим учителям. Рассмотрим внимательно, не остаемся ли мы еще при начальных правилах, хотя и обучаемся долгое время. Все считают за стыд видеть старика, ходящего в детское училище. Превосходный алфавит для всех есть следующий: послушание, пост, вретище, пепел, слезы, исповедание, молчание, смирение, бдение, мужество, стужа, труд, злострадание, уничижение, сокрушение, непамятозлобие, братолюбие, кротость, простая и нелюбопытная вера, беспопечение о мире, непорочная ненависть к родителям, беспристрастие, простота с незлобием, произвольная худость.

17. Указание и признаки преуспевающих суть: отсутствие тщеславия, безгневие, благонадежие, безмолвие, рассуждение, твердая память суда, милосердие, страннолюбие, приличное вразумление, бесстрастная молитва, несребролюбие.

18. Предел же, указание и закон душ и телес, бывающих во плоти совершенными по благочестию, таковы: непленяемое сердце, совершенная любовь, источник смиренномудрия, восхищение ума, Христово вселение, неокрадывание света и молитвы, изобилие осияния Божия, желание смерти, ненависть (к бренной) жизни, отчуждение от тела, молитвенник о мире, как бы насильно преклоняющий Бога на милость, сослужебник Ангелам, бездна разума, дом таинств, хранилище неизреченных откровений, спаситель человеков, бог бесов, господин страстей, владыка тела, повелитель естества, чуждый греха, дом бесстрастия, подражатель Владыки помощию Владыки.

19. Не малое внимание нужно нам в то время, когда тело немоществует. Ибо бесы, увидевши нас, лежащих на земле, и немогущих уже от изнеможения вооружиться на них телесным подвигом, покушаются нападать на нас с особенною жестокостию.

20. На живущих в мире, во время недуга, нападает бес гнева, а иногда и дух хулы. Живущие вне мира бывают мучимы бесами объедения и блуда, если они изобилуют всем потребным; если же они пребывают в местах, удаленных от всякого утешения и подвижнически, – то бывают искушаемы бесами уныния и неблагодарности.

21. Приметил я, что иногда блудодейственный волк усиливает болезни недугующих, и в самых болезнях производит движения и истечения. Ужасно было видеть, что плоть, среди лютых страданий, буйствует и

неистовствует. И обратился я, и увидел лежащих на одре, которые в самом страдании утешаемы были действием Божественной благодати или чувством умиления; и сим утешением отражали болезненные ощущения, и в таком были расположении духа, что никогда не хотели избавиться от недуга. И его обратился, и увидел тяжко страждущих, которые телесным недугом, как бы некоторою епитимиею[86] избавились от страсти душевной; и я прославил Бога, брение брением исцелившего.

22. Ум, достигший духовного разума, непременно облечен в духовное чувство[87]. В нас ли оно, или не в нас, но мы должны непрестанно об нем заботиться и искать его в себе; ибо когда оно явится, тогда внешние чувства всячески перестанут обольстительно действовать на душу; и зная это, некто из премудрых сказал: и Божественное чувство обрящеши (*Притч. 2:5*)[88].

23. Жизнь монашеская в отношении дел и слов, помышлений и движений, должна быть провождаема в чувстве сердца. Если же не так, то она не будет монашеская, не говорю уже Ангельская.

24. Иное есть промысл Божий; иное – Божия помощь; иное – хранение; иное – милость Божия; и иное – утешение. Промысл Божий простирается на всякую тварь. Помощь Божия подается только верным. Хранение Божие бывает над такими верными, которые поистине верны. Милости Божией сподобляются работающие Богу; а утешения – любящие Его[89].

25. Что иногда бывает врачевством для одного, то для другого бывает отравою; и иногда одно и то же одному и тому же бывает врачевством, когда преподается в приличное время, не во время же бывает отравою.

26. Видел я неискусного врача, который больного скорбного обесчестил, и тем ничего более для него не сделал, как только ввергнул его в отчаяние. Видел и ис-

кусного врача, который надменное сердце резал уничижением, и извлек из него весь смрадный гной.

27. Видел я, что один и тот же недужный иногда для очищения своей нечистоты пил лекарство послушания, и потом был в движении, ходил и не спал; а в другое время, заболев душевным оком, пребывал без движения, в безмолвии и молчании. Имеяй уши слышати, да слышит[90].

28. Некоторые, не знаю почему (ибо я не научился своим мнением любопытствовать и испытывать о дарованиях Божиих), так сказать, по природе наклонны к воздержанности, или к безмолвничеству, или к чистоте, или к скромности, или к кротости, или к умилению. У других же самая почти природа сопротивляется сим добрым качествам, но они насильно принуждают себя к оным; и хотя иногда и побеждаются, однако их, как понудителей естества, я похваляю больше первых.

29. Не хвались много, о человек, богатством, которое ты без труда получил; но знай, что Раздаятель даров, предвидев великое твое повреждение, немощь и погибель твою, восхотел хотя как-либо спасти тебя превосходными оными дарованиями, незаслуженными тобою.

30. Наставления, которые мы получили с младенчества, воспитание и занятия наши, когда мы придем в возраст, способствуют нам или препятствуют в приобретении добродетели и в житии монашеском.

31. Свет монахов суть Ангелы, а свет для всех человеков — монашеское житие; и потому да подвизаются иноки быть благим примером во всем; «никому же ни в чем же претыкание дающе», ни делами ни словами (*2Кор.6:3*). Если же свет сей бывает тьма, то оная тьма, то есть сущие в мире кольми паче помрачаются.

32. Итак, если покоряетесь мне, покоряющиеся, или, лучше сказать, хотящие покориться: то знайте, что полезнее для нас не быть переменчивыми в жизни, и не

разделать таким образом бедную нашу душу, вступая в брань с тысячами тысяч и с бесчисленными тьмами невидимых врагов; ибо мы не можем познавать и даже усматривать все их коварства.

33. С помощию Святыя Троицы вооружимся против трех главных страстей тремя добродетелями[91]. Если не так, то мы сами навлечем на себя множество трудов.

34. По истине, если и в нас будет Тот, Который «обращает море в сушу» (*Пс.65:6*), то без сомнения и наш Израиль, или ум, зрящий Бога, без волнения перейдет море страстей, и увидит потопление сих мысленных Египтян в воде своих слез. А если не будет в нас Его пришествия, то против одного «шума волн» сего моря, т. е. сей плоти, «кто постоит» (*Пс.64:8*)?

35. Если Бог воскреснет в нас деянием, то расточатся врази Его, и если видением к Нему приближимся, то побежат ненавидящии Его и нас от лица Его и нашего.

36. Потом наипаче, а не нагим словом, потщимся научаться познанию Божественных истин; ибо не слова, а дела должны мы будем показать во время исхода.

37. Слышавшие, что сокровище сокрыто на некоем месте, ищут его, и много искавши и с трудом нашедши, тщательно сохраняют обретенное; разбогатевшие же без труда бывают расточительны.

38. Нельзя без труда преодолеть прежние греховные навыки и пристрастия; а кто не престает прилагать к ним еще новые, тот или отчаялся в своем спасении, или нисколько не воспользовался от жития монашеского. Впрочем я знаю, что Бог все может, «невозможно же Ему ничтоже» (*Иов. 42:2*).

39. Некоторые в недоумении предложили мне на рассмотрение неудоборешимый вопрос, превосходящий разум всех мне подобных, и рассуждения о котором я не находил ни в одной из дошедших до меня книг.

Какие собственно исчадия, говорили они, рождаются от восьми главных страстных помыслов, и какой из трех главнейших родитель каждому из пяти прочих? Я же, в ответ на это недоумение, предложил похвальное неведение; и тогда от преподобнейших оных мужей получил такое вразумление: «Матерь блуда есть объедение; уныния же матерь – тщеславие; печаль же и гнев рождаются от трех главнейших страстей[92]; а матерь гордости – тщеславие».

40. На сие слово достопамятных оных мужей я отвечал прошением научить меня, какие грехи происходят от восьми главных страстей? И какой именно, и от которой из них рождается? Сии бесстрастные отцы благосклонно на это сказали, что в безумных страстях нет порядка или разума, но всякое бесчиние и неустройство. Блаженные отцы подтверждали сие весьма убедительными доказательствами, представляя многие достовернейшие примеры, из коих некоторые помещаем в настоящем слове, чтобы от них получить вразумление для правильного суждения и о прочем.

41. Безвременный смех, например, иногда рождается от беса блуда; а иногда от тщеславия, когда человек сам себя внутренне бесстыдно хвалит; иногда же смех рождается и от наслаждения (пищею).

42. Многий сон происходит иногда от насыщения; иногда же от поста, когда постящиеся возносятся; иногда от уныния, а иногда и просто от естества.

43. Многословие происходит иногда от объедения, а иногда от тщеславия.

44. Уныние происходит иногда от наслаждения; а иногда от того, что страха Божия нет в человеке.

45. Хула есть собственно дщерь гордости; а часто рождается и от того, что мы ближнего в том же осуждали; или от безвременной зависти бесов.

46. Жестокосердие рождается иногда от насыщения; иногда от бесчувствия; а иногда от пристрастия. Пристрастие же опять иногда от блуда, иногда от сребролюбия, иногда от объедения, иногда от тщеславия, и от многих других причин.

47. Лукавство происходит от возношения и от гнева.

48. Лицемерие – от самоугодия и самочиния.

49. Противные же сим добродетели рождаются от противных родителей. Но как мне недостало бы времени, если бы я захотел рассуждать о каждой из них в частности, то вообще и кратко скажу, что умерщвление всем вышепоказанным страстям есть смиренномудрие; и кто приобрел сию добродетель, тот все победил.

50. Сластолюбие и лукавство суть родительницы всех зол; одержимый ими не узрит Господа; но и удаление от первого, без удаления от второго, не принесет нам никакой пользы.

51. Страх, который чувствуем к начальникам и к зверям да будет для нас примером страха Господня; и любовь к телесной красоте да будет для тебя образом любви к Богу; ибо ничто не препятствует нам брать образцы для добродетелей и от противных им действий.

52. Весьма развратился[93] нынешний век, и весь стал преисполнен возношения и лицемерия: труды телесные, по примеру древних отцов наших, может быть, и показывает, но дарований их не сподобляется; хотя, думаю я, естество человеческое никогда так не требовало дарований как ныне. И справедливо мы это терпим, потому что не трудам, но простоте и смирению являет себя Бог. Хотя сила Господня и в немощи совершается, однако отринет Господь несмиренномудрого делателя.

53. Когда кого-нибудь из наших воинов о Христе увидим в телесном страдании и недуге; то не будем лукаво объяснять себе причину его болезни, но лучше примем

его с простою и немыслящею зла любовию, и постараемся уврачевать, как собственный член, и как воина, уязвленного на брани.

54. Болезнь посылается иногда для очищения согрешений; а иногда для того, чтобы смирить возношение.

55. Благий наш и всеблагий Владыка и Господь, видя, что кто-нибудь весьма ленив к подвигам, смиряет плоть его недугом, как отраднейшим подвижничеством; а иногда очищает и душу от лукавых страстей и помыслов.

56. Все, что с нами случается, видимое или невидимое, можно принимать трояко: как должно, пристрастно и средним образом. Я видел трех братьев, потерпевших тщету: один из них негодовал, другой пребыл без печали, а третий принял это с великою радостию.

57. Видел я, что земледельцы одинаковое семя бросали в землю, но каждый из них имел при этом свое намерение. Один думал о том, как бы долги уплатить; другой хотел обогатиться; иной желал дарами почтить Владыку; у иного цель была та, чтобы за свое благое дело получить похвалу от проходящих путем сей жизни; другой думал досадить врагу, который ему завидовал; а иной для того трудился, чтобы люди не поносили его как праздного. И вот какие названия семян сих земледелателей: пост, бдение, милостыня, служения и подобное сему; а различное намерение сеяния тщательно да рассматривают сами о Господе братия.

58. Как, черпая воду из источников, иногда неприметно зачерпываем и жабу вместе с водою, так часто совершая дела добродетели, мы тайно выполняем сплетенные с ними страсти. Например, со страннолюбием сплетается объедение, с любовию – блуд, с рассуждением – коварство, с мудростию – хитрость, с кротостию – тонкое лукавство, медлительность и леность, прекословие, самочиние и непослушание; с молчанием

сплетается кичливость учительства; с радостию – возношение, с надеждою – ослабление, с любовию – опять осуждение ближнего, с безмолвием – уныние и леность, с чистотою – чувство огорчения, с смиренномудрием – дерзость. Ко всем же сим добродетелям прилипает тщеславие, как некий общий коллурий[94], или, вернее сказать, отрава.

59. Да не скорбим, когда в прошениях наших ко Господу до времени не бываем услышаны; ибо Господь хотел бы, чтобы все человеки в одно мгновение сделались бесстрастными.

60. Все, просящие чего-нибудь у Бога, и не получающие, без сомнения не получают по какой-либо из сих причин: или потому что прежде времени просят; или потому что, просят не по достоинству, и по тщеславию; или потому что, получивши просимое, возгордились бы, или впали бы в нерадение.

61. В том, я думаю, никто не сомневается, что бесы и страсти отходят от души, иногда на некоторое время, а иногда и навсегда; но не многие знают, по каким причинам они нас оставляют.

62. От некоторых, не только верных, но и неверных, отошли все страсти, кроме одной. Сию одну они оставляют, как зло первенствующее, которое наполняет место всех прочих страстей; ибо она столь вредоносна, что может свергнуть с самого неба.

63. Вещество страстей, будучи изнуряемо Божественным огнем, истребляется; а по мере того, как вещество искореняется, и душа очищается, отходят и страсти, если человек сам не привлечет их опять веществолюбивым житием и леностию.

64. Иногда бесы отступают и сами собою, чтобы ввести нас в беспечность, и потом внезапно нападают на бедную душу, расхищают ее, и до такой степени приуча-

ют к порокам, что она после того уже сама себе наветует и противоборствует.

65. Известно мне и другое отступление оных зверей: оно бывает тогда, когда душа совершенно утвердится в греховных навыках. Пример этого мы видим на младенцах, которые, когда не дают им сосцов матерних, по долговременной привычке своей сосут пальцы.

66. Знаю еще и пятое бесстрастие, которое бывает в душе от многой простоты и похвального незлобия. По справедливости посылается таковым «помощь от Бога, спасающаго правыя сердцем» (*Пс.7:11*), и неприметно для них самих избавляющего от страстей, как и младенцы, когда с них снимут одежду, почти не примечают наготы своей.

67. Зла и страстей по естеству нет в человеке, ибо Бог не творец страстей. Добродетели же многие даровал Он нашей природе, из которых известны следующие: милостыня, ибо и язычники милосердствуют; любовь, ибо часто и бессловесные животные проливают слезы, когда их разлучают; вера, ибо все мы от себя ее порождаем; надежда, потому что мы и взаим берем, и взаим даем, и сеем, и плаваем, надеясь обогатиться. Итак, если, как мы здесь показали, любовь есть добродетель естественная нам, а она есть союз и исполнение закона, то, значит, добродетели недалеки от нашего естества. Да постыдятся же те, которые представляют свою немощь к исполнению их.

68. Но что касается до чистоты, безгневия, смиренномудрия, молитвы, бдения, поста, и всегдашнего умиления: то сии добродетели выше естества. Некоторым из них научили нас люди; другим Ангелы; а иных учитель и дарователь есть Сам Бог Слово[95].

69. При сравнении зол, должно избирать легчайшее. Например, часто случается, что когда мы предстоим на

молитве, приходят к нам братия; мы бываем в необходимости решиться на одно из двух: или оставить молитву, или отпустить брата без ответа, и опечалить его. Но любовь больше молитвы, потому что молитва есть добродетель частная, а любовь есть добродетель всеобъемлющая.

70. Однажды, когда я был еще молод, пришел я в один город или селение, и там во время обеда напали на меня вдруг помыслы объедения и тщеславия. Но боясь исчадия объедения, я рассудил лучше быть побежденным тщеславием, зная, что в юных бес объедения весьма часто побеждает беса тщеславия. И сие неудивительно: в мирских корень всех зол есть сребролюбие, а в монахах – объедение.

71. Нередко Бог, по особенному Своему промышлению, оставляет в духовных людях некоторые легчайшие страсти для того, чтобы они ради сих легких и почти безгрешных немощей много себя укоряли, и тем приобрели некрадомое богатство смиренномудрия.

72. Кто в начале не жил в повиновении, тому невозможно приобрести смирения; ибо всякий, сам собою научившийся художеству, кичится.

73. Отцы утверждают, что все деятельное житие заключается в двух главнейших добродетелях: в посте и послушании. И справедливо; ибо первый есть истребитель сластолюбия, а последнее утверждает истребление первого смиренномудрием. Посему-то и плач имеет двоякую силу: истребляет грех, и рождает смиренномудрие.

74. Благочестивым свойственно давать всякому просящему; более же благочестивым – давать и непросящему, а не требовать назад от взявших, в особенности же когда есть возможность, свойственно одним только бесстрастным.

75. Будем непрестанно исследовать самих себя, в отношении ко всем страстям и добродетелям, чтобы

узнать, где мы находимся: в начале ли, в средине, или в конце.

76. Все бесовские брани против нас происходят от сих трех причин: от сластолюбия, от гордости, или от зависти бесов. Блаженны последние, всеокаянны средние, а первые до конца непотребны.

77. Есть некоторое чувство, или, лучше сказать, навык неутомимой терпеливости. Объятый оным не убоится когда-либо страдания, и не отвратится от него. Души мучеников, исполненные сим достохвальным чувством, удобно презирали мучения.

78. Иное хранение помыслов, а иное – блюдение ума; и елико востоцы отстоят от запад, столько последнее делание выше первого, хотя и несравненно труднее его.

79. Иное дело молиться против помыслов; иное – противоречить им; а иное уничижать и презирать их. О первом образе свидетельствует сказавший: «Боже, в помощь мою вонми» (*Пс.69:2*), и другое подобное. О втором же образе – сказавший: «и отвещаю поношающим ми слово» (*Пс.118:42*), т. е. слово противоречия;[96] и еще: «положил еси нас в пререкании соседом нашим» (*Пс.79:7*). О третьем же свидетельствует воспевший в псалмах: «онемех и не отверзох уст моих» (*Пс.38:10*); и: «положих устом моим хранило, внегда востати грешному предо мною» (*Пс. 38:2*), и еще: «гордии законопреступоваху до зела, от видения же Твоего не уклонихся» (*Пс.118:51*). Средний из сих часто прибегает к первому способу, по причине своей неготовности; но первый еще не может вторым образом отвергать сих врагов; а достигший третьего устроения совершенно презирает бесов.

80. По естеству невозможно, чтобы бестелесное ограничивалось телом; но для Создателя Бога все возможно.

81. Как имеющие здравое чувство обоняния могут ощущать ароматы, хотя кто и тайно их при себе имеет:

так и душа чистая познает в других и благоухание, которое сама приняла от Бога, и злосмрадие, от которого совершенно избавлена, хотя другие сего и не ощущают.

82. Хотя не все могут быть бесстрастны, однако спастись и примириться с Богом всем не невозможно.

83. Да не овладеют тобою иноплеменники – оные помыслы, которые побуждают испытывать неизреченные судьбы промысла Божия и видения, бывающие людям, и тайно внушают безрассудное мнение, будто у Господа есть лицеприятие. Сии помыслы суть признаки и явные исчадия возношения.

84. Есть бес сребролюбия, который часто принимает лицемерный образ смирения; и есть бес тщеславия, который побуждает к раздаянию милостыни; тоже делает и бес сластолюбия. Если мы будем чисты от последних двух страстей, то не престанем творить дела милосердия на всяком месте.

85. Некоторые сказали, что одни бесы другим сопротивляются; а я удостоверился, что все они ищут нашей погибели.

86. Всякому духовному деланию, видимому или умственному, предшествует собственному намерение и усерднейшее желание, при Божием в оных содействии; ибо если не будет первых, то и второе не последует.

87. «Время всякой вещи под небом», говорит Екклесиаст (*Еккл. 3:1*). Изречение это объемлет и те вещи и делания, которые бывают в нашем священном жительстве. Итак, если угодно, рассмотрим, что каждому времени прилично и свойственно. Ибо известно, что для подвизающихся есть время бесстрастия, и есть время побеждения страстьми, по причине младенчества подвизающихся. Есть время слез, и время окаменелости сердца; есть время повиновения, и время повеления; есть время поста, и время принятия пищи. Есть время брани

от врага – тела, и время погашения разжжения; время бури душевной, и время тишины ума; время сердечной печали, и время духовной радости; время учить и время учиться; время осквернений, может быть, за возношение, и время очищений за смирение; время борьбы и время твердого мира; время безмолвия, и время деятельности безмолвной; время непрестанной молитвы, и время нелицемерного служения. Итак, да не обольщает нас горделивое усердие, побуждая прежде времени искать того, что придет в свое время: не будем искать в зиме того, что свойственно лету; ни во время сеяния – того, что принадлежит жатве. Ибо есть время сеять труды, и есть время пожинать неизреченные дарования благодати. В противном случае, мы и в свое время не получим того, что оному времени прилично и свойственно.

88. Некоторые, по непостижимому Божию промыслу, получили духовные дарования[97] прежде трудов; другие в самых трудах, иные после трудов, а некоторые уже при смерти. Достойно испытания, кто из них смиреннее прочих?

89. Есть отчаяние, происходящее от множества грехов и отягчения совести и нестерпимой печали, когда душа по причине множества сих язв погружается, и от тяжести их утопает во глубине безнадежия. Но есть отчаяние и другого вида, которое бывает от гордости и возношения, когда падшие думают, что они не заслужили сего падения. Если кто в это вникнет, то найдет, что между теми и другими такое различие: первые предаются нерадению; а вторые при безнадежии держатся и подвига, что одно другому противно. Но от первого исцеляют воздержание и благонадежие; а от последнего смирение, и то, чтобы никого не судить.

90. Мы не должны удивляться, как чему-либо чрезвычайному, когда видим, что некоторые творят дела злые, а

слова вещают добрые; ибо и змия оного, витийствовавшего в раю, гордость, вознесши, погубила[98].

91. Во всех твоих начинаниях и во всяком образе жизни, в подчинении ли ты находишься, или неподчинении, видимое ли твое делание или духовное, да будет тебе сие законом и правилом: испытывай, истинно ли они Бога ради совершаются? Например, если мы, будучи новоначальными, делаем что-нибудь с прилежанием, но от сего делания не умножается в душе нашей прежде снисканное смирение: то не думаю, чтобы труд наш был по Богу, мал ли он или велик. Ибо в нас, младенчественных, признак того, что делание наше согласно с волею Божиею, есть успеяние в смирении; в средних – прекращение внутренних браней; а в совершенных – умножение и изобилие божественного света.

92. Малое у великих может быть и не мало; а великое у малых без сомнения несовершенно.

93. Когда воздух очистится от облаков, тогда солнце показывается во всем своем сиянии; так и душа, которая сподобилась прощения грехов и прежних навыков, без сомнения, видит Божественный свет.

94. Иное есть грех, иное праздность, иное есть нерадение, иное страсть, а иное падение. Кто может познавать это о Господе, да распознает[99].

95. Некоторые больше всего ублажают чудотворения и другие видимые духовные дарования, не зная того, что есть много превосходнейших дарований, которые сокровенны и потому безопасны от падения.

96. Совершенно очистившийся от страстей видит даже душу ближнего, хотя не самое существо ее, но в каком она находится устроении, и каковы ее расположения и чувствования; а преуспевающий еще судит о душе по телесным действиям.

97. Малый огнь часто истребляет все случившееся вещество; и малая скважина расточает весь труд наш.

98. Иногда упокоение враждебного нам тела возбуждает силу ума, не производя плотского разжжения; иногда же, напротив, изнурение тела производит в нем непристойные движения, чтобы мы не на себя уповали, но на Бога, неведомым образом умерщвляющего в нас живущую похоть.

99. Если видим, что некоторые любят нас о Господе, то перед ними мы наиболее должны сохранять скромность; ибо ничто так не разоряет любви, и ничто столь скоро не производит ненависти, как вольность в обращении.

100. Душевное око проницательно и прекрасно[100], так что после бесплотных существ оно (проницательностию) превосходит всякий вид тварей. Посему часто и те, которые побеждаются страстьми, могут познавать мысли в душах других, от великой любви к ним, особенно же когда они не погрязают в плотских сквернах. Если ничто так не противно невещественному оному естеству, как вещественное, то чтущий да разумеет.

101. Суеверные приметы в мирских людях сопротивляются вере в промысл Божий; а в нас монахах – духовному разуму.

102. Немощные душою должны познавать посещение Господне и Его милость к ним из телесных болезней, бед и искушений внешних. Совершенные же познают посещение Божие от пришествия Духа и по умножению дарований.

103. Есть бес, который, как только мы возлегли на одр, приходит к нам, и стреляет в нас лукавыми и нечистыми помыслами, чтобы мы, поленившись вооружиться против них молитвою, и уснувши со скверными помыслами, объяты были потом и скверными сновидениями.

104. Есть между злыми духами бес, называемый предваритель, который тотчас по пробуждении является искушать нас, и оскверняет первые наши мысли. Посвящай начатки дня твоего Господу; ибо кому прежде отдашь их, того они и будут. Один искуснейший делатель сказал мне сие достойное внимания слово: «По началу утра, – говорит он, – предузнаю я все течение дня моего».

105. Много путей благочестия, и много путей погибели; и часто случается, что путь неудобный для одного, бывает благопоспешен для другого; а между тем, намерение идущих обеими стезями благоугодно Господу.

106. В случающихся с нами искушениях бесы борют нас, чтобы мы сказали или сделали что-нибудь безрассудное; если же не могут одолеть нас, то, тихо приступивши, влагают нам тайно гордое благодарение Богу.

107. Мудрствующие горняя по смерти восходят горе, а мудрствующие дольняя – долу; ибо для душ, разлучающихся с телами, нет третьего, среднего места. Из всех созданий Божиих одна душа имеет бытие свое в другом (в теле), а не в самом себе; и достойно удивления, каким образом оно может существовать без того, в чем получило жизнь?

108. Благочестивые дщери рождаются от благочестивых матерей, а матери от Господа; сообразно сему примеру можно справедливо заключать и о противном сему.

Боязливый на брань да не исходит, повелевает Моисей, паче же Бог; чтобы сие последнее обольщение души не было хуже первого падения телесного; и справедливо.

Свет всем телесным членам – чувственные очи; свет же мысленный Божественных добродетелей есть рассуждение.

О благорассмотрительном рассуждении.

109. Как олень, палимый жаждою желает вод, так иноки желают постигать благую волю Божию; и не только

сие, но и познавать, когда примешивается к ней наша собственная, и когда действует одна противная. Об этом предлежит нам пространное и затруднительное слово: т. е. какие из наших деланий должны мы исполнять без всякого отлагательства, по сему изречению: горе отлагающему «день от дне» и время от времени (*Сир. 5:8*); и какие напротив с терпеливостию и рассмотрительностию, по совету мудрого, который сказал: «со управлением бывает брань» (*Притч.24:6*); и еще: «вся благообразно и по чину да бывают» (*1Кор.14:40*). Ибо не все, повторяю, могут скоро и благоразумно рассуждать о сих неудобоизъяснимых случаях; и Богоносный Пророк, который имел в себе Духа Святого, глаголавшего его устами, часто молился о своем даровании, иногда взывая: «научи мя творити волю Твою, яко Ты еси Бог мой» (*Пс.142:10*); в другой раз: «скажи ми, Господи, путь, в оньже пойду, яко к Тебе, отрешив от всех страстей и попечений житейских, взях и возвысих душу мою» (*Пс.142:8*).

110. Все, хотящие познать волю Господню, должны прежде умертвить в себе волю собственную; и помолившись Богу, с верою и нелукавою простотою вопрошать отцов и братий, в смирении сердца и без всякого сомнения в помысле, и принимать советы их, как из уст Божиих, хотя бы оные и противны были собственному их разуму, и хотя бы вопрошаемые были не весьма духовны. Ибо не неправеден Бог, и не попустит, чтобы прельстить те души, которые с верою и незлобием смиренно покорили себя совету и суду ближнего; потому, хотя бы вопрошаемые и не имели духовного разума, но есть глаголющий чрез них Невещественный и Невидимый. Многого смиренномудрия исполнены те, которые руководствуются сим правилом несомненно; ибо если некто во псалтири отверзал гадание свое (т. е. таинственный смысл притчей): то сколько, думаете, провещание

словесного ума и разумной души превосходнее провещания бездушных звуков.

111. Многие, по самоугодию не достигнув описанного нами легкого и совершенного блага, но покусившиеся сами собою и в себе самих постигнуть благоугодное Господу, сообщили нам весьма многие и различные мнения о сем предмете.

112. Некоторые из испытующих волю Божию отрешали помысл свой от всякого пристрастия к тому или другому совету души своей, т. е. и к побуждающему на дело, и ко внушающему противное; и ум свой, обнаженный от собственной воли, с горячею молитвою в продолжение предназначенных дней представляли Господу; и достигали познания воли Его или тем, что бестелесный Ум таинственно провещевал нечто их уму, или тем, что одно из оных помышлений совершенно исчезало в душе.

113. Другие по скорби и затруднениям, которые следовали за их начинанием, заключали, что дело их согласно с Божественною волею, по слову Апостола: «восхотихом приити к вам... и единою, и дважды, но возбрани нам сатана» (*1Сол.2:18*).

114. Иные напротив по неожиданному благопоспешению, которое они получали в своем деле, познавали, что оно благоприятно Богу, поминая слово оное, что всякому произволяющему делать благое споспешествует Бог.

115. Кто просвещением свыше стяжал в себе Бога, тот уверяется в воле Божией, как в делах скорости требующих, так и в делах неспешных, вторым образом, только без определенного срока времени[101].

116. Сомневаться в суждениях, и долго не решаться на избрание чего-либо из двух, есть признак непросвещенной свыше и тщеславной души.

117. Не неправеден Бог, и двери милосердия Своего не заключит для тех, которые стучатся со смирением.

118. Господь во всех наших делах, как требующих скорости, так и отлагаемых на время, всегда взирает на цель нашу; и потому все, что чуждо пристрастия и всякой нечистоты, и делается единственно для Бога, а не ради иного чего-нибудь, вменится нам во благое, хотя бы оно и не совсем было благо.

119. Испытание же того, что выше нас, имеет не безбедный конец; ибо суд Божий о нас непостижим; и Господь часто промыслительно скрывает от нас волю Свою, ведая, что мы, и познавши ее, преслушались бы и заслужили бы сим большее наказание.

120. Сердце правое свободно от различия вещей, и безопасно плавает в корабле незлобия[102].

121. Есть мужественные души, которые, от сильной любви к Богу и смирения сердца, покушаются на делания, превосходящие силу их; но есть и гордые сердца, которые отваживаются на такие же предприятия. А враги наши часто нарочно для того подущают нас на такие дела, которые выше нашей силы, чтобы мы, не получивши успеха в них, впали бы в уныние, и оставили даже те дела, которые соразмерны нашим силам, и таким образом сделались бы посмешищем наших врагов.

122. Видел я немощных душою и телом, которые ради множества согрешений своих покусились на подвиги, превосходившие их силу, но не могли их вынести. Я сказал им, что Бог судит о покаянии не по мере трудов, а по мере смирения.

123. Иногда воспитание бывает причиною крайних зол, а иногда худое сообщество; но часто и собственное развращение души достаточно ей к погибели, избавившийся от двух первых зол избавился, может быть, и от третьего; а в ком господствует третие, тот непотребен на всяком месте. Ибо нет места столь безопасного, как небо; однако диавол и там не устоял.

124. Неверных или еретиков, которые охотно спорят с нами для того, чтобы защитить свое нечестие, после первого и второго увещания должны мы оставлять; напротив того, желающим научиться истине не поленимся благодетельствовать в этом до конца нашей жизни. Впрочем будем поступать в обоих случаях к утверждению собственного нашего сердца.

125. Весьма неразумен тот, кто, слыша о сверхъестественных добродетелях святых мужей, отчаивается. Напротив они преподают тебе одно из двух полезных наставлений: или чрез святое мужество возбуждают к ревности, или чрез всесвятое смирение приводят тебя к глубокому познанию твоей немощи, и к зазрению самого себя.

126. Между нечистыми духами есть такие, которые лукавее других: они не довольствуются тем, чтобы одних нас ввести в грех, но советуют нам и других иметь сообщниками зла, чтобы навлечь на нас лютейшие муки. Видел я одного человека, который передал другому свою греховную привычку, а потом, пришедши в чувство, начал каяться, и отстал от греха; но так как наученный им не переставал грешить, то покаяние его действительно не было.

127. Многообразно, поистине многообразно и неудобопостижимо лукавство нечистых духов, и немногими видимо; думаю же, что и сии немногие не вполне его видят. Например: отчего бывает, что мы иногда, и наслаждаясь, и насыщаясь, бдим трезвенно, а находясь в посте и злострадании, сильно отягощаемся сном? Отчего в безмолвии мы чувствуем сердечную сухость, а пребывая с другими, исполняемся умиления? Отчего, будучи голодны, претерпеваем искушения во сне: а насыщаясь, бываем свободны от сих искушений? Отчего в скудости и воздержании бываем мрачны и без умиления; когда

же напротив, пьем вино, тогда бываем радостны и легко приходим в умиление? Могущий о Господе да научит этому непросвещенных; ибо мы сего не знаем. Однако можем сказать, что сии перемены не всегда происходят от бесов, но иногда и от сей, данной мне и не знаю как сопряженной со мною, сластолюбивой, скверной и дебелой плоти.

128. О всех этих неудобопонятных, бывающих с нами изменениях, усердно и смиренно помолимся Господу. Если же и после молитвы, и по многом времени, будем ощущать в себе те же действия, тогда познаем, что это не от бесов, но от естества. А часто Божественный промысл и чрез противное хочет нам благодетельствовать, всеми средствами смиряя наше возношение.

129. Бедственно любопытствовать о глубине судеб Божиих; ибо любопытствующие плывут в корабле гордости. Впрочем, ради немощи многих надобно кое-что сказать.

130. Некто спросил одного из имеющих дар рассмотрения: «Для чего Бог, предвидя падение некоторых, украсил их дарованиями и силою чудотворения?» Тот отвечал: «Во-первых, для того, чтобы примером их утвердить (предостеречь) прочих духовных; во-вторых, для того, чтобы показать свободу человеческой воли; и наконец, чтобы тех, которые падут, получивши такие дарования, сделать безответными на страшном суде».

131. Ветхий закон, как еще несовершенный, говорил: «внемли себе» (*Втор.15:9*). Господь же, как Всесовершенный, заповедует нам пещись еще о исправлении брата, говоря: «аще согрешит брат твой» и проч. (*Мф.18:15*). Итак, если обличение твое, паче же напоминание, чисто и смиренно, то не отрекайся исполнять оную заповедь Господню, особенно же в отношении тех, которые принимают твои слова. Если же ты еще не достиг сего, то по крайней мере исполняй ветхозаконное повеление.

132. Не удивляйся, видя, что и любимые тобою враждуют на тебя за твои обличения. Ибо легкомысленные люди бывают орудиями бесов, и особенно, против их врагов (то есть рабов Божиих).

133. Много удивляюсь я одному странному в нас действию: почему мы, имея помощниками на добродетель и всесильного Бога, и Ангелов, и святых человеков, а на грех одного беса лукавого, удобнее и скорее преклоняемся к страстям и порокам, нежели к добродетели? Говорить о сем подробно я не могу, и не хочу.

134. Если все сотворенное пребывает таким, каким оно создано: то как я, говорит *Григорий Великий*, и образ Божий есмь, и срастворен с сим брением? Если же какие-либо из тварей стали не такими, какими были сотворены, то неудержимо желают сродного себе. Посему и каждый из нас должен употребить все возможные средства, чтобы, очистив и возвысив сие брение тела, так сказать, посадить его на престоле Божием. И никто да не отрицается от сего восхождения; ибо путь к нему открыт и дверь отверста.

135. Слушание повествований о подвигах и добродетелях духовных отцов ум и душу возбуждает к ревности; а слушание поучений их наставляет и руководствует ревнителей к подражанию.

136. Рассуждение есть светильник во тьме, возвращение заблудших на правый путь, просвещение слепотствующих. Рассудительный муж есть истребитель болезни и восстановитель здравия.

137. Те, которые удивляются маловажным вещам, делают это по двум причинам: или по крайнему невежеству, или с мыслию смиренномудрия[103], возвеличивая и возвышая деяния ближнего.

138. Будем стараться не только отражать бесов, но и нападать на них. Ибо кто только отражает их, тот иногда

разбивает неприятеля, а иногда и сам бывает разбит; но воюющие наступательным образом всегда гонят врага своего.

139. Победивший страсти уязвляет бесов: притворяясь, будто все еще подвержен прежним страстям, он обманывает врагов своих, и не терпит от них нападений. Некоторый брат, будучи однажды обесчещен, нисколько не подвигшись сердцем, помолился в уме своем; а после начал плакать о том, что его обесчестили, и притворною страстию утаил свое бесстрастие. Другой брат, который совсем не хотел председательствовать, притворился, будто сильно этого желает. Как же изображу тебе чистоту того мужа, который взошел в блудилище, как бы для греха, и находившуюся там блудницу привел к чистому и подвижническому житию? Также одному из безмолвствующих весьма рано по утру принесли кисть винограда; он же, по отшествии принесшего, тотчас устремился на виноград и съел его, но без всякого услаждения, с тем только, чтобы показать себя перед бесами чревоугодником. Другой, потеряв немногие ветви, весь день притворялся скорбящим. Но таким делателям нужна большая осторожность, чтобы покусившись посмеяться над бесами, сами они не были от них осмеяны. Сии люди поистине суть те, о которых Апостол сказал: «яко лестцы и истинны» (*2Кор.6:8*).

140. Кто желает представить Господу чистое тело и чистое сердце, тот должен сохранить безгневие и воздержание; потому что без сих двух добродетелей весь труд наш будет бесполезен.

141. Как свет для телесных очей бывает различный, так и озарения мысленного солнца в душе бывают различны и многообразны. Иное из них происходит от телесных слез, другое от душевных; иное от созерцаемого телесными очами, а иное – умными; иное радование

происходит от слуха, другое само собою движется; иное от безмолвия, другое от послушания. Кроме всего этого есть еще особенное состояние, в котором восхищенный представляется Христу во свете неизреченно, непостижимо.

142. Есть добродетели, и есть матери добродетелей. Разумный подвизается наиболее о приобретении матерей. Матерям добродетелей учитель Сам Бог собственным действием; а для научения дщерям наставников много.

143. Должно внимать себе и в том, чтобы скудость наслаждения пищею не наполнять излишеством сна, равно и напротив: ибо так поступать есть дело безумных.

144. Видел я мужественных делателей, которые, по некоторой нужде, давши чреву малое послабление в пище, вслед за тем, утомляли сие окаянное тело всенощным стоянием, и тем научили его с радостию отвращаться от насыщения.

145. Бес сребролюбия борется с нестяжательными, и когда не может их одолеть, тогда представляя им нищих, под видом милосердия увещевает их, чтобы они из невещественных опять сделались вещественными.

146. В печали о грехах влекомые к отчаянию, да не престанем вспоминать, что Господь заповедал Петру прощать согрешающего «семьдесят крат седмерицею» (*Мф.18:22*); а Кто такую заповедь предал другому, Тот и Сам, без сомнения, несравненно более сделает. Напротив, когда борет нас возношение, тогда потщимся вспоминать изречение св. Апостола Иакова: «иже весь закон духовный соблюдет, согрешит же одною страстию – высокоумием, бысть всем повинен» (*Иак.2:10*).

147. Между лукавыми и завистливыми духами некоторые такого рода, что отступают от святых умышленно с тем, чтобы не доставить боримым венцов за победы в бранях.

148. «Блажени миротворцы» (*Мф.5:9*), и никто не может этому противоречить; впрочем я видел и враждотворцев блаженных. Два человека имели нечистую любовь между собою; некто же, искуснейший из рассудительных, желая прекратить это зло, поссорил их между собою, сказав тому и другому особо, что друг его худо говорит об нем между людьми. Так сей премудрый успел человеческою хитростию отразить злобу бесов, и произвести ненависть, которая уничтожила предосудительную любовь.

149. Иногда разрушают заповедь ради другой заповеди. Например, видел я юных, связуемых союзом любви по Богу; но чтобы не соблазнить других, и не уязвить их совести, они уговорились между собою, и удалились на время друг от друга.

150. Как брак и смерть противны друг другу; так и гордость и отчаяние между собою несогласны; но по злоухищрению бесов, можно обе эти страсти видеть в одном человеке.

151. Между нечистыми духами есть и такие, которые в начале нашей духовной жизни толкуют нам Божественные Писания. Они обыкновенно делают это в сердцах тщеславных, и еще более, в обученных внешним наукам, чтобы, обольщая их мало-помалу, ввергнуть наконец в ереси и хулы. Мы можем узнавать сие бесовское богословие, или, лучше сказать, богоборство, по смущению, по нестройной и нечистой радости, которая бывает в душе во время сих толкований.

152. Все сотворенные существа получили от Создателя чин бытия и начало, а для некоторых и конец предназначен; но добродетели конец беспределен. «Всякия кончины, – говорит Псалмопевец, – видех конец, широка же заповедь твоя зело» и бесконечна (*Пс.118:96*). И подлинно, если некоторые добрые делатели пойдут от силы

деяния в силу видения; если любовь никогда не престанет, и если «Господь хранит вхождение страха твоего, и исхождение» любви твоей (*Пс.120:8*): то явно, что и конец сей любви бесконечен; и мы никогда не перестанем преуспевать в ней, ни в настоящем веке, ни в будущем, светом всегда приемля новый свет разумений. И хотя многим покажется странностью, то, что мы теперь говорим, однако, утверждаясь на предложенных свидетельствах, скажу, о блаженный отче, что и Ангелы, сии бестелесные существа, не пребывают без преуспеяния, но всегда приемлют славу к славе, и разум к разуму.

153. Не удивляйся тому, что бесы тайным образом влагают нам часто и добрые помышления, а потом противоречат им другими помыслами. Сии враги наши намерены только убедить нас этою хитростию, что они знают и сердечные наши помышления.

154. Не будь строгим судиею тех, которые словами учат о великих добродетелях, когда видишь, что сами они к благому деланию ленивы; ибо недостаток дела часто восполняется пользою оного учения. Мы не все стяжали все в равной мере: некоторые имеют превосходство более в слове, чем в деле; а в других напротив дело сильнее слова.

155. Бог не есть ни виновник, ни творец зла. Посему заблуждают те, которые говорят, что некоторые из страстей естественны душе; они не разумеют того, что мы сами природные свойства к добру превратили в страсти. По естеству, например, мы имеем семя для чадородия; а мы употребляем оное на беззаконное сладострастие. По естеству есть в нас и гнев, на древнего оного змия; а мы употребляем оный против ближнего. Нам дана ревность для того, чтобы мы ревновали добродетелям; а мы ревнуем порокам. От естества есть в душе желание славы, но только горней. Естественно и гордиться, но над

одними бесами. Подобным образом естественно душе и радоваться, но о Господе и о благих деяниях ближнего. Получили мы и памятозлобие, но только на врагов души нашей. По естеству желаем мы пищи, но для того, чтобы поддержать жизнь, а не для сластолюбия.

156. Неленостная душа воздвигает бесов на брань против себя; с умножением же браней умножаются и венцы, неуязвляемый супостатами не получит никакого венца; а кто от случающихся падений не упадает духом, того восхвалят Ангелы, как храброго воина.

157. Христос, пробыв три ночи в земле, воскрес, чтобы уже никогда не умирать. Не умрет и тот, кто в трех различных часах устоит победителем[104].

158. Если по устроению наказующего нас промысла Божия, духовное «солнце», после своего в нас восхода «позна запад свой» (*Пс.103:19*); то конечно положи тьму закров свой; и бысть нощь, в ней же пройдут к нам, прежде отшедшие, дикие скимны, и вси зверие дубравнии тернистых страстей, рыкающе восхитити сущую в нас ко спасению надежду, и взыскающе от Бога пищу себе страстей, или в помышлении, или в деянии. Но когда из темной глубины смирения паки воссияет нам оное солнце, и сии звери, собрашеся к себе и в ложах своих лягут, т. е. сердцах сластолюбивых, а не в нас; тогда рекут бесы между собою: «возвеличил есть Господь паки сотворити» милость с ними (*Пс. 125:3*). Мы же скажем к ним: возвеличил есть Господь сотворити (милость) с нами, бехом веселящеся; вы же прогнаны. «Се Господь седит на облаце легце», т. е. на душе, вознесенной превыше всякого земного желания, «и приидет в Египет», т.е. в сердце, помраченное прежде, «и потрясутся рукотворенные идолы», т.е. суетные помыслы ума (*Ис.19:1*).

159. Если Христос, хотя и Всемогущий, телесно бежал в Египет от Ирода; то пусть дерзновенные научатся не

вдаваться безрассудно в искушения. Ибо сказано: «не даждь в смятение ноги твоея, и не воздремлет храняй тя» Ангел (*Пс.120:3*).

160. Кичливость сплетается с мужеством, как растение, смилакс называемое[105], с кипарисом.

161. Непрестанное дело наше должно состоять в том, чтобы не просто верить помыслу, когда нам кажется, что мы стяжали какое-нибудь благо; но тщательно исследуя свойства сего добра, рассматривать, есть ли оно в нас? Исполнивши это, познаем, что мы совершенно недостаточны.

162. Непрестанно испытывай также и признаки страстей, и ты увидишь, что в тебе находятся многие страсти, которых, будучи в недугах душевных, мы и распознать не можем, или по немощи нашей, или по причине глубоко укоренившегося греховного навыка.

163. Правда, что Бог во всем взирает на намерение наше; но в том, что соразмерно нашим силам, Он человеколюбиво требует от нас и деятельности. Велик тот, кто не оставляет никакого доброго дела, силам его соразмерного; а еще более тот, кто со смирением покушается и на дела, превышающие его силы.

164. Бесы часто возбраняют нам делать легчайшее и полезное, а между тем побуждают предпринять труднейшее.

165. Нахожу, что Иосиф ублажается за отвращение от греха, а не за то, чтобы в нем уже было бесстрастие, нам же должно испытать: от каких и скольких грехов отвращение заслуживать венец. Ибо иное дело отвращаться и уклоняться от мрака греховного; а иное, и притом превосходнейшее, притекать к Солнцу чистоты.

166. Помрачение бывает причиною преткновения; преткновение же – падения; падение же – смерти душевной.

167. Помрачившиеся от вина часто истрезвляются водою; а помрачившиеся от страстей истрезвляются слезами.

168. Иное есть возмущение, иное помрачение, и иное ослепление. Первое исцеляется воздержанием, второе безмолвием; а третие исцеляет послушание, и Бог, Который ради нас «послушлив был» (*Флп.2:8*)[106].

169. Два места, в которых очищаются земные вещи, могут служить образцом для тех, которые мудрствуют горняя.

170. Общежитие, устроенное по Богу, есть духовная прачечная, стирающая всякую скверну и грубость и все безобразие души. Отшельничество же может назваться красильнею для тех, которые очистились от вожделения, памятозлобия и раздражительности, и потом уже удалились на безмолвие.

171. Некоторые говорят, что падения в те же согрешения происходят от недостатка покаяния, приличного и равномерного прежним беззакониям. Но должно испытать: всякий ли, который не падает в тот же вид греха, истинно покаялся? Некоторые падают в те же согрешения, или потому, что предали глубокому забвению прежние свои падения; или потому что они от сластолюбия безрассудно представляют себе Бога излишне человеколюбивым; или что отчаялись в своем спасении. Не знаю, не будут ли меня порицать, когда скажу, что иные из них не могут уже связать врага своего, силою привычки утвердившего над ними свою мучительную власть.

172. Достойно также испытания, как душа, бестелесное существо не может видеть приходящих к ней такого же существа духов, каковы они по естеству, не потому ли это, что она сопряжена с телом? Это знает один Связавший их.

173. Некто из рассудительных мужей, как бы желая научиться от меня, спросил меня однажды, говоря: «Ска-

жи мне, какие из духов через грехи смиряют ум наш, и какие надмевают его?» Но как я не знал, что отвечать на сей вопрос, и клятвою уверил его в своем неведении, то хотевший научиться сам научил меня, и сказал: «В немногих словах я дам тебе закваску рассуждения, и предоставлю тебе самому потрудиться испытать прочее. Бес блуда и бес гнева, бес чревонеистовства, бес уныния и бес сонливости не имеют свойства возносить рог нашего ума; бесы же сребролюбия, любоначалия, многословия и многие другие к злу греха присовокупляют обыкновенно и зло возношения; и бес осуждения подобен им в этом».

174. Если инок, посетив мирских людей, или приняв их в свою келлию, через час или через день по разлучении с ними уязвился стрелою печали, вместо того, чтобы радоваться о своем избавлении от запутывающей сети, то такой бывает поруган или от тщеславия, или от блудной страсти.

175. Прежде всего да испытуем, откуда веет ветер, чтобы не распустить нам парусов в противную сторону.

176. Утешай с любовию деятельных старцев, изнуривших тела свои духовными подвигами, и подавая им некоторое упокоение. Юных же, которые удручили души свои грехами, убеждай к воздержанию, приводя им на память вечную муку.

177. Невозможное дело, как я уже сказал, в начале иночества быть совершенно чистыми от объедения и тщеславия. Но не должно нам против тщеславия вооружаться наслаждением; ибо побеждение (тщеславия) чревоугодием рождает в новоначальных новое тщеславие. Лучше постом и молитвою поражать сию страсть. Грядет бо час, а для произволяющих и ныне есть, когда Господь покорит под ноги наша и тщеславие.

178. Юные и состарившиеся, приступая работать Господу, не одними страстьми бывают боримы; но часто

они имеют совсем противные недуги. Посему блаженно и преблаженно святое смирение; ибо оно как юным, так и состарившимся подает твердость и силу в покаянии.

179. Да не смущает тебя слово, которое хочу сказать теперь. Редки, а впрочем есть, души правые и нелукавые, свободные от всякого зла, лицемерия и коварства, которым пребывание в сообществе с людьми вовсе неполезно; но они могут с наставником от безмолвия, как от тихого убежища, восходить на небо, не имея нужды познавать опытом молв и соблазнов, бывающих в общежитиях.

180. Блудных могут исправлять люди, лукавых Ангелы, а гордых – Сам Бог. Вид любви часто может состоять в том, чтобы ближнему, когда он к нам приходит, давать свободу делать все, что ему угодно, и показывать ему притом радостное лицо. Должно испытывать, каким образом и доколе, когда и так же ли раскаяние в добрых делах уничтожает оные, как и раскаяние в злых истребляет сии последние?

181. С многим рассуждением должны мы рассматривать: когда, в каких случаях и доколе должно нам стоять против предметов страстей и бороться с ними, и когда отступать. Ибо иногда можно по немощи предпочесть и бегство, чтобы не умереть душевно.

182. Рассмотрим и заметим (может быть в свое время желчь и горечью возможем истребить), какие бесы приводят нас в гордость, какие нас смиряют, какие ожесточают, какие нас утешают, какие наводят мрак, какие обольщают нас лицемерным просвещением, какие делают нас медлительными, какие коварными, какие радостными, и какие печальными.

183. Да не ужасаемся, видя, что мы в начале иноческого подвига больше обуреваемся страстями, нежели когда мы жили в мире; потому что сперва необходимо возник-

нуть всем причинам болезней, а потом уже воспоследовать здравию. Может быть, сии звери и прежде где-нибудь скрывались в нас, но мы их в себе не примечали.

184. Когда приближающиеся к совершенству по какому-нибудь случаю бывают побеждены бесами в чем-либо и самом малом: то они немедленно должны употребить все меры, чтобы сие стократно восхитить от врагов.

185. Как ветры в тихую погоду колеблют только поверхность моря, а в другое время приводят в движение самую глубину: так должно заключать и о ветрах тьмы. Ибо в страстных людях колеблют они самое чувство сердца[107], а в преуспевших уже только поверхность ума; потому сии последние и скорее ощущают обыкновенную тишину свою, ибо внутренность их оставалась неоскверненную.

186. Одни совершенные могут всегда распознавать какое помышление возникает в душе от собственной ее совести, какое происходит от Бога, и какое от бесов. Ибо сначала бесы не все противное нам тайно влагают. Потому и предмет сей весьма темен.

Двумя чувственными очами просвещается тело; а мысленным и видимым рассуждением просвещаются очи сердечные.

Краткое содержание предыдущих слов

187. Твердая вера есть матерь отречения от мира; действие же противного ей само собою явственно.

188. Непоколебимая надежда есть дверь беспристрастия; действие же противного сему само собою явственно.

189. Любовь к Богу есть причина удаления от мира; действие же противного сему само собою явственно.

190. Повиновение рождается от зазрения самого себя и от желания душевного здравия.

191. Воздержание есть матерь здравия; а матерь воздержания есть помышление о смерти и твердое памятование желчи и оцета, который вкусил наш Владыка и Бог.

192. Споспешник и начало целомудрия есть безмолвие; угашение разжжения плотского – пост; а враг скверных и нечистых помыслов есть сокрушение сердца.

193. Вера и удаление от мира есть смерть сребролюбия; милосердие же и любовь предают за ближнего и самое тело.

194. Прилежная молитва есть погибель унынию; а память о последнем суде рождает усердие.

195. Желание бесчестий есть исцеление раздражительности; псалмопение же, милосердие и нестяжание суть убийцы печали.

196. Беспристрастие к вещам чувственным возводит к видению мысленных.

197. Молчание и безмолвие – враги тщеславия; но если ты находишься в общежитии, то переноси бесчестия.

198. Видимую гордость исцеляют скорбные обстоятельства; а невидимую – Превечный и Невидимый.

199. Истребитель чувственных змей есть олень, а мысленных – смирение (э).

200. Из того, что видим в природе, можем брать ясные наставления и для духовной жизни.

201. Как змея не может совлечь с себя старой кожи, если не пролезет чрез тесную скважину; так и мы не можем отвергнуть прежние злые навыки и ветхость души и ризу ветхого человека, если не пройдем узкого и тесного пути поста и бесчестия.

202. Как тучные птицы не могут высоко летать, так и угождающему своей плоти невозможно взойти на небо.

203. Иссохшая тина не привлекает свиней: и плоть, увядшая от подвигов, не упокоивает более бесов.

204. Как часто слишком большое количество дров подавляет и угашает пламень, и производит множество дыма: так часто и чрезмерная печаль делает душу как бы дымною и темною, и иссушает воду слез.

205. Как слепец – неискусный стрелок, так и ученик прекословный погибает.

206. Как закаленное железо может наострить незакаленное, так и брат усердный часто спасает ленивого.

207. Как яйца, согреваемые под крыльями оживотворяются: так и помыслы, необъявляемые духовному отцу, переходят в дела.

208. Как кони на бегу ретятся опередить друг друга: так и в добром братстве один другого возбуждает.

209. Как облака закрывают солнце, так и греховные помыслы помрачают и губят ум.

210. Как получивший смертный приговор, и идущий на казнь, не беседует о народных зрелищах: так и искренно оплакивающий грехи свои не будет угождать чреву.

211. Как убогие, видя царские сокровища, еще более познают нищету свою: так и душа, читая повествования о великих добродетелях св. отцов, делается более смиренною в мыслях своих.

212. Как железо и невольно повинуется магниту: так и закосневшие в злых привычках поневоле увлекаются ими.

213. Как море и невольно укрощается елеем: так и пост угашает и невольные разжжения плоти.

214. Как вода стесняемая поднимается вверх: так и душа, угнетенная бедами, покаянием восходит к Богу и спасается.

215. Как носящего ароматы обнаруживает благовонный запах и против воли его: так и имеющий в себе Духа Господня познается по словам своим и по смирению.

216. Как ветры возмущают бездну: так и ярость больше всех страстей смущает ум.

217. Чего глаза не видели, того и гортань, по одному слуху, не сильно желает вкушать: так и чистые телом

получают от своего неведения большое облегчение в духовной брани.

218. Как воры не так свободно приходят красть в те места, где лежит царское оружие: так и мысленные разбойники не легко могут окрадывать того, кто совокупил молитву с сердцем.

219. Как огонь не рождает снега; так и ищущий земной славы не получит небесной.

220. Как одна искра часто сожигает множество вещества: так есть и одно благо, которое изглаживает множество великих согрешений.

221. Как невозможно без оружия убивать зверей: так невозможно без смирения приобрести безгневие.

222. Как невозможно по естеству прожить без пищи: так и до конца жизни невозможно ни на минуту предаваться нерадению.

223. Луч солнечный, проникнувший чрез скважину в дом, просвещает в нем все, так что видна бывает тончайшая пыль, носящаяся в воздухе: подобно сему, когда страх Господень приходит в сердце, то показует ему все грехи его.

224. Как раки удобно ловятся, потому что ползают то вперед, то назад: так и душа, которая иногда плачет, иногда смеется, иногда наслаждается, никакой не может получить пользы.

225. Как спящие легко бывают окрадываемы, так и проходящие добродетель близ мира.

226. Как сражающийся со львом, если отвратит от него взор своей, тотчас погибает[108]; так и борющийся с плотию своею, если ее упокоит.

227. Как восходящие по гнилой лестнице подвергаются опасности; так и всякая честь, слава и могущество сопротивляются смиренномудрию.

228. Как невозможно, чтобы голодный не вспоминал о хлебе: так невозможно и тому спастись, кто не вспоминает о смерти и о последнем суде.

229. Как вода смывает буквы, так и слеза может очищать согрешения.

230. Как за неимением воды, изглаждают буквы и другими способами: так и души, лишенные слез, очищают и заглаждают грехи свои печалью и воздыханием и многим сетованием.

231. Как во множестве нечистот рождается много червей: так и от множества яств происходит много падений, лукавых помыслов и сновидений.

232. Как имеющие на ногах оковы не могут удобно ходить: так и те, которые собирают деньги, не могут взойти на небо.

233. Как свежая рана удобно излечивается, так противное сему бывает с многовременными душевными язвами, которые неудобно врачуются хотя и врачуются.

234. Как умирающему невозможно ходить, так и отчаявшемуся невозможно спастись.

235. Кто говорит, что имеет правую веру, а между тем грешит, тот подобен лицу не имеющему очей. А кто, не имея истинной веры, совершает некоторые добрые дела, тот подобен черпающему воду и вливающему ее в худой сосуд.

236. Как корабль, имеющий хорошего кормчего, при помощи Божией безбедно входит в пристань: так и душа, имея доброго пастыря, удобно восходит на небо, хотя и много грехов некогда сделала.

237. Как не имеющий путеводителя удобно заблуждает на своем пути, хотя бы и весьма был умен: так и идущий самочинно путем иночества легко погибает, хотя бы и всю мудрость мира сего знал.

238. Если кто слаб телом и сделал много тяжких беззаконий, то да шествует путем смирения и свойственных ему добродетелей; ибо он не найдет другого средства ко спасению.

239. Как одержимому долговременною болезнею невозможно в одно мгновение получить здравие: так невозможно и в короткое время победить страсти, или хотя одну из них.

240. Рассматривай, как сильно действует в тебе всякая страсть и всякая добродетель; и узнаешь свое преуспеяние.

241. Как променивающие золото на глину делают себе большой убыток: так и те, которые для приобретения телесных выгод объявляют и высказывают духовное.

242. Прощение грехов многие скоро получили; но бесстрастия никто скоро не приобрел; ибо для приобретения его нужно долгое время, великое усердие, многий труд любви и помощь Божия.

243. Испытаем, какие животные или птицы вредят нам во время сеяния, какие во время роста зелени, и какие во время жатвы, чтобы употребить, по свойству животных, и средства к уловлению их.

244. Как страждущему горячкою нет справедливой причины убивать самого себя: так и никому ни в каком случае не должно отчаиваться до последнего издыхания.

245. Как похоронившему отца своего стыдно тотчас по возвращении с похорон идти на брак: так и плачущим о грехах своих неприлично искать в настоящем веке покоя или чести и славы от людей.

246. Как жилища граждан отличны от жилищ осужденных преступников: так и образ жизни плачущих о грехах своих должен быть совершенно отличен от образа жизни неповинных.

247. Воина, получившего во время сражения жестокие раны на лице, царь не только не повелевает отлучать от войска, но напротив наградою возбуждает его еще к большей ревности: так и Царь небесный венчает инока, терпящего многие беды от бесов.

248. Чувство души есть естественное свойство ее; грех же есть оглушение чувства. Сознание производит или прекращение зла, или уменьшение оного. Сознание же есть порождение совести; а совесть есть слово и обличение Ангела-хранителя, данного нам при крещении. Посему-то мы и примечаем, что непросвещенные крещением не столько бывают мучимы в душе за свои злые дела, сколько верные, но как-то неясно[109].

249. От уменьшения зла рождается удаление от него; а удаление от зла есть начало покаяния. Начало покаяния есть начало спасения; а начало спасения есть благое произволение. Благое произволение рождает труды; а начало трудов суть добродетели. Начало добродетелей – цвет добродетелей; начало цвета сего – делание; а плод делания есть постоянство[110]; постоянного обучения плод и рождение есть навык; от навыка же происходит укоренение в добре, от сего укоренения рождается страх Божий; от страха же – соблюдение заповедей, небесных и земных. Хранение заповедей есть знак любви; а начало любви есть множество смирения. Множество же смирения есть матерь бесстрастия; а приобретение бесстрастия есть совершенная любовь, то есть совершенное вселение Бога в тех, которые через бесстрастие сделались «чистыми сердцем, яко тии Бога узрят» (*Мф.5:8*). Ему же слава во веки веков. Аминь.

СЛОВО 27. О СВЯЩЕННОМ БЕЗМОЛВИИ ДУШИ И ТЕЛА

1. Мы, будучи всегда как бы купленными и крепостными рабами нечистых страстей, по собственному опыту отчасти знаем обольщения, обычая, волю и коварства духов, владычествующих над бедною нашею душою. Но есть и другие люди, которые имеют ясное познание козней бесовских действием Святого Духа, избавившего их от мучительства сих супостатов. Ибо иное дело судить об отраде здравия по болезненным ощущениям недуга; а иное дело, по благодушию в здравии познавать и различать скорбь, происходящую от болезни. Посему мы, как немощные, боимся теперь в слове сем любомудрствовать о пристанище безмолвия, зная, что при трапезе доброго братства всегда предстоит некоторый пес, старающийся восхитить с оной хлеб, то есть душу, и держа ее в своих челюстях, отбежать и пожрать ее в безмолвии. Итак, чтобы слово наше не дало места адскому оному псу, и вины ищущим вины (то есть повода искушаемым безвременным желанием безмолвия), мы считаем, что нам не должно теперь беседовать о мире с мужественными воинами Царя нашего, находящимися на брани. Скажем только, что и тем, которые мужественно подвизаются в общежитии, сплетаются венцы мира и тишины. Впрочем, если угодно, для одного по крайней мере понятия о безмолвии, побеседуем о нем вкратце, чтобы не опе-

чалить некоторых тем, что, говоря о других предметах, пропустим сей без всякого о нем слова.

2. Безмолвие тела есть благочиние и благоустройство нравов и чувств телесных; безмолвие же души есть благочиние помыслов и неокрадываемая мысль.

3. Любитель безмолвия имеет мужественный некий и строгий помысл, который недремленно стоит в дверях сердца, и приходящие помыслы убивает или отражает. Безмолвствующий в чувстве сердца знает сказанное мною; а кто еще младенец в безмолвии, тот сего блага не вкусил и не знает.

4. Духовно-разумный безмолвник не имеет нужды в словесных наставлениях; ибо он вместо слов просвещается самыми делами.

5. Начало безмолвия состоит в том, чтобы отражать всякий шум врагов, как возмущающий глубину сердца; а конец безмолвия в том, чтобы и не бояться их тревог[111], но пребывать без ощущения к ним. Безмолвник, исходящий из келлии телом, но неисходящий словом (на беседы), бывает кроток, и весь – дом любви. Непоползновенный на многословие бывает неподвижим и на гнев; противное же сему само собою явно.

6. Безмолвник тот, кто существо бестелесное усиливается удерживать в пределах телесного дома[112]. Подвиг редкий и удивительный.

7. Стережет видимую мышь кошка; а мышь невидимую мысль безмолвника. Не отвергай сего сравнения; если же иначе, то ты еще не познал, что такое безмолвие.

8. Не так (спасается) уединенный монах, как монах живущий с другим монахом. Ибо уединенный имеет нужду в великом трезвении и в неразвлекаемом уме. Сожительствующему с другим часто помогает брат; а безмолвнику споспешествует Ангел.

9. Умные Силы небесные сослужат безмолвствующему душою, и любовно с ним пребывают; о противном же умолчу тебе.

10. Глубина догматов неисследима; и уму безмолвника не безбедно в нее пускаться.

11. Небезопасно плавать в одежде, небезопасно и касаться Богословия тому, кто имеет какую-нибудь страсть.

12. Келлия безмолвника заключает в себе тело его; в внутри оного заключается храмина разума.

13. Недугующий душевною страстию и покушающийся на безмолвие подобен тому, кто соскочил с корабля в море, и думает безбедно достигнуть берега на доске.

14. Тем, которые борются с телесною похотию, в свое время прилично бывает безмолвие, если они только имеют наставника. Ибо уединенная жизнь требует Ангельской крепости. Я говорю здесь об истинных безмолвниках по телу и по душе.

15. Безмолвник, разленившись, начинает говорить ложное, некоторыми намеками побуждая людей, чтобы они убедили его оставить безмолвие, а, оставив келлию, обвиняет в этом бесов, не зная того, что сам был себе бесом.

16. Видал я безмолвников, которые пылающее свое желание к Богу насыщали безмолвием ненасытно, и порождали в себе огнь огнем, рачение рачением, и вожделение вожделением.

17. Безмолвник есть земной образ Ангела, который на хартии любви рукописанием тщания освободил молитву свою от лености и нерадения. Безмолвник тот, кто явственно вопиет: «готово сердце мое, Боже» (*Пс.56:8*). Безмолвник тот, кто говорит: «аз сплю, а сердце мое бдит» (*Песн.5:2*).

18. Затворяй дверь келлии для тела, дверь уст – для бесед, а внутреннюю дверь души – для лукавых духов.

19. Тишина и зной солнечный в полдень обнаруживают терпение мореплавателя, а недостаток жизненных потребностей изъявляет терпение безмолвника. Первый от малодушия купается в воде, а последний от уныния ищет многолюдства.

20. Не бойся шума скаканий бесовских; ибо плач не знает боязни, и не приходит в ужас.

21. Те, которых ум научился истинно молиться, глаголют с Господом лицом к лицу, как бы в уши царя. А которые молятся устами, те припадают к Нему, как бы при всем синклите. Пребывающие же в мире, когда молятся, подобны бывают тем, кои среди молвы всего народа умоляют царя. Если ты собственным опытом научился художеству молитвы, то слово мое для тебя понятно.

22. Сидя на высоте, наблюдай, если только знаешь это; и тогда увидишь, как и когда, откуда, сколь многие, и какие тати хотят войти и окрасть твои грозды.

23. Когда страж сей утрудится, то встает и молится; а потом опять садится и мужественно принимается за первое дело.

24. Некто, опытом познавший сказанное мною, хотел войти в тонкое и подробное рассуждение о сем предмете; но убоялся, чтобы делателей не привести чрез то в леность, и звуком слов своих не устрашить усердно желающих приступить к сему деланию.

25. Кто входит в подробное и тонкое рассуждение о безмолвии, тот вооружает на себя бесов; ибо никто лучше его не может объяснить их бесчиния и коварств.

26. Кто постиг безмолвие, тот узнал глубину таинств; но не вошел бы в оную, если бы не увидел и не услышал прежде дыхания бесовских ветров и возмущения волн искушений; а может быть ими и обрызгался. Ска-

занное нами подтверждает Апостол Павел; ибо если бы он не был восхищен в рай, как в безмолвие, то не мог бы услышать глаголы неизреченные. Ухо безмолвника приимет от Бога дивные откровения; потому всемудрое безмолвие и говорит через Иова: «не приимет ли ухо мое предивных от Него?» (*Иов. 4:12*).

27. Истинный безмолвник, не желая лишиться сладости Божией, так удаляется от всех людей, без ненависти к ним, как другие усердно с ними сближаются.

28. «Иди», и расточи «имение» свое вскоре (ибо слово: «продаждь», требует времени) «и даждь нищим» (*Мф. 19:21*), чтобы они молитвою помогли тебе в обретении безмолвия; и возьми крест твой, нося его послушанием; и тяготу отсечения воли своей крепко терпя; потом «гряди», и последуй мне к совокуплению с блаженнейшим безмолвием; и я научу тебя видимому деланию и жительству умных Сил. Не насытятся они во веки веков, восхваляя Творца: так и восшедший на небо безмолвия не насытится, воспевая Создателя. Невещественные не попекутся о веществе: не попекутся и о пище живущие в теле подобно бестелесным. Первые не чувствуют нужды в пище; но и последние не потребуют человеческой помощи в пропитании. Те небрегут о деньгах и стяжаниях, а сии – о бесовских озлоблениях. Нет в горних желания видимой твари: нет и в сих, мудрствующих горняя, желания видеть чувственное, ангелы никогда не перестанут преуспевать в любви: не перестанут и безмолвники ежедневно стремиться подражать им. Тем не неведомо богатство их преуспеяния: не безызвестно и сим рачение к восхождению. И те не остановятся, доколе не достигнут превыспреннего устроения Серафимов: и последние не перестанут простираться вперед, пока не будут Ангелами. Блажен надеющийся наслаждаться столь высоким блаженством; преблажен, кто удостоился

оного в будущем веке; но тот, кто уже наслаждается сим блаженством, есть Ангел.

О различных видах безмолвия

29. Всем известно, что во всех науках и во всех искусствах, занимающиеся ими имеют различные степени знания и различные намерения; ибо не у всех все бывает во совершенстве, по скудости тщания, или по недостатку естественных сил. Некоторые входят в пристанище безмолвия, или, лучше сказать, в сию пучину и глубину по невоздержности языка своего, или по причине худых телесных привычек. Другие, будучи весьма склонны к раздражительности, не могут удерживать оной, живя в многолюдстве, и потому идут в пустыню. Иные же потому, что от гордости считают лучшим плыть по своей воле, нежели под руководством настоятеля. Некоторые потому, что посреди вещей не могут удержать себя от поползновения и пристрастия[113]; а иные потому, что чрез уединенную жизнь желают приобрести большее усердие и тщание. Одни для того, чтобы тайно помучить себя за грехи; а другие чтобы чрез уединенную жизнь приобресть себе славу. Иные же наконец (если только Сын Человеческий пришедши обрящет таких на земле), сочетались с безмолвием для наслаждения любовию Божиею, для утоления жажды сей любви, будучи влекомы ее сладостию. Но они сделали это не прежде, как давши разводную всякому унынию, потому что соединение с этою страстию, в отношении безмолвия, считается блудом.

30. По малому разуму, данному мне, как неискусный архитектон, соорудил я лествицу для восхождения. Каждый сам да рассмотрит себя, на какой отстоит степени. По самочинию ли ищет безмолвия, или для славы че-

ловеческой, или по немощи языка, или по неукротимой раздражительности, по множеству ли пристрастия, или чтобы понести мучения за грехи, чтобы приобрести большую ревность к подвигам добродетели, или чтобы в любви Божией приложить огнь к огню? Будут последние первии, а первии последними. Из сих восьми видов безмолвия, семь образуют седмицу нынешней жизни, и одни из них Богу приятны, а другие неприятны; восьмой же вид, без сомнения, носит печать будущего века.

31. Наблюдай, о уединенный инок, времена, когда и какие звери к тебе приходят; если же не так, то не возможешь поставить на них приличные сети. Если уныние, получив разводную, совершенно от тебя отступило, то не будешь иметь нужду в рукоделии, если же оно еще нападает на тебя, то не знаю, как будешь безмолвствовать.

32. Почему у преподобных Тавеннисиотян не было таких светильников, какие были у Скитян? Кто может разуметь сие, да разумеет; а я не могу говорить об этом, или, вернее, не хочу[114].

33. Между пребывающими во глубине безмолвия, одни умаляют страсти; другие проводят большую часть времени в псалмопении; иные терпеливо пребывают в (умной) молитве; иные же простираются к видению. Проходи сии делания по образу лествицы, т. е. постепенно. Могий о Господе вместити да вместит.

34. Бывают ленивые, которые, вступивши в общежитие находят в нем много удобств, и большую пищу своей лености, приходят через это в совершенную погибель. Но и такие бывают, которые оставляют свою леность, будучи возбуждены примером живущих с ними. Впрочем это бывает не только с нерадивыми, но и с ревностными.

35. То же можно сказать и о безмолвии пустынножителей. Пустыня приняла многих благоискусными, и потом отвергла их, как неискусных, обличив сластолюбие

их, которому они подверглись чрез самочиние. Но она же, принявши некоторых не совсем искусных, сделала их тщательными и горящими ревностию, внушив им страх и попечение собственного ответа за бремя своих согрешений.

36. Никто из тех, которые лицемерно подвержены раздражительности и возношению, лицемерию и памятозлобию, да не дерзнет когда-либо увидеть и след безмолвия, чтобы не дойти ему до исступления ума, и только. Если же кто чист от сих страстей, тот познает полезное; впрочем, думая, что и он сам собою не может сего достигнуть.

37. Признаки, указания[115] и свойства, по которым узнаются проходящие безмолвие с разумом, суть: ум неволнующийся, мысль очищенная, восхищение ко Господу, представление вечных мук, памятование о близости смерти, молитва ненасытная, стража неусыпная, умерщвление блуда, неведение пристрастия, умерщвление себя миру, отвращение от чревоугодия, начало Богословия, рассуждения источник, содружество слез, истребление многословия, и все сему подобное, несовместное с пребыванием в многолюдстве.

38. Напротив того, признаки не по разуму проходящих безмолвие суть: крайний недостаток в вышеисчисленном богатстве, умножение гнева, хранение памятозлобия, любви умаление, приращение кичения; о прочем же умолчу.

39. Сказавши об истинных и о неистинных безмолвниках, нужно изложить здесь и свойства пребывающих в повиновении; тем более, что к ним в особенности простирается мое слово.

40. Признаки тех, которые законно, непрелюбодейно и нелицемерно сочетались с прекрасным и Боголепным послушанием, по учению Богоносных Отцов,

суть сии, – достигаемые однако во свое время, хотя и на всякий день (если только Господу посвятили мы день) простираемся впредь, приемля духовное приращение и преуспеяние: – умножение новоначального смирения, умаление раздражительности – и как она не умалится, когда желчь истощается? – оскудение мысленных помрачений, возжжение любви, отчуждение страстей, освобождение от ненависти, уменьшение блудного вожделения вследствие обличения, незнание уныния, умножение усердия, расположение к милосердию, уклонение от гордости. Вот преуспеяние, достойное того, чтобы все его искали, хотя и немногие его обретают. Если в источнике нет воды, то нельзя уже назвать его источником. А прочее имеющие ум уразумеют.

41. Жена, несохранившая чистоты ложа, осквернила тело; а душа, несохранившая завета (послушания), осквернила дух. За преступлением первой следуют укоризны, ненависть, побои, и что всего плачевнее, развод. За преступлением же последней следуют: осквернения, забвение смерти, ненасытное объедение, невоздержание очей, искание тщетной славы, безмерный сон, окаменелость сердца, смущение духа, непослушание, прекословие, пристрастие, неверие, неуверенность сердечная, многословие, и вольность обращения, злейшая из всех сих, но что всего жалостнее, это сердце чуждое умиления за чем в невнимательных следует совершенная бесчувственность, матерь падений.

42. Из восьми главных духов: пять бесов[116] борются с безмолвствующими; а три с проходящими послушание[117].

43. Безмолвствующий и борющийся с унынием часто терпит большую потерю, потому что время молитвы и видения он истощает на разные ухищрения, в борьбе с сею страстию.

44. Однажды я, сидя в келлии, впал в такое разленение, что думал почти ее оставить. Но пришли некоторые странники, и наговорили мне, как безмолвнику, много похвал; и помысл разленения тотчас оставил меня, будучи прогнан тщеславием... Я удивился, как трерожный бес тщеславия сопротивляется всем духам.

45. Наблюдай повсечасно различные веяния, парения, преклонения и изменения, сего неотлучного спутника ума твоего (т. е. духа уныния), и смотри: как, и куда он тебя наклоняет сими движениями? Кто Духом Святым стяжал тишину, тому известно рассмотрение сих тонкостей.

46. Предварительное дело безмолвия есть отложение попечения о всех благословных и непозволительных вещах; ибо кто отворяет вход первым, тот, без сомнения, впадает и в последние. Второе дело – молитва без лености (т. е. псалмопение); а третье – хранение сердца неокрадываемое. Невозможно по естественному порядку вещей, чтобы ненаучившийся буквам читал и изучал книги; а еще невозможнее, чтобы тот, кто не приобрел первого, проходил с разумом последние делания.

47. Проходя среднее из сих деланий, был я[118] в средней мере видения, и (Ангел) просвещал меня, когда я жаждал больших откровений. И опять бывши в той же мере, вопрошал я его: «Каким был (Господь), прежде принятия Им видимого образа естества человеческого?» Но Князь небесных Сил не мог научить меня сему; да и не было ему позволено. Потом я просил его открыть мне, в каком Он ныне состоянии? «В свойственном Ему, – отвечал он, а не в сих». Я спросил опять, «Какое есть Его стояние и седение одесную Отца?» Он отвечал: «Невозможно слухом принять разумение сей тайны». Я умолял его привести меня к тому, к чему влекло меня желание. Но он сказал: «Время это еще не пришло, потому что еще

мало в тебе огня нетления». Впрочем не знаю и не могу сказать, был ли я в теле, или вне тела, когда все сие со мною происходило[119].

48. Неудобно отогнать от себя полуденный сон, особенно в летнее время; тогда только может быть позволительно рукоделие.

49. Узнал я, что бес уныния предшествует бесу блуда, и уготовляет ему путь, чтобы, крепко расслабив и погрузив в сон тело, дать возможность бесу блуда производить в безмолвствующем, как наяву, осквернения. Если ты мужественно воспротивишься сим духам, то они непременно воздвигнут против тебя сильную брань, с тем, чтобы ты оставил подвиг безмолвия, как совершенно бесполезный для тебя. Но ничто столько не доказывает победы над бесами, как лютые брани, которые они против нас воздвигают.

50. Когда ты выходишь из уединения, храни собранное; ибо если отворены дверцы в клетке, то птицы, в затворе бывшие, вылетают. И тогда уже не будет нам никакой пользы от безмолвия.

51. Малый волос беспокоит око, и малое попечение губит безмолвие; ибо безмолвие есть отложение всех попечений, не относящихся к делу спасения, и отвержение всех попечений, даже и тех, которые по-видимому основательны.

52. Поистине, достигший безмолвия не будет заботиться и о теле своем; ибо неложен Обещавший попещись о нем.

53. Кто желает представить Богу чистый ум, а смущает себя попечениями, тот подобен крепко сковавшему свои ноги и покушающемуся скоро идти.

54. Редки люди, совершенно изучившие мирскую премудрость; а я скажу, что еще меньше таких, которые знают Божественное любомудрие истинного безмолвия.

55. Кто еще не познал Бога, тот неспособен к безмолвию, и многим бедам подвергается на сем пути. Безмолвие погубляет неискусных; ибо они, не вкусивши сладости Божией, все время проводят в пленениях и расхищениях, в унынии и парениях.

56. Отведавший сладости молитвы бегает многолюдства, как онагр. Ибо что иное, как не молитва, заставляет его быть подобным онагру, и свободным от всякого сообщества людей?

57. Одержимый страстями проводит время в пустыне в непрестанном о них размышлении, как говорил и учил святой старец Георгий Арселаитский, который и тебе, честнейший отче, не безызвестен. Поучая некогда мою непотребную душу, и наставляя ее к безмолвию, он говорил: «Я приметил, что поутру приходят к нам по большей части бесы тщеславия и плотской похоти; в полдень бесы уныния, печали и гнева; а под вечер смрадолюбивые мучители чрева».

58. Лучше послушник нестяжательный, нежели безмолвник, развлекаемый попечениями.

59. Кто разумно вступил в безмолвие, а между тем не видит ежедневного приобретения, тот или не так безмолвствует, как должно, или бывает окрадываем самомнением.

60. Безмолвие есть непрерывная служба Богу и предстояние пред Ним.

61. Память Иисусова[120] да соединится с дыханием твоим; и тогда познаешь пользу безмолвия.

62. Падение послушнику – собственная воля; а безмолвнику – оставление молитвы[121].

63. Если ты радуешься о том, что люди приходят к тебе в келлию, то знай, что ты занят унынием, а не службою Богу.

64. Примером молитвы да будет тебе вдовица, представленная в Евангелии, которую обижал ее соперник; а образом безмолвия – великий и равноангельный безмолвник Арсений. Будучи в уединении, вспоминай житие сего равноангельного; и смотри, как он и тех, которые многократно приходили к нему, отсылал, не показавшись им, чтобы не потерять большего.

65. Узнал я, что бесы научают безрассудно странствующих часто приходить к истинным безмолвникам, чтобы посредством сих посетителей хотя немного воспрепятствовать добрым делателям. Замечай таковых, о возлюбленный, и не бойся благочестивым обличением опечаливать сих ленивых; может быть, по причине этого огорчения, они перестанут скитаться. Но смотри, чтобы с таким намерением понапрасну не опечалить души, которая от жажды приходит к тебе почерпнуть воды. Да и во всем нужен тебе светильник рассуждения.

66. Жизнь безмолвствующих, и вообще монашествующих[122], должна быть управляема совестию и разумом. Кто с разумом идет по сему пути, тот все свои тщания, вещания, помышления, хождение, движения, и все, что ни делает, совершает ради Господа и в угодность Ему, в чувстве души и как бы пред лицом Господним. Если же он в этом бывает окрадываем, то еще не живет по правилам добродетели.

67. «Отверзу, – говорит некто, – во псалтири гадание мое» и волю мою, по несовершенству еще моего рассуждения (*Пс.48:5*). А я молитвою вознесу к Богу волю мою, и от Него буду ждать извещения моего.

68. Вера – крыло молитвы; не имея сего крыла, молитва моя опять в недро мое возвратится. Вера есть несокрушимая крепость души, никакими благословными беспокойствами неколеблемая. Верующий не тот, кто думает, что Богу все возможно, но кто верует, что полу-

чит от Него все, что просит. Вера получает и то, чего не смеет надеяться, как показал сие пример благоразумного разбойника на кресте. Матерь веры есть труд и правое сердце; ибо последнее делает ее несомненною, а первый созидает ее. Вера есть матерь безмолвника; и если он не будет веровать, то как станет безмолвствовать?

69. Узник, заключенный в темнице, страшится исполнителя казни; а безмолвствующий в келлии рождает страх Божий; и не столько первый боится человеческого судилища, сколько второй судилища Вечного Судии. Много нужно тебе иметь страха в безмолвии, досточудный; ибо ничто лучше его не отгоняет уныния. Осужденный всегда ожидает того часа, когда судия приидет в темницу; истинный же делатель безмолвия ждет, когда приидет безотложная смерть. Первого тяготит бремя печали; а у второго не иссыхает источник слез.

70. Если ты приобретешь жезл терпения, то адские псы скорее перестанут бесстыдствовать перед тобою. Терпение есть болезненное чувство души, никак не побеждаемое благословными нуждами. Терпеливый есть непадающий делатель, который и чрез падения одерживает победу. Терпение есть предназначение себе и ожидание ежедневной скорби. Терпение есть отсечение оправданий и внимание себе. Делателю безмолвия не столько нужна телесная пища, сколько терпение, ибо через второе получает он венец, а через первую часто ввергает себя в погибель. Терпеливый муж прежде смерти умер, келлию сделав для себя гробом. Терпение рождают надежда и плач. Не имея сих двух добродетелей, безмолвник есть раб уныния.

71. Воину Христову должно знать, каких врагов следует ему отгонять еще издали, и каким попускать бороться с собою. Борьба эта иногда бывает нам причиною венца; иногда же отречение от борьбы делает нас непотребны-

ми. Но этому невозможно научиться одними словами; потому что не все мы имеем одинаковые навыки, и не в одной мере.

72. Наблюдай с особенным вниманием, чтобы видеть коварство одного из духов злобы, который, – стоишь ли или ходишь, сидишь ли или находишься в движении, за трапезою ли ты или на молитве, спишь ли ты, – непрестанно воюет против тебя.

73. Не все хлебы, испеченные из небесной пшеницы сего духовного делания, имеют одинакий вид. Некоторые непрестанно содержат в памяти сии слова Давидовы: «предзрех Господа предо мною выну» (*Пс.15:8*); другие: «в терпении вашем стяжите души ваша» (*Лк.21:19*); иные: «бдите и молитися» (*Мф.26:41*); иные: «уготовляй на исход дела твоя» (*Притч.24:27*); другие: «смирихся и спасе мя» (*Пс.114:6*). Некоторые: «недостойны страдания нынешнего времени» (*Рим.8:18*), против будущей славы; другие же, наконец, всегда рассматривают умом сии слова: «да не когда похитит и не будет избавляяй» (*Пс.49:22*). Вси убо текут, един же из сих приемлет почесть без труда[123].

74. Преуспевший не оставляет делания не только в бодрственном состоянии, но и во сне. Посему некоторые даже во время сна посрамляют приходящих к ним бесов, и представляющихся им в сновидении блудных женщин поучают целомудрию. Не ожидай посещений, и не приготовляйся к оным заранее; ибо устроение безмолвия такого, что все должно быть просто и непринужденно.

75. Никто же хотяй создати столп и келлию безмолвия, приступает к сему, аще не первее седе разчтет и испытает молитвою, аще иметь еже есть к совершению необходимое, дабы, положив основание, и не могий совершити, не был посмешищем для врагов своих, и преткновением для других духовных делателей.

76. Рассматривай приходящую сладость: не отравлена ли она от горьких врачей, паче же коварных убийц душ человеческих.

77. В продолжении ночи большую часть времени посвящай молитве, а меньшую назначай для псалмопения. Днем же опять уготовляйся по твоим силам.

78. Чтение Св. Писаний не мало может просвещать и собирать ум; ибо они суть глаголы Духа Святого, и всячески вразумляют читающих. Будучи делателем, прочитывай деятельные книги отцов; ибо исполнением сего на деле, чтение прочего делается излишним. Старайся научаться разуму и делу спасения более от трудов, а не из одних книг. Прежде приятия силы духовной не читай книг чуждых правоверия, потому что они исполнены тьмы, и помрачают умы немощных.

79. Часто одна чаша вина показывает его вкус: и одно слово безмолвника обнаруживает все его внутреннее делание и устроение перед теми, которые могут познавать это.

80. Неусыпно наблюдай душевным твоим оком за возношением; ибо между обольщениями нет ничего губительнее сей страсти.

81. Когда выходишь из своего уединения, храни язык твой; ибо он может в малое время расточить плоды многих трудов.

82. Старайся быть нелюбопытным; ибо ничто так не оскверняет безмолвия, как любопытство.

83. Предлагай приходящим, что для них нужно по душе и по телу. Если они превосходят нас премудростию, то покажем наше любомудрие молчанием; если же они, по духовному возрасту, братия равные с нами, то можем умеренно отверзать дверь нашего слова. Однако лучше думать, что все превосходнее нас.

84. Я хотел было совершенно возбранить в молитвенное время[124] телесное дело тем, которые еще младенцы в подвигах; но удержал меня носивший во всю ночь песок в поле своей одежды[125].

85. Как догмату веры о святой и несозданной и покланяемой Троице противоположно учение о воплощении Единого той же всепетой Троицы; ибо что в Троице должно разуметь в числе множественном, то во Христе разумеется в числе единственном, а что в Той единственно, то в Сем разумеется множественно[126]: так и иные обучительные подвиги приличны безмолвию, а другие общежительному послушанию.

86. Божественный Апостол говорит: «кто уразумел ум Господень?» (*Рим.11:34*). Я же говорю: кто познал ум человека безмолвствующего телом и духом?

Могущество царя состоит в богатстве и во множестве подданных: могущество же безмолвника в преизобилии молитвы.

СЛОВО 28. О МАТЕРИ ДОБРОДЕТЕЛЕЙ, СВЯЩЕННОЙ И БЛАЖЕННОЙ МОЛИТВЕ, И О ПРЕДСТОЯНИИ В НЕЙ УМОМ И ТЕЛОМ

1. Молитва, по качеству своему, есть пребывание и соединение человека с Богом; по действию же, она есть утверждение мира, примирение с Богом, матерь и вместе дщерь слез, умилостивление о грехах, мост для перехождения искушений, стена, защищающая от скорбей, сокрушение браней, дело Ангелов, пища всех бесплотных, будущее веселие, бесконечное делание, источник добродетелей, виновница дарований, невидимое преуспеяние, пища души, просвещение ума, секира отчаянию, указание надежды, уничтожение печали, богатство монахов, сокровище безмолвников, укрощение гнева, зеркало духовного возрастания, познание преуспеяния, обнаружение душевного устроения, предвозвестница будущего воздаяния, знамение славы. Молитва истинно молящемуся есть суд, судилище и престол Судии прежде страшного суда.

2. Восстанем и услышим, что сия священная царица добродетелей высоким гласом к нам взывает и говорит: «приидите ко Мне вси труждающиися и обремененнии, и Аз упокою вы. Возмите иго Мое на себе,... и обрящете покой душам вашим и исцеление язвам вашим. Иго бо Мое благо» и исцеляет великие согрешения (*Мф.11:28–30*).

3. Мы, которые грядем предстать Царю и Богу, беседовать с Ним, не неготовые должны исходить в путь сей, чтобы Он издалеча узрев нас, не имеющих оружия и одеяния, которые должны иметь предстоящие царю, не повелел Своим рабам и служителям связать нас, и далече от лица Своего отринуть, а прошения наши разодрать, и бросить нам в лице.

4. Когда идешь предстать пред Господом, да будет вся риза души твоей соткана из нитей, вернее же сказать, из залога непамятозлобия. Если не так, то не получишь от молитвы никакой пользы.

5. Вся ткань молитвы твоей да будет немногосложна; ибо мытарь и блудный сын одним словом умилостивили Бога.

6. Предстояние на молитве по-видимому одно, но в самом деле имеет в себе многое различие и разные степени. Одни приступают к Богу, как к другу, а вместе и Владыке своему, и приносят Ему песнь и молитву уже не за себя, а в заступление ближних. Другие ищут духовного богатства, славы и большего дерзновения. Иные умоляют Бога избавить их совершенно от их соперника. Другие испрашивают некоторого достоинства. Иные умоляют о совершенном прощении долгов. Некоторые просят освобождения из темницы, а другие наконец разрешения грехов.

7. Прежде всего изобразим на хартии нашего моления искреннее благодарение Богу; потом исповедание грехов и сокрушение души в чувстве; после сего да представляем Царю всяческих наши прошения. Сей образ молитвы есть самый лучший, как одному из братий от Ангела Господня было показано.

8. Если ты предстоял когда-нибудь перед земным судиею, как обвиненный, то не нужно тебе искать другого образа для предстояния на молитве. Если же ты сам не

предстоял на суде, и не видал других истязаемых, то, по крайней мере научайся молиться из примера больных, как они умоляют врача о пощаде, когда он приготовился резать или жечь их тело.

9. Не употребляй в молитве твоей премудрых выражений; ибо часто простой и неухищренный лепет детей был угоден Небесному Отцу их.

10. Не старайся многословить, беседуя с Богом, чтобы ум твой не расточился на изыскание слов. Одно слово мытаря умилостивило Бога, и одно изречение, исполненное веры, спасло разбойника. Многословие при молитве часто развлекает ум, и наполняет его мечтаниями, а единословие обыкновенно собирает его.

11. Если ты в каком-либо слове молитвы почувствуешь особенную сладость, или умиление, то остановись на нем; ибо тогда и Ангел хранитель наш молится с нами.

12. Не будь дерзновен, хотя бы ты и стяжал чистоту; напротив того приступай к Богу с глубочайшим смиренномудрием, и получишь у Него большее дерзновение.

13. Хотя бы ты взошел на всю лествицу добродетелей, однако и тогда молись о прощении грехов, слыша, что св. Павел говорит о грешниках: «от них же первый есмь аз» (*1Тим.1:15*).

14. Пищу приправляют обыкновенно маслом и солью: целомудрие же и слезы воскриляют молитву.

15. Если облечешься в совершенную кротость и безгневие, то не много будешь трудиться, чтобы освободить ум твой от пленения.

16. Доколе мы еще не имеем истинной молитвы, доколе мы подобны обучающим младенцев ходить[127].

17. Старайся всегда возвращать к себе уклоняющуюся твою мысль, или, лучше сказать, заключай ее в словах молитвы. Если она, по младенчественности твоей, утомится и впадет в развлечение, то опять введи ее в слова

молитвы; ибо непостоянство свойственно нашему уму. Но Тот, Кто силен все утвердить может и уму нашему дать постоянство. Если ты неослабно в сем делании подвизаешься, то и к тебе приидет Полагай пределы морю ума твоего, и скажет ему в молитве твоей: «доселе дойдеши и не прейдеши» (*Иов. 38:11*). Духа связывать невозможно; а где Создатель духа сего, там все Ему покорно.

18. Если ты когда-нибудь взирал к Солнцу, то можешь и говорить с Ним, как должно; а чего ты не видал, с тем можно ли беседовать неложно?

19. Начало молитвы состоит в том, чтобы отгонять приходящие помыслы при самом их появлении; средина же ее – в том, чтобы ум заключался в словах, которые произносим и помышляем; а совершенство молитвы есть восхищение ко Господу.

20. Иное радование бывает в молитве у подвизающегося в общежитии; и иное у молящегося в безмолвии. Первое, может быть, немного смешано с возношением, а последнее все исполнено смиренномудрия.

21. Если ты постоянно обучаешь ум твой не удаляться от тебя, то он будет близ тебя и во время трапезы. Если же он невозбранно всюду скитается, то никогда не будет пребывать с тобою. Посему великий делатель великой и совершенной молитвы говорит: «хощу пять словес умом моим глаголати» (*1Кор. 14:19*) и прочее. Но для младенчествующих такое делание невозможно. Посему мы, как несовершенные, с качеством молитвы должны соединять и количественное множество, потому что второе бывает причиною первого. Ибо сказано: Даяй молитву чисту молящемуся неленостно, хотя бы и не чисто, но с утруждением.

22. Иное дело осквернение молитвы, иное – истребление оной, иное – окрадение, а иное – порок молитвы. Осквернение молитвы бывает, когда человек, предстоя

Богу, занимается непристойными и нечистыми помышлениями. Истребление молитвы, когда ум бывает пленяем неполезными попечениями. Окрадение же, когда мысль молящегося неприметно парит; а порок молитвы есть приражение какого бы то ни было помысла, во время оной к нам приближающегося.

23. Если во время молитвенного предстояния мы не одни, то употребим образ внутренней молитвы. Если же не присутствуют служители похвал, то ко внутренней молитве присоединим и внешний образ моления; ибо в несовершенных ум часто сообразуется с телом.

24. Все, а наипаче приступающие просить Небесного Царя о оставлении греховного долга, должны иметь неисповедимое сокрушение. Пока мы еще находимся в темнице (страстей), будем внимать словам Того, Который сказал Апостолу Петру (*Деян.12:8*): «препояшися» лентием послушания, совлекись собственных хотений, и обнажившись от них, в молитве твоей приступи ко Господу, призывая только Его святую волю. Тогда приимешь в себе Бога, держащего кормило души твоей и безбедно управляющего тобою.

25. Восстав от миролюбия и сластолюбия, отвергни попечения, совлекись помышлений, отрекись тела; ибо молитва есть не иное что, как отчуждение мира видимого и невидимого. «Что бо ми есть на небеси?» – Ничтоже. «И от Тебе что восхотех на земли?» – Ни что иное, как только непрестанно в молитве безмолвно прилепляться к Тебе. Одни пленяются богатством, другие славою, иные стяжанием: «мне же еже прилеплятися Богови вожделенно есть и полагати на Него упование» моего бесстрастия (*Пс.72:25, 28*).

26. Вера воскрыляет молитву; и без веры молитва не может возлететь на небо.

27. Страстные! будем прилежно и неотступно молиться Господу; ибо все бесстрастные из страстного состояния достигли бессмертия.

28. Аще и Бога не боится Судия оный, но зане душа, чрез грех и падение овдовевшая от Него, творит Ему труды, то Он сотворит отмщение ея от соперника ея – тела, и от врагов ее – злых духов (*Лк.18:2–7*). Сей благой Искупитель наш благоразумных привлекает к любви Своей скорым исполнением их прошения. Неблагодарные же души, как псов, долго томит алчбою и жаждою неисполняемого желания, заставляет их таким образом пребывать при Себе молитвою; ибо неблагодарный пес, получивши хлеб, тотчас же отходит от того, кто дал ему.

29. Долго пребывая на молитве, и не видя плода, не говори: я ничего не приобрел. Ибо самое пребывание в молитве есть уже приобретение; и какое благо выше всего, прилепляться ко Господу и пребывать непрестанно в соединении с Ним?

30. Не столько осужденный боится изречения своей казни, сколько ревностному молитвеннику страшно предстояние на молитве. Поэтому, кто премудр и благоискусен, тот, помня о сем предстоянии, может отвращать от себя всякую досаду и гнев, попечение, суетные заботы, скорбь и насыщение и искусительные помыслы.

31. Непрестанною молитвою в душе приготовляйся к предстоянию твоего моления, и вскоре преуспеешь. Видел я блистающих послушанием, и по возможности не нерадящих о памяти Божией, совершаемой умом, которые, ставши на молитву, вскоре овладевали умом и проливали потоки слез, потому что были предуготовлены святым послушанием.

32. Псалмопение во многолюдстве сопровождается пленениями и парениями, уединенное же не столько;

но здесь нападает уныние, а там, от примера других, рождается усердие.

33. Любовь воина к царю показывается во время брани: а любовь монаха к Богу открывается во время молитвы и предстояния на оной.

34. Устроение твое покажет молитва; ибо богословы утверждают, что молитва есть зеркало иноков.

35. Кто, занимаясь каким-либо делом, продолжает его и тогда, когда настал час молитвы, тот бывает поруган бесами; ибо то и намерение у сих татей, чтобы одним временем похищать у нас другое.

36. Если кто-нибудь просит тебя помолиться об нем, то хотя ты и не стяжал еще дара молитвы, не отрицайся. Ибо часто вера просящего молитвы спасет и того, кто молится об нем с сокрушением сердца.

37. Не возносись, когда ты молился о других и был услышан; ибо это вера их подействовала и совершила.

38. От всякого отрока каждодневно учитель без упущения требует, чтобы он дал ответ во всем, чему научился от него: и от всякого ума Бог во всякой молитве требует, чтобы показал силу, которую получил от него. Итак должно внимать. Когда трезвенно помолишься, вскоре будешь борим на гнев; ибо враги наши обыкновенно так поступают.

39. Всякую добродетель, но в особенности молитву, должны мы всегда совершать со многим чувством; а душа тогда молится с чувством, когда она бывает превыше раздражительности.

40. Приобретенное многими молитвами и годами бывает твердо и прочно.

41. Кто стяжал Господа, тот уже не скажет своего слова в молитве; ибо Дух Святый тогда молится о нем и в нем, «воздыхании неизглаголанными» (*Рим. 8:26*).

42. Во время молитвы не принимай никакого чувственного мечтания, чтобы не впасть в исступление ума.

43. Извещение о том, что прошение наше услышано Богом, получаем мы во время молитвы. Извещение есть устранение сомнения; извещение есть достоверное объявление неизвестного.

44. Прилежно упражняясь в молитве, будь милосерд; ибо чрез сию добродетель монахи приимут сторицею еще в нынешнем веке, а в будущем – жизнь вечную.

45. Огонь, пришедши в сердце, воскрешает молитву; по воскресении же и вознесении ее на небо, бывает сошествие огня в горнице души.

46. Некоторые говорят, что молитва лучше, нежели память о смерти; я же воспеваю два существа в одном лице.

47. Добрый конь, чем долее бежит, тем более разгорячается и ускоряет бег свой. Под бегом разумею псалмопение, а конь это – мужественный ум. Таковой издалеча предусматривает брань, и, будучи к ней приготовлен, пребывает вовсе непобедим.

48. Жестокое дело – от уст жаждущего отнять воду; но еще более жестоко для души молящейся с умилением, прежде совершения молитвы отторгнуть себя от многовожделенного сего предстояния.

49. Не оставляй молитвы, пока не увидишь, что огнь ее и вода слез промыслительно отошли от тебя. Может быть, во всю жизнь свою не получишь такого времени для прощения грехов.

50. Вкусивший молитвы часто произношением одного слова оскверняет ум; и ставши потом на молитву, не находит вожделеваемого, что находил прежде.

51. Иное есть прилежно умом блюсти свое сердце; и иное быть епископом сердца посредством ума, как начальнику и как архиерею, приносящему Христу словесные жертвы[128]. Святой и пренебесный огнь, как говорит

некто из получивших наименование Богослова, входя в души первых, опаляет ее, по недостатку очищения; а вторых просвещает, по мере совершенства; ибо один и тот же огнь называется и огнем поедающим, и светом просвещающим. Посему одни отходят от молитвы как исходящие из разжженой печи, ощущая облегчение от некоторой скверны и вещества; а другие, – как просвещенные светом и облеченные в сугубую одежду смирения и радования. Те же, которые исходят от молитвы без которого-нибудь из сих двух действий, молились телесно, чтобы не сказать по-иудейски, а не духовно.

52. Если тело, прикасаясь другому телу, изменяется в своих действиях, то как не изменится тот, который неповинными руками прикасается телу Божию.

53. У Всеблагого Царя нашего можно видеть действия, подобные поступкам земного царя, который иногда сам раздает дары своим воинам, иногда через друга, иногда через раба, а иногда и неведомым образом. Все это бывает, смотря по одежде нашего смирения.

54. Как земному царю мерзок, кто, предстоя ему, отвращает от него лице, и со врагами владыки своего беседует: так и Господу мерзок бывает предстоящий на молитве, и приемлющий нечистые помыслы.

55. Пса сего, приходящего к тебе, отгоняй оружием молитвы, и сколько бы он ни продолжал бесстыдствовать, не уступай ему.

56. Проси плачем, ищи послушанием, толцы долготерпением. Таким образом, «просяй приемлет, ищай обретает, и толкущему отверзется» (*Мф. 7:8*).

57. Остерегайся без разбора молиться о женском поле, чтобы с десной стороны не быть окрадену.

58. Исповедуя грехи свои Господу, не входи в подробности плотских деяний, как они происходили, чтобы тебе не сделаться наветником самому себе.

59. Во время молитвы не рассматривай даже и нужных и духовных вещей. Если же не так, то потеряешь лучшее.

60. Кто непрестанно опирается о жезл молитвы, тот не преткнется: а если бы это и случилось, то не падет совершенно. Ибо молитва есть благочестивое понуждение Бога (*Лк.18:5*).

61. Пользу молитвы познаем мы из тех препятствий, которые делают нам бесы во время церковных собраний; а плод ее – из побеждения наших врагов. «В сем бо познах, – говорит Псалмопевец, – яко восхотел мя еси, яко не возрадуется, во время брани, враг мой о мне» (*Пс.40:12*); и еще «воззвах всем сердцем моим» (*Пс.118:145*), т. е. телом и душою, и духом. «Ибо где два последние собраны,... там и Бог посреде их» (*Мф.18:20*).

62. Как телесное, так и духовное устроение не у всех одинаково; и некоторым прилично скорое псалмопение, а другим медлительное; ибо первые борются с пленением мыслей, а вторые – с необучением.

63. Если ты непрестанно молишься Небесному Царю против врагов твоих во всех их нападениях, то будь благонадежен: ты немного будешь трудиться. Ибо они и сами по себе скоро от тебя отступят, потому что нечистые эти не хотят видеть, чтобы ты молитвою получал венцы за брань с ними, и сверх того, опаляемые молитвою, как огнем, они принуждены будут бежать.

64. Будь мужествен во всех случаях, и Сам Бог будет твоим учителем в молитве. Нельзя словами научиться зрению, ибо это есть природная способность; так и благолепие молитвы нельзя познать от одного учения. Ибо она в самой себе имеет учителя – Бога, «учащаго человека разуму», «дающаго молитву молящемуся и благословляющаго лета праведных» (*Пс.93:10; 1Цар.2:9*).

СЛОВО 29. О ЗЕМНОМ НЕБЕ, ИЛИ О БОГОПОДРАЖАТЕЛЬНОМ БЕССТРАСТИИ И СОВЕРШЕНСТВЕ, И ВОСКРЕСЕНИИ ДУШИ ПРЕЖДЕ ОБЩЕГО ВОСКРЕСЕНИЯ

1. Вот уже и мы, лежащие в глубочайшем рве неведения и во тьме страстей, и в смертной сени тела сего, по дерзости своей начинаем любомудрствовать о земном небе.

2. Великолепие тверди суть звезды, а украшение бесстрастия – добродетели; ибо бесстрастие, как я думаю, не что иное что есть, как сердечное небо ума, которое все коварства бесов считает за детские игрушки.

3. Итак истинно бесстрастным называется и есть тот, кто тело свое сделал нетленным, ум возвысил превыше всякой твари, все же чувства покорил уму, а душу свою представил лицу Господню, всегда простираясь к Нему, даже и выше сил своих.

4. Некоторые говорят еще, что бесстрастие есть воскресение души прежде воскресения тела; а другие, что оно есть совершенное познание Бога, какое мы можем иметь после Ангелов.

5. Итак сие совершенное совершенных несовершаемое совершенство, как сказал мне некто, вкусивший оного, так освящает ум и исхищает его от вещественного, что часто, впрочем, по достижении сего небесного пристанища, от жизни в теле, восхищением на небо возносит к видению. О сем говорит Псалмопевец, который, может

быть, собственным опытом познал это, «яко Божии державнии земли зело вознесошася» (*Пс.46:10*). Таков был и тот Египтянин[129], который, при молитве с другими, не мог оставлять надолго простертыми рук своих к небу.

6. Между бесстрастными один бывает бесстрастнее другого. Ибо иной сильно ненавидит зло, а другой ненасытно обогащается добродетелями.

7. И чистоту называют бесстрастием, да и справедливо: ибо чистота есть начало общего воскресения и нетления тленных.

8. Бесстрастие показал написавший: «ум Господень имамы» (*1Кор.2:16*). Бесстрастие показал Египтянин оный, сказавший: «Я уже не боюсь Господа»[130]. Бесстрастие показал и тот, кто молился, чтобы опять обратились на него страсти[131]. Кто прежде будущей райской светлости удостоился такого бесстрастия, как Сириянин[132] оный? Ибо Давид, столь славный между пророками, говорит ко Господу: «ослаби ми, да почию» (*Пс.38:14*); а сей подвижник Божий взывал: «Ослаби ми волны благодати Твоея».

9. Та душа имеет бесстрастие, которая приобрела такой же навык в добродетелях, какой страстные имеют в сластях (страстях).

10. Если верх объедения состоит в том, что человек принуждает себя на принятие пищи, когда и не хочет есть, то верх воздержания – в том, чтобы и при алкании неповинную плоть свою удручить воздержанием. Если предел блуда есть то, когда кто похотствует при виде животных, и даже бездушных созданий; то предел чистоты состоит в том, чтобы ко всем иметь такое же чувство, как к предметам неодушевленным. Если крайняя степень сребролюбия есть то, когда человек не может перестать собирать богатство, или не насыщается им; то высота нестяжания состоит в том, чтобы не щадить и тела своего.

Если крайним пределом уныния считается, когда кто и в покое, ко всему не имеет терпения; то верхом терпения справедливо называется то, если человек, находясь в утеснении, считает себя имеющим отраду. Если пучину гнева означает то, когда человек и наедине гневается; то глубина долготерпения показывается в человеке, когда он пребывает в равном спокойствии и в присутствии и отсутствии злословящих. Если крайнее тщеславие есть, когда человек не видя при себе никого, кто бы его хвалил, обнаруживает тщеславные поступки; то признак совершенного нетщеславия есть, чтобы и при посещениях других, никогда не окрадываться тщеславною мыслию. Если знак погибели, т. е. гордости, есть, когда кто возносится и малыми и незначительными делами[133]; то спасительный признак смирения есть смиренно думать о себе и при великих начинаниях и совершенствах. И если знак совершенного порабощения страстям состоит в том, что человек скоро повинуется почти всему, тайно всеваемому от бесов; то почитаю за признак святого бесстрастия, когда кто может неложно сказать с Давидом: «уклоняющагося от Мене лукаваго не познах» (*Пс.100:4*), и не знаю, как он пришел, и зачем приходил, и как ушел; я ко всему такому стал нечувствителен, будучи весь соединен, и уповая всегда быть с Богом[134].

11. Кто сподобился быть в сем устроении, тот еще во плоти имеет живущего в себе Самого Бога, Который руководит его во всех словах, делах и помышлениях. Посему таковой чрез внутреннее просвещение познает волю Господню, как бы слыша некоторый глас, и, будучи выше всякого человеческого учения, говорит: «когда прииду и явлюся лицу Божию?» (*Пс.41:3*). Ибо не могу более сносить действие сего вожделения; но ищу той бессмертной красоты, которую Ты даровал мне прежде сего брения.

12. Но что много говорить? Бесстрастный «не ктому живет себе, но живет в нем Христос» (*Гал.2:20*), как сказал «подвигом добрым подвизавшийся, течение скончавший и веру православную соблюдший» (*2Тим.4:7*).

13. Из одного камня не составляется царский венец: так и бесстрастие не совершится, если вознерадим хотя об одной какой-либо добродетели.

14. Представляй себе, что бесстрастие есть небесная палата Небесного Царя. Многие обители суть селения внутри сего града, а стена горнего оного Иерусалима есть прощение согрешений. Поспешим, братия, поспешим, чтобы получить вход в чертоги оной палаты. Если же, о бедствие, удерживает нас бремя греховных навыков, или самое время, то постараемся по крайней мере не лишиться одной из обителей близ сего чертога. Если же еще храмлем, или немоществуем, то всячески потщимся хотя внутрь стены оной войти. Ибо кто прежде кончины не успеет войти туда, или, лучше сказать, кто не перейдет этой стены, тот водворится в пустыне бесов и страстей. По сей причине некто в молитве своей говорил: «Богом моим прейду стену» (*Пс.17:30*); и другой пророк говорит от лица Божия: «не греси ли ваши разлучают между вами и Мною»? (*Ис.59:2*). Итак разрушим, други, сие средостение ограды, которое мы по безумию нашему преслушанием соорудили. Потщимся еще здесь избавиться от греховного долга; ибо во аде нет могущего исцелить. Братия, оставим попечения; ибо мы записались в число свободных от попечений. Невозможно ни падением, ни временем, ни тяжестию бремени извиняться; ибо тем, которые прияли Господа чрез возрождение св. крещением, дал Он «область чадом Божиим быти» (*Ин.1:12*), и глаголет: «упразднитеся и разумейте, яко Аз есмь Бог» (*Пс.45:11*) и бесстрастие. Слава Ему во веки веков. Аминь.

Блаженное бесстрастие «восставляет убогий ум от земли на небо, и воздвигает сего нищего от гноища» страстей (*1Цар.2:8*); всехвальная же любовь «посаждает его со князи, с Ангелами святыми, с князи людей, Господних» (*Пс.112:8*).

СЛОВО 30. О СОЮЗЕ ТРЕХ ДОБРОДЕТЕЛЕЙ, ТО ЕСТЬ О ВЕРЕ, НАДЕЖДЕ И ЛЮБВИ

1. «Ныне же, после всего сказанного, пребывают три сия, все связующие и содержащие: вера, надежда и любы, больше же всех любы», ибо ею именуется Бог (*1Кор.13:13*).

2. По моему разумению, вера подобна лучу, надежда – свету, а любовь – кругу солнца. Все же они составляют одно сияние и одну светлость.

3. Первая все может творить и созидать; вторую милость Божия ограждает и делает непостыдною; а третья никогда не падает, не перестает от течения, и не дает опочить уязвленному ее блаженным упоением.

4. Кто хочет говорить о любви Божией, тот покушается говорить о Самом Боге; простирать же слово о Боге погрешительно и опасно для невнимательных.

5. Слово о любви известно Ангелам; но и тем по мере их просвещения.

6. «Любовь есть Бог» (см. *1Ин.4:8*); а кто хочет определить словом, что есть Бог, тот, слепотствуя умом, покушается измерить песок в бездне морской.

7. Любовь по качеству своему есть уподобление Богу, сколько того люди могут достигнуть; по действию своему, она есть упоение души; а по свойству источник веры, бездна долготерпения, море смирения.

8. Любовь собственно есть отложение всякого противного помышления; ибо «любы... не мыслит зла» (*1Кор.13:4–5*).

9. Любовь, бесстрастие и сыноположение различаются между собою одними только названиями. Как свет, огонь и пламень соединяются в одном действии, так должно рассуждать и о сих совершенствах.

10. По мере оскудения любви бывает в нас страх; ибо в ком нет страха, тот или исполнен любви, или умер душою.

11. Нисколько не будет противно, как я думаю, заимствовать сравнения для вожделения, страха, тщательности, ревности, служения и любви к Богу от человеческих действий. Итак блажен, кто имеет такую любовь к Богу, какую страстный любитель имеет к своей возлюбленной. Блажен, кто столько же боится Господа, сколько осужденные преступники боятся судии. Блажен, кто так усерден и прилежен в благочестии, как благоразумные рабы усердные в служении господину своему. Блажен, кто столько ревностен к добродетелям, сколько ревнивы мужья, лишающие себя сна от ревности к своим супругам. Блажен, кто так предстоит Господу в молитве, как слуги предстоят царю. Блажен, кто подвизается непрестанно угождать Господу, как некоторые стараются угождать человекам.

12. Мать не так бывает привязана к младенцу, которого кормит грудью, как сын любви всегда прилепляется к Господу.

13. Истинно любящий всегда воображает лицо любимого, и с услаждением объемлет образ его в душе своей. Вожделение это не дает ему покоя даже и во сне, но и тогда сердце его беседует с возлюбленным. Так бывает обыкновенно в телесной любви, так и в духовной. Некто, уязвлен будучи такою любовию, сказал о самом себе то

(чему я удивляюсь): «аз сплю, по нужде естества, а сердце мое бдит» (*Песн.5:2*) по великой любви моей.

14. Заметь, о премудрый брат, что когда олень душевный истребит ядовитых змей, тогда «душа желает и скончавается» (*Пс.83:3*) от любви ко Господу, будучи жегома огнем ее, как неким ядом.

15. Действие голода бывает как-то неопределенно и неясно, а действие жажды ясно и ощутительно; ее узнают по внутреннему жару. Посему любящий Бога и говорит: «возжада душа моя к Богу крепкому, живому» (*Пс.41:3*).

16. Если присутствие любимого человека явственно всех нас изменяет, и делает веселыми, радостными и беспечальными: то какого изменения не сделает присутствие Небесного Владыки, невидимо в чистую душу приходящего.

17. Страх Божий, когда он бывает в чувстве души, обыкновенно очищает и истребляет нечистоту ее. «Пригвозди, – говорит Пророк, – страху Твоему плоти моя» (*Пс.118:120*). Святая же любовь в действии своем иных снедает, по оным словам Песни Песней: «сердце наше привлекла еси,... сердце наше привлекла еси» (*Песн.4:9*). А некоторых она просвещает и радует действием своим, по сказанному: на Него упова сердце мое: «и поможе ми, и процвете плоть моя» (*Пс.27:7*); и «сердцу веселящуся, лице цветет» (*Притч.15:13*). И когда человек весь бывает внутренне соединен и срастворен с любовию Божиею, тогда и по наружному своему виду, на теле своем, как в зеркале, изъявляет светлость души своей, так прославился Моисей Боговидец.

18. Достигшие сей равноапостольной степени часто забывают телесную пищу; думаю же, что они очень часто и не желают оной. И это не удивительно, потому что нередко и противным сему желанием томимые отвергают пищу.

19. Еще думаю, что и тела сих нетленных не подвергаются болезни по обыкновенным причинам; ибо они уже очистились, и некоторым образом сделались нетленными от пламени чистоты, которая пресекла в них пламень страстей. Думаю также, что и самую пищу они принимают без всякого услаждения; ибо как подземная вода питает корни растений, так и сии души питает огнь небесный.

20. Умножение страха Божия есть начало любви; а совершенство чистоты есть начало Богословия.

21. Совершенно соединивший чувства свои с Богом тайно научается от Него словесам Его. Но когда это соединение с Богом еще не совершилось, тогда и беседовать о Боге трудно.

22. Слово, соприсносущее Отцу, творит чистоту совершенною, пришествием Своим умертвив смерть; а когда она умерщвлена, ученик богословия получает просвещение.

23. Слово Господне, дарованное от Господа, чисто, и пребывает в век века; непознавший же Бога разглагольствует о Нем по догадке.

24. Чистота соделала ученика своего богословом, который сам собою утвердил догматы о Пресвятой Троице.

25. Любящий Господа прежде возлюбил своего брата; ибо второе служит доказательством первого.

26. Любящий ближнего никогда не может терпеть клеветников, но убегает от них, как от огня.

27. Кто говорит, что любит Господа, а на брата своего гневается, тот подобен человеку, которому во сне представляется, что он бежит.

28. Сила любви в надежде; ибо надеждою ожидаем воздаяния любви.

29. Надежда есть обогащение невидимым богатством; надежда есть несомненное владение сокровищем еще прежде получения сокровища.

30. Надежда есть упокоение в трудах, она – дверь любви; она убивает отчаяние, она – залог будущих благ.

31. Оскудение надежды есть истребление любви; с надеждою связаны наши труды; на ней зиждутся подвиги; ее милость Божия окружает.

32. Монах с благою надеждою закалает уныние, мечем первой умерщвляя второе.

33. Вкушение даров Господних рождает надежду; ибо невкусивший оных не может не иметь сомнений.

34. Надежду разрушает гневливость; ибо упование не посрамит, «муж же ярый неблагообразен» (*Притч. 11:25*).

35. Любовь есть подательница пророчества; любовь – виновница чудотворений; любовь – бездна осияния; любовь – источник огня в сердце, который, чем более истекает, тем более распаляет жаждущего. Любовь утверждение Ангелов, вечное преуспеяние.

36. Возвести нам, о ты, прекраснейшая из добродетелей, где ты пасеши овцы твоя? Где почиваеши в полудне (*Песн 1, б*)? Просвети нас, напой нас, наставь нас, руководи нас, ибо мы жаждем прийти к тебе. Ты владычествуешь над всеми. Ты уязвила душу мою, и не может стерпеть сердце мое пламени твоего. Итак, воспев тебя, иду. Ты владычествуеши державою морскою, возмущение же волн его ты укрочаеши и умерщвляеши. Ты смиряеши, яко язвена, гордый помысл и, мышцею силы твоея расточив враги твоя (*Пс 88, 10, 11*), делаеши любителей твоих непобедимыми от всякой брани.

37. Но желаю я узнать, как видел Тебя Иаков утвержденною на верху лествицы? Скажи мне, какой был вид оного восхождения? Что означает самый образ лествицы, и расположение степеней ее, тех «восхождений», которые «полагал в сердце своем» (*Пс.83:6*) некий любитель красоты Твоей? И сколько их числом, жажду узнать? И сколько времени требуется на восхождение оной? Тот,

который Тебя видел и боролся с Тобою, возвестил нам об одних только по одной лествице руководителях (Ангелах); но ничего более не восхотел, или, лучше сказать, не возмог открыть. Тогда Она, сия царица, как бы с неба явившись мне, и как бы на ухо души моей беседуя, говорила: доколе ты, любитель Мой, не разрешишься от сей дебелой плоти, не можешь познать красоты Моей, какова она. Лествица же, виденная Иаковом, пусть научит тебя составлять духовную лествицу добродетелей, на верху которой Я утверждаюсь, как и великий таинник мой говорит: «ныне же пребывают три сия: вера, надежда, любы; больше же всех любы» (*1Кор.13:13*).

СЛОВО ОСОБЕННОЕ К ПАСТЫРЮ, НАУЧАЮЩЕЕ, КАКОВ ДОЛЖЕН БЫТЬ НАСТАВНИК СЛОВЕСНЫХ ОВЕЦ

В сей земной книге дал я тебе, божественный отче, последнее пред всеми место. Но я уверен, что в небесной и божественной книге ты написан первейшим из всех нас; ибо истинен Тот, Который сказал: *последнии* мудрованием *будут первии* достоинством (*Матф. 20, 16*).

Глава 1

1. Истинный пастырь есть тот, кто может погибших словесных овец взыскать и исправить своим незлобием, тщанием и молитвою.

2. Кормчий духовный тот, кто получил от Бога и чрез собственные подвиги такую духовную крепость, что не только от треволнения, но и от самой бездны может избавить корабль душевный.

3. Врач духовный есть тот, кто стяжал и тело и душу свободные от всякого недуга, и уже не требует никакого врачевства от других.

4. Истинный учитель тот, кто непосредственно принял от Бога книгу духовного разума, начертанную в уме перстом Божиим, т.е. действием осияния, и не требует прочих книг.

5. Учителям неприлично преподавать наставления, выписанные из сочинений других, так как и живописцам, когда они делают только списки с чужих рисунков.

6. Наставляя низших, сам учись сначала свыше; и от чувственного научайся духовному, и не забывай того, который сказал: *ни от человек, ни человеком проповедую учение*. Ибо земное не может исцелить земных.

7. Добрый кормчий спасает корабль; и добрый пастырь оживотворит и исцелит недужных овец.

8. Насколько овцы сии, преуспевая безостановочно, последуют своему пастырю, настолько и он должен отдать за них ответ Домовладыке.

9. Да мещет пастырь, как камнем, грозным словом на тех овец, которые по лености или по чревоугодию отстают от стада; ибо и это признак доброго пастыря.

10. Когда овцы сии, от зноя, т.е. от телесного распаления, станут дремать душою, тогда пастырь, взирая на небо, должен еще усерднее бодрствовать над ними; ибо многие из них во время такого зноя делаются добычею волков. Впрочем, если и сии духовные овцы, по примеру бессловесных овец, во время зноя низко к земле преклоняют главу души своей, то имеем ободряющее нас свидетельство: *сердца сокрушенна и смиренна Бог не уничижит* (Пс. 50, 19).

11. Когда тьма и ночь страстей постигла паству, тогда определяй пса твоего, т.е. ум, на неотступную стражу к Богу; ибо ничего тут не будет несообразного считать ум губителем мысленных зверей.

Глава 2

1. Благой Господь наш даровал естеству нашему и то свойство, что больной, видя врача, веселится, хотя, может быть, и никакой пользы от него не получит. Свяжи и ты, о досточудный муж, *пластыри, порошки, глазные примочки, пития, губки,* и при сем *небрезгливость, орудия для кровопускания и прижигания, мази, усыпительные зелия, ножи, перевязки.* Если мы не имеем сих припасов, то как покажем врачебное искусство? Никак не можем; а между тем мзда врачам дается не за слово, а за дело.

2. *Пластырь* есть врачевство на страсти видимые, или телесные; а *приемы лекарства внутрь* – врачевство противу страстей внутренних, и очищение от невидимой скверны.

3. *Порошок* есть уязвляющее бесчестие, врачующее гнилость возношения. *Глазная примочка* есть очищение душевного ока, или ума, смутившегося от движения гнева.

4. *Питие* врачебное есть выговор огорчающий, но скоро врачующий болезнь.

5. *Кровопускание* есть скорое извлечение скрытого гноя. Кровопускание есть сильное и жестокое нападение на недугующих, для их спасения.

6. Под *губкою* разумеются кроткие, тихие и мягкие слова, которыми врач как бы отирает больного, после кровопускания или резания.

7. *Прижигание* есть определенное наказание или епитимия, для покаяния человеколюбиво назначаемая на время: а *мазь* есть предлагаемое больному или приятное слово, или небольное телесное утешение.

8. *Усыпительное зелие* значит принять на себя бремя послушника, и чрез его повиновение подать ему спокойствие, сон бессонный, святую слепоту, чтобы он не видел своих добродетелей.

9. *Перевязки* означают, расслабляемых и ослабленных тщеславием утверждать и укреплять терпением до самой смерти.

10. Наконец *нож* есть определение и приговор об отсечении от общества члена умершего душою и согнившего, чтобы он не передал другим своей заразы.

11. Блаженна у врачей *небрезгливость*, а в наставниках бесстрастие; ибо те без отвращения смело приступают к врачеванию всякой смердящей раны, а сии могут воскресить всякую умершую душу.

12. Предстоятель должен молиться и о том, чтобы ко всем иметь сострадание и расположение соразмерно их достоинству, дабы и ему, как некогда случилось с Иаковом (*Быт. 327*), не сделать среда и любимому ученику его, и собратиям, что обыкновенно случается с теми предстоятелями. Которые не стяжали еще душевные *чувства обучена долгим учением в рассуждение добра же*, и среднего, *и зла* (*Евр. 5, 14*).

Глава 3

1. Великий стыд для наставника молиться Богу о даровании послушнику того, чего сам еще не стяжал.

2. Как увидевшие лицо царя и сделавшиеся его друзьями, если пожелают, могут не только всех слуг его, но и неизвестных ему, и даже врагов его представить к нему, и сделать причастниками его славы; так понимай и о святых. Друзья стыдятся в чем-либо отказать искреннейшим друзьям своим, но слушают их, а иногда, может быть, невольно бывают ими убеждаемы. Хорошо приобрести друзей, но только духовных; ибо никто столько не помогает нам к преуспеянию в добродетели. Один из Боголюбцев сказывал мне, что хотя Бог и всегда награждает рабов Своих дарами, но наиболее в годовые и Господские праздники.

Глава 4

1. Духовный врач должен совершенно совлечься и самых страстей, дабы мог он при случае притворно показывать какую-либо из них, и особенно гнев. Если же он совершенно не отринул страсти, то не возможет бесстрастно принимать на себя их личины.

2. Видел я, что конь, который был объезжен, но еще не совсем, шел спокойно, пока его крепко держали на узде, а как только ему было послаблено, он низверг своего всадника. Притча эта указывает преимущественно на две страсти [89]; желающие испытывать, да испытуют с усилием.

Глава 5

1. Тогда духовный врач познает данную премудрость от Бога, когда успеет исцелить такие страсти, которых многие не могли уврачевать.

Не тот учитель достоин удивления, который способных отроков сделал знающими людьми; но тот, который невежд и тупоумных умудрил и довел до совершенства. Искусство ездоков тогда является и похваляется, когда они и на плохих конях одержат верх над своими противниками, и сберегут коней.

2. Если ты получил от Бога дар предвидеть бури, то явно предвозвещай о них находящимся с тобою в корабле. Если не так, то ты будешь виновен в крушении корабля, потому что все с полною доверенностию возложили на тебя управление оного.

3. Видал я врачей, который не предупредили больных о причинах усиления болезни, и чрез то сделались виновными многих трудов и скорбей, и больным и себе.

4. Настолько настоятель видит в себе серу, как послушников, так и мирских посетителей, настолько он обязан со всяким опасением блюсти себя во всем, что делает и говорит, зная, что все смотрят на него, как на главный образец, и все от него принимают за правило и закон.

5. Истинного пастыря укажет любовь; ибо из любви предал Себя на распятие Великий Пастырь.

Глава 6

1. Говоря с братиею, усваивай себе самому те согрешения, которые надобно тебе обличить в том или другом их них; таким образом ты всегда будешь свободен от лишней стыдливости.

2. Опечаливай до времени недугующего, чтобы не закоснел в своем недуге, или не умер от проклятого молчания. Многие принимали молчание кормчего за признак благополучного плавания, доколе не ударились о камень. Послушаем, что пишет к Тимофею великий Павел: настой, говорит он, благовременнне и безвременне. Благовременне, сим обозначает, по мнению моему, такое время, когда обличаемые благодушно переносят обличение; а безвременне, когда их оное огорчает. Ибо источники не перестают изливать струи свои и тогда, когда нет и ни одного жаждущего.

3. В некоторых настоятелях бывает как бы природная стыдливость, по которой они часто молчат, когда и не должно молчать. В таком случае да не отрицаются поступать так, как обыкновенные учители поступают с учащимися, и письменно излагать наставления, нужные для братии. Услышим, что Божественный глас говорит о некоторых: посецы ю, вскую и землю упражняет (*Луки 13, 7*); и паки: измите злаго от вас самих (*1Кор. 5, 13*);

и еще: не молися о людех сих (Иерем. 7, 16). И о Сауле тоже сказано Самуилу (*1Цар. 16, 1*). Все это надобно знать пастырям, и смотреть, над кем, как и когда, должно употреблять такие меры; ибо ничего нет истиннее Бога.

4. Если кто, будучи обличаем наедине, не стыдится, тот и обличение, сделанное перед многими обращает в повод к большему бесстыдству, самовольно презрев свое спасение.

Глава 7

1. Усматриваю и здесь то же, что видел я у многих благоразумных больных, которые, сознавая свою робость и немощь, умоляли врачей связать себя, хотя бы врачи того и не хотели, и в произвольном насилии лечить их; ибо дух их был бодр ради ожидаемого будущего, но плоть немощна, ради застарелых худых привычек. Видя такое расположение сих недужных, я просил врачей послушаться их.

2. Путеводитель не всем приходящим к послушанию должен говорить: *путь сей узок и тесен* (*Матф. 7, 14*); и не каждому: *иго сие благо и бремя легко* (*Матф. 11, 29*); но должно рассматривать, и избирать приличные врачевства. Отягченным лютыми грехами и склонным к отчаянию прилично второе врачевство; а склонным к высокоумию и самомнению первое средство.

3. Некоторые, имея намерение пуститься в дальнейший путь, и вопросивши знающих путь сей, услышали от них, что это путь прямой, гладкий и безопасный; и услышав это, скоро расслабели в путешествии своем и на средине пути потерпели бедствие; а другие возвратились назад от того, что не приготовили себя к скорбям. Поэтому же должно заключать и о противном. Где любовь Божественная коснулась сердца, там грозные слова не могут устрашить. Где является страх геенны, там терпение всяких трудов и скорбей. Где видна надежда царствия небесного, там и презрение всего земного.

4. Добрый воевода должен ясно знать состояние и устроение каждого из подчиненных. Может быть, некоторые из дружины его могут вместе с ним перед полком сражаться за всех сподвижников; может быть. Есть способные к единоборству, которых должно возводить на путь безмолвия.

5. Не может кормчий один, без помощи корабельных служителей, спасти корабль. Не может врач исцелить больного, если сей не убедит врача просьбою и открытием язвы с полною доверенностью. Устыдившиеся врачей подвергали раны свои гниению; а многие нередко и умирали.

Глава 8

1. Когда овцы пасутся, пастырь да не перестает употреблять свирель слова, и особенно когда они преклоняются ко сну; ибо волк ничего так не боится, как гласа пастырской свирели.

2. Пастырь не должен всегда безрассудно смиряться перед подчиненными; но не должен и возноситься всегда несмысленно, взирая в обоих случаях на пример Апостола Павла. Господь часто закрывает очи подчиненных, не видеть немощей в предстоятеле; а когда сам предстоятель начнет им объявлять свои недостатки, тогда родит в них неверие.

3. Видел я настоятеля, который от крайнего смирения советовался в некоторых делах с своими духовными чадами. Но видел я и другого, который от возношения старался являть подчиненным свою немудрую премудрость и обращался с ними насмешливо.

4. Видел я, – хотя это и редко случается, – что страстные, по некоторым обстоятельствам, начальствовали над бесстрастными; и мало-помалу, устыдившись своих подчиненных, отсекали собственные страсти. Я думаю, что воздаяние за спасаемых произвело в них эту перемену: и таким образом начальствование в страстном устроении послужило для них основанием бесстрастия.

Глава 9

1. Должно остерегаться, чтобы собранного в пристанище не расточить в бурном море. Сказанное поймут вдающиеся в молву, не приобыкши к ней. Поистине велик подвиг благодушно и мужественно терпеть зной и тишину и томление безмолвия, и не искать вне корабля своей келлии развлечения и утешений, по примеру малодушных служителей корабельных, которые во время зноя повергаются в воду. Несравненно же большее дело – не бояться молв, но среди шума их сохранять небоязненное и неподвижное сердце, пребывая внешне с людьми, внутренно же с Богом.

Глава 10

1. Порядок мирских дел да будет тебе, о досточудный отче, примером для нас. Одни приходят в наше, поистине, страшное судилище, как осужденные: а другие, будучи неповинны, поспешают на делание и служение Богу. Причины прихода тех и других очень различны; а потому и правила для них должны быть различны.

2. Виновного прежде всего должно спрашивать, впрочем, наедине, какие именно его согрешения. Это должно делать по двум причинам: во-первых, для того, чтобы он, всегда убодаемый сею исповедию пребыл бездерзновенным: во-вторых, чтобы помнил, в каких язвах мы его приняли, и возбуждался этим любить нас.

3. Достойно также внимания твоего, пречестный отче, (впрочем и самому тебе, как я уверен, известно), что Бог взирает на места, откуда и куда кто приходит к иночеству, на степень ревности к обновлению жизни, и на нравы кающихся. Во всем этом бывает много несходств и различий. Часто немощнейший бывает смиреннее сердцем, а потому и судии духовные должны такого легче наказывать. Противное же сему само собою явно.

Глава 11

1. Несвойственно льву пасти овец; небезбедно и тому, кто еще сам страстен, начальствовать над другими страстными.

2. Несообразно видеть лисицу между курами; но еще несообразнее видеть пастыря гневливого. Ибо лисица губит кур, а сей смущает и погубляет разумные души.

3. Смотри, не будь строго взыскателен за малейшие согрешения; иначе ты не будешь подражателем Бога.

4. Имей и сам Бога руководителем и наставником твоим Наставляемый Им, как превосходнейшим правителем, во всех твоих внутренних и внешних действиях, и пред волею Его отсекая свою волю, будешь и ты без попечения, водимый единым Его мановением.

5. Еще должно тебе и всякому пастырю рассмотреть и то, что если благодать Божия через нас действует на приходящих к нам, то не от веры ли их это бывает, а не от нашей чистоты? Ибо многие и страстные таким образом чудодействовали; и если многие, как говорит Спаситель, скажут Ему в день судный: *Господи, Господи, не в Твое ли имя пророчествовахом* (*Матф. 7, 22*) и проч., то сказанное мною не должно казаться невероятным.

6. Кто поистине обрел милость у Бога, тот неприметно может благодетельствовать недужным, чрез то имея две выгоды, и себя сохраняя невредимым от ржавчины славы, и располагая помилованных воздавать благодарение Единому Богу.

Глава 12

1. Тем, которые, подобны крепким юношам, ревностно и мужественно подвизаются на духовном поприще, предлагай лучшее и высшее, а тех, которые разумением или жизнию остаются позади, питай млеком, как младенчествующих. Ибо для всякой пищи есть свое время: часто одна и та же пища в некоторых производит усердие, а в других печаль. При сеянии духовного семени должно рассуждать о времени, о лицах, о количестве и качестве семени.

2. Некоторые, ни во что вменяя суд за духовное восприемничество, безрассудно покусились пасти души; и имевши прежде большое богатство, с пустыми руками отошли из этой жизни, разделив во время своего правления другим все добро свое.

3. Как дети бывают разных родов, одни законные от первого брака; другие от второго брака; иные подкинутые, а иные от рабынь: так и восприятие пастырского попечения о душах бывает различных видов.

Совершенное восприятие есть предание души своей за душу ближнего во всем. Иное, когда пастырь принимает на себя прежде сделанные греха, и только. Иное, когда он принимает согрешения после (восприятия) бывающие, и только. Некоторые же, по недостатку духовной силы и по неимению бесстрастия, принимают на свою ответственность пред Богом только тяготу повелений своих. Но и в самом совершенном восприятии, пастырь подлежит суду по мере того, сколько принятый им отсекает пред ним свою волю.

4. Истинный сын познается в отсутствии отца.

5. Предстоятелю надобно внимательно замечать противящихся в некоторых случаях и прекословящих ему братий; и в присутствии почтенных мужей делать им строгие выговоры, наводя этим страх и на других; хотя бы наказываемые очень огорчались за такие уничижения. Вразумление многих должно предпочитать огорчение одного.

6. Некоторые, движимые духовною любовию, принимают на себя бремена других сверх силы своей, поминая слово Спасителя: *больше сея любве никтоже имать*, и проч. (*Иоан. 15, 13*). Другие же, может быть, и получили от Бога силу принимать на себя бремена иных, но неохотно подклоняются, чтобы нести тяготу для спасения братий. Сих последних, как нестяжавших любви, я считаю весьма жалкими. О первых же сказано в Писании: *изводяй честное от недостойнаго яко уста Моя будет* (Иерем. 15, 19); и *якоже сотворил еси, будет ти*(Асд. 15).

7. Прошу тебя также иметь в виду, что мысленные грех пастыря на суде Божием оказывается важнее греха, на самом деле совершенного послушником; так как и преступление воина легче злоумышления полководца.

8. Научай послушников исповедывать Богу [90] плотские и блудные искушения не по виду; а все прочие согрешения днем и ночью вспоминать подробно.

9. Обучай их словом и собственным примером быть незлобивыми друг к другу; а против бесов мудрыми и осмотрительными.

10. От тебя не должно быть скрыто, какая цель у твоих овец во взаимных их и дружественных между собою сношениях; ибо невидимые волки стараются чрез ленивых расстраивать тщательных.

11. Не ленись просить и молить Бога за самых ленивейших; не о том, чтобы они были помилованы, ибо это без их содействия невозможно, но чтобы Господь воздвиг их к усердию.

12. Немощные не должны вкушать пищу с еретиками, как и правила повелевают. Сильные же, если неверные призывают их для познания православной веры, и они хотят идти, пусть идут в приличное время во славу Господа.

13. Не извиняйся неведением; ибо *неведевый. Сотворивый же достойная ранам, биен будет* за то, что не узнал (*Лук. 12, 48*).

Глава 13

1. Стыдно пастырю бояться смерти; ибо о самом послушании иноческом говорят, что оно есть небоязненность смерти.

2. Испытуй, блаженный отче, какая та добродетель [91], без которой никто не узрит Господа; и ее прежде всего усвоивай твоим чадам, всячески охраняя их от красивых и женовидных лиц.

3. Все находящиеся под твоим руководством, по различию телесного их возраста, должны иметь различные занятия и различные жилища6 ибо никого из приходящих к нашему пристанищу не должно отвергать. Прежде довольного рассмотрения, которое и у мирских благоразумно употребляется, руки (к пострижению) ни на кого скоро не возлагай (*1Тим. 5, 22*), чтобы некоторые из овец, пришедшие к нам, в неведении, со временем достигши полного разума, и не стерпев нашей тяготы и зноя, снова не обратились в мир; за что будут отвечать пред Богом возложившие на них руку прежде времени.

4. Есть ли такой домостроитель Божий, который не имел бы более нужды в слезных источниках и в трудах для себя самого, но нещадно употреблял бы их перед Богом для очищения других?

5. Никогда не переставай очищать души, и еще более тела оскверненные, чтобы ты мог с дерзновением искать у доброго Подвигоположника венцов не только за труды о себе, но и за души других. Видел я одного немощного, который, укрепившись верою, очистил немощь другого немощного, помолившись за него с похвальным бесстыдством, и положив душу свою за душу ближнего, однако со смирением. Таким образом чрез исцеление ближнего, он исцелил и самого себя. Видел я и другого, который сделал подобное этому, но с возношением; и ему сказано в обличение: *врачу, исцелися сам* (Лук. 4, 23).

6. Можно оставить одно добро ради другого большего добра. Так поступал тот [92], который бегал мученичества не по страху, но для пользы спасаемых и просвещаемых под его руководством.

7. Иной сам себя предает бесчестию, чтобы сохранить честь ближних; и когда многие почитают его за сластолюбца, он поступает *яко льстец и истинен* (2Кор. 6, 8).

8. Если тот, кто может пользовать других словом, но не преподает его изобильно, не избежит наказания: то какой беде подвергают себя, возлюбленный отче, те, которые трудами своими могут помочь злостраждущим, и не помогают? Избавляй братий, о ты, избавленный Богом! Спасенный! спасай ведомых на смерть, и не будь скуп к искуплению душ убиваемых бесами. Ибо в этом состоит величайшая почесть, данная от бога разумному созданию, и она выше всякого делания и видения смертных и бессмертных.

9. Тот, кто отирает скверну других чистотою, данною ему от Бога и от нечистых приносит Богу чистые дары, показывает себя споспешником бесплотных и умных сил. Ибо это составляет единственное и всегдашнее дело слуг Божиих, по слову Давидову: *вси, иже окрест Его, принесут дары* (Пс. 75, 12); и сии дары суть души.

10. Ни в чем столько не открывается человеколюбие и благость к нам Создателя нашего, как в том, что Он оставил девяносто девять овец, и взыскал одну заблудшую. Внимай сему, возлюбленный отче, и все твое старание и любовь, горячность, прилежание, и моление к Богу покажи о далеко заблудших и сокрушенных. Ибо где тяжки недуги, и злокачественны язвы и струпы, там без сомнения и награду великую дают врачующим.

11. Всмотримся, вникнем и сотворим. Ибо пастырь не всегда должен держаться справедливости, по причине немощи некоторых. Видел я, как двое судились у мудрого пастыря, и он оправдал неправого, потому что сей малодушествовал; а обвинил правого, как мужественного и благодушного, чтобы правдою не усилить вражды; впрочем каждому порознь он сказал должное, и особенно недугующему душою.

12. Поле, изобилующее травами, полезно всем овцам; а назидательное учение и воспоминание об исходе из сего мира прилично всем словесным овцам, и может их очистить от всякой проказы.

13. Примечай благодушных, и без всякой вины уничижай их в присутствии немощных, чтобы тебе можно было врачеванием одного исцелить болезнь другого и научить малодушных терпению.

14. Нигде не видно, чтобы Бог, приняв исповедь, обнаружил грехи покаявшегося; ибо Он отвратил бы этим грешников от исповеди, и недуги их сделал бы неисцельными. Итак, хотя бы мы и дар прозорливости имели; не должны предупреждать согрешивших изъявлением их грехов, но лучше побуждать их к исповеданию гадательными выражениями; ибо и за самое их исповедание пред нами бывает им не малое прощение. По исповедании же должны мы удостоивать их большего нежели прежде попечения и свободнейшего к нам доступа; ибо чрез это они более преуспевают в вере и любви к нам.

Покажем также им в себе самих образ крайнего смирения, и научим их иметь к нам страх. Смотри, чтобы излишнее твое смирение не привлекло углия огненного на главу чад твоих.

15. Во всем ты должен быть терпелив, кроме преслушания повелений твоих.

16. Смотри со вниманием, нет ли в твоем саду таких деревьев, которые понапрасну только занимают землю, а на другом месте, может быть, были бы плодоносны. В таком случае отнюдь не отрицайся, с советом, человеколюбиво пересаживать их.

17. Иногда настоятель может безбедно руководить своих овец к добродетели в местах повидимому несвойственных иночеству, веселых или многолюдных. Поэтому в принятии к себе приходящих овец да будет он осмотрителен, потому что уклонение от принятия и отказ не во всяком случае возбраняются Богом.

Если духовный врач изобилует душевных безмолвием, то при попечении о недугующих немного имеет нужды во внешнем; если же он не обладает первым, то должен употреблять последнее.

18. Никакой дар от нас Богу не может быть столько приятен, как приношение Ему словесных душ чрез покаяние. Ибо весь мир не стоит одной души, потому что мир преходит, а душа нетленна, и пребывает во веки.

Глава 14

1. Итак, блаженный отче, не тех ублажай, которые жертвуют Христу имением, а тех, кои приносят Ему словесных овец. Но старайся приносить это всесожжение непорочно; если не так, то никакой тебе не будет пользы.

2. Как должно разуметь: *яко подобаше предану быти Сыну человеческому, горе же тому, им же предается:* так понимай и в обратном смысле, что многим произволяющим подобает спастись, но награда дана будет тем, которые по Господе послужили их спасению.

3. Прежде всего, честной отче, нужно нам иметь духовную силу, чтобы помогать тем, которых мы дерзнули вести во Святая Святых и покусились показать им Христа на таинственной их и сокровенной трапезе почивающего. Ибо когда сии руководимые находятся еще в преддвериях святилища, и мы видим, что толпа хотящих им воспрепятствовать войти угнетает и утесняет их; тогда мы обязаны взять их за руку, как младенцев, и освободить от сей толпы, т.е. от бесовских помыслов. А если они еще очень младенчественны, или немощны, то нужно их и на плечи взять, и понести, пока они пройдут дверь сего поистине тесного входа; ибо тут обыкновенно бывает самое давление и теснота. Потому и говорил об ней некто: *сие труд есть предо мною, дóндеже вниду во святило Божие (Пс. 72, 16).*

4. Мы уже говорили, отец отцов, и в предыдущих словах, каков был оный отец отцов и учитель учителей; весь обличен вышнею премудростию, нелицемерен, обличителен, вникателен, целомудрен[93], снисходителен и радостен: и что всего удивительнее, за теми, которые изъявляли пламенную ревность к духовной жизни, он следил несравненно строже. Если же находил некоторых державшихся собственной воли, или имевших к чему-либо пристрастие, то лишал их любимой вещи, так что все наконец стали остерегаться, чтобы не изъявлять своей воли в том, к чему они чувствовали влечение. Достопамятный муж этот всегда говаривал, что лучше изгнать послушника из обители, нежели позволить ему исполнять свою волю. Ибо изгнавший часто делает изгнанного смиреннейшим, и готовым уже отсекать свою волю; а изъявляющий мнимое человеколюбие и снисхождение к таким инокам бывает причиною того, что они проклинают его при кончине своей, как человека, который обманул, а не воспользовал их.

5. Чудно было видеть, как сей великий отец, по исполнении вечерних молитв, сидел, как бы некий царь на престоле, на седалище своем наружно сплетенном из ветвей, а внутренно из духовных дарований, и как дружный сонм братий, подобно мудрым пчелам, окружал своего пастыря, внимая словам его, как словам Божиим, и получая от него повеления. Одному пастырь повелевал прежде сна прочитать наизусть пятьдесят псалмов, другому тридцать, иному сто. Иному назначал положить столько же земных поклонов; другому сидя спать; иному читать столько-то времени, а другому столько-то стоять на молитве. Он поставил также над братиями двух надзирателей, которые днем примечали и возбраняли праздность и празднословие, а ночью – безвременные бдения, и то, чего не должно предавать писанию.

6. Мало этого. Сей великий муж определял каждому особенные правила и касательно пищи; ибо не для всех была одинаковая пища, но назначалось каждому по его устроению: для одних, сей добрый домостроитель назначал пищу более суровую, а для других более приятную. И удивительно. Что все принимали и исполняли его повеления без ропота, как из уст Божиих. Сему достойнейшему мужу была подчинена и Лавра, в которую сей совершеннейший во всем посылал из обители своей более сильных духом на безмолвие.

7. Не приучай, прошу тебя, простосердечных иноков к тонкоразборчивости помыслов; но лучше, если можно, и тонкоразборчивых приучай к простоте; это дело преславное.

8. Достигший совершенной чистоты чрез крайнее бесстрастие, как Божественный судия, может употреблять и строгие меры. Ибо оскудение бесстрастия уязвляет сердце судии, и не допускает ему, как бы следовало, наказывать и искоренять зло.

9. Прежде всего оставляй сынам твоим в наследие непорочную веру и святые догматы, чтобы тебе не только сынов, но и внуков твоих привести к Господу путем православия.

10. Крепких телом и юных ты не должен щадить, по ложному милосердию, но утомлять и истощать их, чтобы они благословляли тебя при исходе из этой жизни. И на сие, премудрый муж, ты имеешь пример в великом Моисее, который послушного и с покорностию за ним следовавшего народа не мог освободить от рабства Фараонова дотоле, пока не заставил их есть опресноки с горьким зелием. Опреснок означает душу, которая несет отсечение своей воли; ибо собственная воля надмевает и возвышает ее, а опреснок никогда не надымается. Под горьким зелием должно разуметь иногда огорчение от покорения себя повелевающему, а иногда горечь сурового поста.

11. Но написав это к тебе, о отец отцов, прихожу в страх, слыша говорящего: *научая иного, себе ли не учиши?* (*Рим. 2, 21*). Итак скажу еще одно и кончу слово.

Глава 15

Душа, чистотою соединившаяся с Богом, для научения своего не имеет нужды в слове других; ибо блаженная сия в себе самой носит присномущное Слово, Которое есть ее тайноводитель, наставник и просвещение. Такова и твоя душа, как помню я, о священнейшая и светлейшая глава; и не от слов только одних, но и от самих дел и опыта познал я святейший ум твой, блистающий особенно звероубийственною кротостию и смирением, как и у оного великого законоположника Моисея; следуя стопам его, ты, о многострадательнейший, всегда восходя на высоту совершенства, едва и того не превзошел славою чистоты, и честностию целомудрия, каковыми добродетелями более, нежели иным чем, приближаемся ко Всечистому Богу, и всякого бесстрастия Подателю и Помощнику, и за которые Он, еще живущих на земле, переселяет на небо. Сими ты, подобно Илии, оному любителю чистоты, ногами неленостного тщания взошел как бы на огненную некую колесницу, и не только Египтянина убил, и победный венец скрыл в песке смирения; но еще взошел на гору и в тернистом, зверям неприступном жительстве видел Бога и насладился Божественного гласа и светозарности. Ты изул сапоги, т.е. всю мертвенную оболочку ветхого человека, и взявши за хвост, т.е. за конец того, который из Ангела сделался змием, низринул его в его же мраком покрытую нору и преисподний ров, в Египет кромешной тьмы. Ты победил высокомерного и гордого Фараона; поразил Египтян и умертвил их первенцев; победа славою превосходящая все другие. Посему Господь и вверил тебе, как непоколебимому, наставление братий, которых ты, наставник наставников, небоязненно избавил от Фараона и от скверного плинфоделания, т.е. угождения сей бренной плоти; и от собственного во всем опыта преподал им видение Божественного огня и облака чистоты, угашающего всякий нечистый пламень. Но и Чермное, страстьми палящее море, в котором столь многие бедствуют, рассек для них жезлом твои, и чрез пастырское искусство сделал их торжествующими и победителями, и всех гонителей их потопил совершенно. Потом и Амалика возношения, который встречает обыкновенно победителей после победы в море, ты одолел распростертием рук, стоя посреди деяния и видения. За людей. Вверенных тебе Богом и Богом просвещенных, ты побеждал языки, а сущих с тобою привел к горе бесстрастия, поставил священников, предал обрезание, не очистившиеся которым не могут увидеть Бога. Ты восшел на высоту, и отразив всякий мрак, и мглу, и бурю, т.е. тремрачную тьму неразумия, приблизился к свету несравненно честнейшему виденного в купине, и непостижимому и высшему; удостоился гласа, удостоился видения и пророчества. Ты увидел, может быть, пребывая еще здесь, задняя будущего, т.е. будущее совершенно просвещение разума. Потом глас оный: *не узрит человек* (*Исх. 33. 20*) слышал, и в глубочайшую некую юдоль смирения от Боговидения в Хориве сошел, неся скрижали разума и восхождения духовного, будучи прославлен лицом души и тела. Но увы! дружина моя увлеклась слиянием тельца. Увы! скрижали сокрушены! Что же после сего? Взявши людей сих за руку, ты провел их чрез пустыню; и когда они были жегомы пламенем огня своего, ты произвел в них древом, т.е. распятием плоти со страстьми и похотьми, источник слезной воды. И вот вступаешь в брань с языками, сретающими тебя, истребляя их огнем Господним; на Иордань приходишь, (ибо ничто не возбраняет мне отступить несколько от истории); словом, как Иисус Навин разделяешь воды для людей и нижние отделяешь в соленое и мертвое море, а верхние – струю любви на иной вышней стране поставляешь перед очами духовных твоих Израильтян. Потом повелеваешь вынести двенадцать камней, возсозидая чрез них или Апостольский лик, или тайнообразуя одоление восьми языков, т.е. главных страстей, и приобретение четырех верховных добродетелей. Потом, оставив позади себя мертвое и бесплодное море, приступаешь ко граду вражию; трубишь вокруг его молитвою, в продолжение сего седмеричного круга человеческой жизни; и вот низложена твердыня, победа одержана, так что и тебе прилично петь к невещественному и невидимому Поборнику: *врагу моему оскудеша оружия в конец, и грады* страстей моих *разрушил еси* (*Пс. 9, 7*).

Хочешь ли, коснусь того, что выше и превосходнее всего прочего? Ты взошел к горнему Иерусалиму, к созерцанию совершеннейшего мира душа, и зришь Христа Бога мира; *злостраждешь* с Ним, *яко добр воин, сраспинаешься Ему плотию со страстьми и похотьми*: и справедливо, ибо и ты сделался богом Фараона и всей его богопротивной силы *и спогребаешься Христу*; и нисходишь с Ним во ад, т.е. в глубину неизреченных таинств Богословия; принимаешь помазание миром от сродных и любимых жен, т.е. добродетелей, и благоухаешь. (Ибо что возбраняешь мне все высказать подробно?) Какое богатство корыстей! Тебе дано сесть со Христом на престоле небесном. Воскреснешь и ты в третий день, победив трех мучителей, или чтобы яснее сказать, одержав победу над телом, душею и духом, или по очищении тричастия души, т.е. желательной, раздражительной и разумной силы. Ты и на гору Елеонскую восходишь. Но время уже и сократить слово, и не мудрствовать, особенно пред тем, кто исполнен премудрости, и превосходит разумом всех, кто выше нас. О горе, полагаю, этой добльственный некий путник, восходя на нее, сказал: *горы высокия еленем,* т.е. душам истребляющим мысленных змей. С сим и ты, совосходя и следуя за ним, восшел на оную гору; и воззрев на небо, (опять беру для моего слова прежнюю образную речь), благословил нас, учеников твоих, и видел предложенную и утвержденную лествицу добродетелей, которой ты, как премудрый *архитектон*, по данной тебе благодати Божией, не только положил основание, но и совершение, хотя по смиренномудрию твоему убедил и нас скудоумных отдать наши нечистые уста на пользу твоих братий. И это не удивительно; священная повесть говорит, что и Моисей называл себя косноязычным и *худогласным*. Но у него был богатый даром слова и вещатель Аарон: ты же, тайноучитель, не знаю почему, пришел к безводному источнику, который весь полон египетскими жабами или нечистотами. Но как мне не должно оставлять моего слова, о небесный путник, не окончивши повесть о твоем течении, то вновь сплетая венец доброты твоей скажу: ты приблизился к святой горе, и устремил взор твой к небу, вознес ногу для восхождения, и потек, и востек до херувимских добродетелей, и возлетел, и восшел в восклицновении, победив врага, и сделался для многих предшественником и путевождем; и доныне наставляешь всех нас, и предводительствуешь, восшедши на самый верх святыя Лествицы и соединившись с любовию, а любовь есть Бог. Ему же подобает слава, держава, честь и поклонение во веки веков.

АМИНЬ.

ПРИМЕЧАНИЯ

1 – Схоластиками в древности назывались риторы, законоведы, или вообще люди ученые.

2 – В славянском: «умом единым радуяся о Уме мысленно созерцаемом».

3 – То есть страстей. См. слово 10-е. Главу 3-ю.

4 – То есть гордостию, которая в числе главных восьми страстей есть восьмая.

5 – Полагают, что новым Давидом назван здесь вышеупомянутый Исаакий.

6 – Т. е. в Лествице внешние слова поучают деятельности, а внутренний духовный разум наставляем к видению.

7 – (Биография преподобного Иоанна Лествичника, с. 11). Испытатели церковной древности относят кончину преподобного Иоанна к концу шестого или к началу седьмого века. Что касается до продолжения его жизни, то Раифский биограф говорит, что он приступил к поприщу иночества на шестнадцатом году жизни, под руководством аввы Мартирия пребывал девятнадцать лет; по кончине наставника своего в безмолвии провел сорок лет. Итак, игуменом в Синайском монастыре преподобный Иоанн поставлен на семьдесят пятом году жизни. Сколько лет управлял он монастырем и сколько провел во вторичном безмолвии, поставив авву Георгия игуменом в Синае, в точности неизвестно. Некоторые полага-

ют, что преподобный Иоанн скончался лет восьмидесяти или восьмидесяти пяти; в Следованной же Псалтири сказано, что он жил 95 лет. Восточная Церковь совершает память его 30 марта; в тот же день и Западная. О Синайском монастыре известно, что еще в четвертом столетии Синайские горы служили постоянным пребыванием множества пустынников, которых привлекали туда и священные воспоминания о ветхозаветных чудесах и о Моисее и Илии, и безмолвие гор и юдолей, и малонаселенность полуострова. В первые времена у подвижников Синайских не было общего монастыря: они жили в келлиях, рассеянных по горам и долинам, и только в субботу вечером собирались в храм, построенный, по преданию, царицею Еленою на том месте, где Бог явился пророку Моисею в горящей и несгораемой купине. В этом храме пустынники проводили всю ночь в общей молитве, в воскресенье утром причащались Святых Тайн и снова расходились по своим келлиям. В четвертом и пятом столетиях Синайские пустынники неоднократно подвергались нападению Сарацин, от которых многие приняли и мученическую кончину. Потому, по вступлении на престол благоверного царя Юстиниана I, Синайские отцы, услышав о его благоговении к святым местам, просили его создать им укрепленный монастырь. Юстиниан внял их прошению, и по его повелению у подошвы Синайской горы был воздвигнут Синайский монастырь, который на том же месте существует и доныне. Раифская же обитель, от которой теперь остались одни развалины, находилась в расстоянии двух дней пути от Синая, в весьма живописном заливе Чермного моря, по преданию, близ того места, называемого Елимом, где Израильтяне, во время своего странствования, нашли семьдесят пальм и двенадцать источников (Исх. 15:27). И сей монастырь, как и Синайский, был в свое время богат великими подвижниками. По духу подвижничества и по близости расстояния обители сии имели между собою самую тесную связь и непрерывное общение.

8 – (Биография преподобного Иоанна Лествичника, с. 12). В «Луге Духовном» Иоанна Мосха (гл. 125) и в Прологе на 17-й день марта предлагается поистине чудная повесть о сем авве Георгии. Однажды в Великую Субботу ему пришло желание праздновать Пасху в Иерусалиме и приобщиться Святых Тайн в храме Святого Воскресения Христова. Целый день старец занят был этою мыслию и молился. В Светлый же день Пасхи он, силою Всемогущего Бога, был восхищен, поставлен в Иерусалимской церкви Воскресения и рукою блаженного Патриарха Петра принял вместе с его пресвитерами дары Святого Причащения. Когда Синкелл по повелению Патриарха пригласил сего Игумена Синайского вкусить пищи вместе со Святителем, авва Георгий ответствовал: «Воля Господня да будет!» Но, поклонившись Святому Гробу, стал невидим в Иерусалимском храме и увидел себя в своей келлии. Патриарх, опечалившись, послал писание к старцу, на которое сей отвечал описанием чуда, совершившегося над ним, и предсказанием что оба они, по прошествии шести месяцев, соединятся и узрят друг друга в Небесном Царствии. Возвратившиеся к Патриарху сказывали, что старец уже семьдесят лет не исходил из Синайской обители; а между тем все епископы и клирики, видевшие его в церкви Воскресения Христова, свидетельствовали и говорили: «Мы все целовали его». По прошествии шести месяцев исполнилось предсказание аввы Георгия: и он, и блаженный патриарх Петр отошли ко Господу.

9 – То есть не только представлением образной лествицы оной в видении, но и самых добродетелей, степенями ее изображаемых, опытным и истинным описанием.

10 – У Паисия Величк. вдовическое предложение.

11 – В непрекословном.

12 – У Паисия Величковского: «самех себе предательствующии».

13 – По изъяснению преподобного Иоанна Раифского и Илии Критского, святой Иоанн Лествичник говорит здесь об отрекающихся от мира. Возводящие на камне кирпичное здание означают тех, которые, отрекшись от мира, вступают в общежитие и полагают начало с великих внешних добродетелей, но без повиновения духовному отцу и отсечения пред ним своей воли; и потому, не искусившись в смиренных подвигах послушания и не имея помощи от наставника, который бы обучал их бороться со страстями и соразмерно наставлял на добрые дела, понемногу охладевают в усердии и, ослабевая, предаются некоторому нерадению, изменяя хорошо начатое строение на более униженное и слабейшее. Утверждающие столбы на земле суть те, которые, отрекшись от мира, тотчас удаляются на безмолвное житие, не положив в общежитии основания для отшельничества чрез подвиги послушания, смирения и умерщвления страстей; и потому скоро падают и неудобно восстают. Те же, которые, пройдя часть пути и разогрев члены, шли потом быстрее, означают вступивших на поприще иночества, кои поручают себя руководству доброго наставника, идут чуждым гордости путем отсечения своей воли и, положив начало трудами послушания и смирения и искусившись в бранях, укрепляются, возгораются теплотою благоговения, и благодатию Божиею становятся неутомимы и непобедимы и без преткновения свято совершают свое течение до конца. (См. в Migne J.-P. Patrologiae cursus completus. Series graeca. Т. 88 [Далее PG 88. Толкование на «Лествицу» Илии Критского, Иоанна Раифского и других, с. 649. Также см. новогрече-

ский перевод «Лествицы», с толкованиями иеромонаха Афанасия Критянина. Венеция, 1693, с. 8).

14 – В стар. Переводе: Не прикасайтесь к чужому ложу.

15 – Т. е. пламенем собственных его страстей.

16 – «Один монах, – пишет Руфин, – часто ощущая в себе движение гнева в монастыре, решился идти в пустыню, чтобы, когда не с кем ему будет поспорить, сия страсть оставила его в покое. Но, когда он удалился в пещеру, случилось, что кружка, которую он наполнял водою и ставил на землю, три раза сряду опрокидывалась и разливалась. Это его раздражило; он разбил кружку; и, пришедши в себя, сказал: «Бес гнева обманул меня; вот я один, а сия страсть не перестает побеждать меня. Когда же для того, чтобы сделаться победителем ее, потребно везде вести войну против нее и терпеть, а прежде всего необходима помощь Божией благодати, то ныне же возвращаюсь в монастырь!»»

17 – Потому что не имели приличного труда и должного охранения.

18 – Или потому, что предпринимается самонадеянно и дерзновенно, или выше сил и возможности.

19 – В греч. У Паисия Велич. Деяния. В Новгор. Пер. Афанасия Крит.: на суд Божий.

20 – Т. е. отец, чрез послушание умертвивший в нем страстную волю.

21 – По другому переводу: почувствует обременение совести. Т. е. не может иметь того спокойствия духа, каким пользуются истинно повинующиеся.

22 – По греч. железо; так что здесь выходит созвучие слов, в переводе непередаваемое.

23 – «Терпя потерпех Господа и внят ми, и услыша молитву мою»_

24 — В слав. Исправление, т. е. успех и твердость добродетели.

25 — В слав. исправления.

26 — Т. е. предание о ночном правиле, о числе псалмов или поклонов. См. сл. к пастырю, главу 14-ю.

27 — Т. е. скверными помыслами и такими же сонными грехами.

28 — В слав. пер. «Противу предприятиям». Преподобный Марк подвижник в «Законе духовном» (гл. 138 и 139) говорит: «Егда всякую вольную злобу (то есть страсть) от мысли отвергнем, тогда паки брань сотворим с сущими страстьми по предприятию. Предприятие есть прежних зол невольное воспоминание, в подвижнике произыти в страсть возбраняемое, в победителе же до прилога низвращаемое».

29 — По изъяснению Илии Критского, преподобный Иоанн указывает на чрезвычайные подвиги и особенные делания духовные, каковы суть: молитвы, продолжением своим преступающие общую меру, плач, посты, всенощные бдения и другие тому подобные, которые он неутвердившимся в смирении и не отвыкшим совершенно от осуждения, уничижения и презрения ближних воспрещает воспринимать своевольно и даже втайне совершать в келлии; потому что всем чрезвычайным питается тщеславие, и когда самые добрые дела надмевают нас, тогда, что само в себе есть врачество спасительное, делается для нас ядом убийственным. Согласно с преподобным Иоанном рассуждает о сем предмете святой Василий Великий. (Правила, кратко изложенные в вопросах и ответах. Вопрос 138.)

30 — В пер. Паисия Вел. прим.: нарочностию (т. е. по упрямству).

31 — Сие мнение находится во 2-й из бесед Кассиана: (Церковнославянское «Добротолюбие», ч. 4, беседа 2, гл.

10. См. также: Добротолюбие. Т. 2. Свято-Троицкая Сергиева лавра 1993, с. 144; и Писания преподобного отца Иоанна Кассиана Римлянина. Свято-Троицкая Сергиева лавра, 1993, с. 194 (Собеседования Египетских подвижников. Собеседование 2, гл. 10). «Истинное рассуждение, – говорит он, – приобретается только истинным смирением; а первый признак истинного смирения состоит в том, чтобы все открывать отцам, не только что делаем, но и что помышляем, и ни в чем не веровать своему помыслу, но во всем следовать словам старцев и то считать за добро, что они одобрят».

32 – По толкованию Илии Критского, можно похвалить их обоих в свое время. Если старый монах, последовав желанию своему, испросит некоторое позволение, то хорошо поступит, когда воздержится от исполнения, как потому, что его послушание было долго искушаемо всякими образами, так и потому, что во свете рассуждения и опытности его может ему открыться истинное намерение наставника, и он лучше сделает, когда последует не звуку слов настоятеля, как раб, но истинной воле отца своего, как истинное чадо послушания. Если же сей инок млад, то ему лучше повиноваться полученному приказанию в простоте сердца, и не входя в разбирательство; ибо таково его устроение, что он должен представлять доказательства точного и верного своего послушания.

33 – Сие греческое слово «лавра» значит собственно: ряд домов, или улица. Один из первых церковных историков, упоминающий о лаврах, есть Евагрий, живший в VI веке. Лаврами первоначально назывались такие монастыри, в которых для жития монахов устроялся ряд отдельных келлий, не в дальнем одна от другой расстоянии. Но сии келлии были, как свидетельствует Евагрий, так малы, так тесны, так низки, что монахи не могли прямо стоять в них и лежать, протянувши

ноги свободно. Между келлиями анахоретов, или отшельников, и келлиями в лаврах было такое различие, что первые одна от другой были удаляемы на такое расстояние, в каком анахореты не могли друг друга видеть и слышать, и притом были рассеяны в пустыне без определенного порядка; келлии же в лаврах не были столь далеко одна от другой расставляемы, как жилища пустынников, хотя не были и соединяемы одна с другою, как иноческие келлии в киновиях. И вообще, установление лавр было нечто среднее между пустынножитием и киновиею и имело целию совокупление удобств и благ, принадлежащих тому и другому из сих путей, по образцу, данному Церкви святым Василием Великим, который, как говорит друг его Григорий Назианзин, приметив, что жизнь пустынная и созерцательная, весьма отлична от общежительной и что сии образы жития оба имеют свои удобства и свои затруднения, и восхотев согласить и даже совокупить их, устроил пустынки и келлийки близ монастырей, не отделяя их и стенами, дабы созерцание не лишалось благ общежития и дабы трудническая жизнь не была отлучена от участия в созерцании; и таким образом он соединил сии два учреждения и пути двух родов во единую славу Божию, как Бог соединил море с землею для блага вселенной. Знаменитейшими лаврами были в древности монастыри преподобного Харитона, преподобного Феодосия и Саввы Освященного, который скончался в 531 году. В сей последней жил в восьмом веке Иоанн Дамаскин под руководством одного аввы.

34 – Печатию Лествичник называет или крещение, или покаяние, очищающее человека; щитом – удаление от мира, совершаемое чрез беспристрастие; мечом – веру к пастырю; оружием – отвержение своей воли; луком –

молитву, которою демоны низвергаются; воинскою одеждою – одеяние добродетелей. PG 88, с. 760.

35 – Когда Израильтяне, слив себе золотого тельца, впали в грех идолопоклонства, то Господь, прогневавшись, хотел совершенно истребить их; но по молитвенному ходатайству за них Моисея умилостивился над ними, то есть хотя подвергнул некоторому наказанию народ Свой за его нечестие, но не истребил (Исх. 32). Когда же Дафан и Авирон восстали против Моисея, и он, преогорченный их безумным противлением, уже не ходатайствовал за них пред Богом, то они со всеми сообщниками и семействами их были совершенно истреблены гневом Господним и умерли не обыкновенною смертию всех людей, но поглощены были землею (Чис. 16).

36 – Кто, читая в сем слове описания Темницы кающихся, впал бы в сомнение о справедливости сего повествования или о согласии сих чрезвычайных суровостей с духом Евангелия, тот может к освобождению своей души от сомнения употребить следующие соображения. 1. Преподобный Иоанн, как вообще в сей книге, так особенно в повествовании о Темнице покаяния, говорит Иоанну, авве Раифскому, и всем его братиям, которых обитель была ближе к Александрии, нежели Петербург к Москве. Он говорит, что сам ходил посетить один знаменитый монастырь, который находился не в дальнем расстоянии от сего большого города, в Фиваиде, и что авва сего монастыря, о котором рассказывают повести столь назидательные, муж удивительный по добродетели и премудрости, имел в своем руководстве две другие обители: одна была лавра, устроенная для тех, которых Бог возводил на высоту безмолвия, а другая – монастырь кающихся, или обитель покаяния, названная Темницею, которая была назначена для монахов, нарушающих святость обетов своих тяжкими грехопадениями. По всему

этому невероятно, чтобы преподобный Иоанн, в повествовании о сей Темнице, выдавал несправедливое за истину. 2. Не один Иоанн Лествичник повествует о сей обители кающихся. Блаженный Иероним также упоминает о ней в предисловии к правилу святого Пахомия, говоря, что он перевел сие правило на латинский язык, потому что человек Божий Сильван, пресвитер, приславший ему сие правило из Александрии, уведомил его, что в Фиваиде, в монастыре, который некогда назывался Танобом и который благоприличным изменением слова назван впоследствии монастырем покаяния, находятся многие раифские иноки, не понимающие ни греческого, ни египетского языка. Итак, прежде, нежели преподобный Иоанн Лествичник посетил сию обитель, она уже не менее двух веков существовала, хотя и могло случиться, что она уже после блаженного Иеронима присоединилась к тому великому монастырю, о котором говорит Лествичник, и получила особенное назначение для монахов, падших в тяжкие преступления и имевших нужду в чрезвычайном покаянии для своего восстановления (См.: Annotat. in Regul S. Pachom, apud Cassianum). 3. Преподобный отец сам уверяет Раифских братьев, что его повествование совершенно искреннее, что он пишет о том, чему сам был очевидным свидетелем, что он рассказывает не вымысел и басни, но истинную историю: «Стекитесь, – говорит, – все прогневавшие Господа и приступите; приидите и услышите, что я поведаю вам; соберитесь и увидите, что Господь показал мне в назидание души моей» (Слово 5, гл. 2). Он говорит, что пребывал в сей обители целый месяц и что потом, возвратившись к настоятелю великого монастыря, не мог довольно выразить перед ним свое удивление, возбужденное всем виденным и слышанным в оной Темнице (Слово 5, гл. 26) Итак, нравственная невозможность запрещает помыслить, будто преподобный отец мог обманывать братьев, или, лучше сказать, всю церковь, и так далеко простирать обман. 4. Нельзя обвинять в жестокости настоятеля «сих неповинных и блаженных осужденников», как называет их преподобный, потому что их заключали в сию Темницу покаяния по усерднейшему желанию и усиленному прошению их самих; и все жестокости тамошнего пребывания были совершенно произвольные муки, которые они воспринимали для избавления от муки вечной. «Что в сравнении с ними, – говорит преподобный, – злострадания беснующихся, или плачущих над мертвецами, или пребывающих в заточении, или осужденных за убийства. Поистине, невольное мучение оных есть ничто в сравнении с произвольным страданием сих. Часто они умоляли сего великого судию, то есть пастыря своего, сего ангела между человеками, и убеждали его наложить железа и оковы на руки и на шеи их, а ноги их, как ноги преступников, заключить в колоды и не освобождать от них, пока не сойдут во гроб. Но иногда они и гроба лишали сами себя, умоляя и заклиная великого авву, чтобы он не сподоблял их человеческого погребения, но подобно скотам выбрасывал бы тела их или в реку, или в поле на съедение зверям» (Слово 5, гл. 19–21). 5. Но все жестокости их покаяния происходили из любви к Богу и из ненависти ко греху, которая, по-видимому, похожа была на самоненавидение; но в самом деле эта была та нелюбовь к душам своим, которая ублажается в Апокалипсисе (Откр.12:11), и та святая ненависть к своим душам, которой требует Господь наш Иисус Христос от хотящих сделаться учениками Его. Душа, уязвленная огненною стрелою любви Божественной, питается страданиями; слезы и подвиги умерщвления суть ее утешения в скорбях. «Кто мя устроит, – пишет святой Григорий Назианзин к Василию Великому, – кто мя устроит по месяцам прежних дней» (Иов.29:2), в которые я увеселялся с тобою злостраданием; потому что скорбное, но добровольное предпочтительнее приятного, но невольного (Свт. Григорий Богослов. Собрание творений в 2-х томах. Т. 2. Свято-Троицкая Сергиева лавра, 1994, с. 414 (Письмо 5).

37 – Если впадешь в малейшее какое-либо согрешение и тебе скажет помысл твой, или бес, или человек: «Не скорби об этом; о дабы тебе оставить великие грехи, а это – ничего»; не слушайся и не верь сему; потому что это слово погашает доброе произволение, отгоняет от человека благодать Божию и соделывает то, что он легко впадает и в великие и смертные грехи. Кто не может погасить одной свечи, как потушит дом, или целый лес, когда загорится? Еще мы видим, что и малые дары смягчают и прекращают великий гнев судии, и, напротив, малые проступки возбуждают его гнев: то же самое бывает и с Милосердым Судиею и Царем нашим Христом. Это мы и на себе можем видеть, что мы соблазняемся не только от больших причин, но и от малых. Посему приучайся побеждать малое, если хочешь победить великое. (Новогреческий перевод «Лествицы» Афанасия Критского, с. 115.)

38 – Внутреннейшее и совершенно духовное извещение, о котором говорит преподобный Иоанн, сопровождается двумя признаками, которые суть две добродетели: одна, по изъяснению Илии Критского, согласно с учением и Василия Великого (Правила, кратко изложение в вопросах и ответах. Вопрос 296), есть любовь и сострадание к согрешающим (Дух Господень есть, без сомнения, Дух любви, ибо Бог есть любовь); а другая добродетель – глубочайшее смирение.

39 – Очень вредны падения для ленивых, неблагоговейных и непослушных монахов, потому что, впадши в какое-либо согрешение, малое или великое, они не заботятся о том, чтобы исторгнуть причину и корень греха, а вместо того, чтобы оплакивать оный, делаются совершенно бесчувственными и творят другие худшие дела, и по нерадению своему не обращаются тотчас с сокрушением сердца к покаянию, как делают благоговейные и преуспевающие, чтобы тщательно хранить себя и очиститься от того согрешения и от других страстей, искушающих их, и чтобы чрез злострадание тела отсечь грехи свои, как делали вышеупомянутые отцы осужденники. Им кажется, что они могут спастись с покоем и отрадою, не подвергая себя злостраданию, и что довольно для них только оставить грех, в который пали. Но они не разумеют, что им должно скоро восстать и много пострадать, чтобы на будущее время охранить себя от падения и получить прощение в прежних грехах; и что им нужно потомиться и просить Божией помощи, чтобы победить свои страсти; потому что если они будут так делать, то я не знаю, что им еще сказать. Помысли думающий так, прошу тебя, помысли, что мы не можем возвратиться к Богу путем нерадения, которым уклонились и удалились от лица Божия, но другим кратчайшим, то есть усердием, которое нас приближает к Богу; и если мы хотим быть тщательными, то не невозможно для нас сделаться лучшими прежнего, как это видно на многих великих грешниках, которые чрез преуспеяние и покаяние сделались великими святыми. Некоторые же праведники от нерадения своего пребыли в грехе нераскаянными и подверглись мучению. Посему мы должны понудить себя и оставить ложные оправдания. (Новогреческий перевод «Лествицы» Афанасия Критского, с. 117.)

40 — Преподобный отец указывает на то мнение Оригена, Пятым Вселенским собором в 553 году осужденное, по которому все люди, даже самые нечестивые, и диаволы, претерпевши долгие муки в геене огненной, будто бы очистятся наконец и будут помилованы.

41 — Боится Христос смерти, однако не трепещет. На это блаженный Августин дает прекрасное толкование. Он говорит, что Господь Иисус Христос, видя приближение смерти Своей, скорбел и тужил не по слабости, а по могуществу, чтобы мы не отчаялись спасения нашего, когда придем в смущение не по могуществу, но по слабости. Таким образом Он хотел утешить всех немощных, восприняв вольное подобие немощи их, чтобы мы рассуждали, какого блага долженствуем ожидать и надеяться от причащения Божества Его, когда самое скорбение Его делает нас спокойными и когда немощь Его укрепляет нас.

42 — Дополнено по греческой рукописи.

43 — Гора Хорив и гора Синай суть две ветви, которые происходят от одного корня, и потом разделяются. Гора Синай много выше, а Хорив плодоноснее. По четырем событиям гора Хорив знаменита в Писании. 1. Внизу сей горы Бог явился Моисею в купине, горящей и несгорающей. 2. В скалу сей горы Моисей ударил жезлом своим, и Бог извел из нее воду для Своего народа. 3. На вершине сей горы Моисей стоял, воздев руки крестообразно, когда Иисус поражал Амаликитян. 4. В одной из пещер ее пророку Илии Бог открылся в дыхании тонкой прохлады.

44 — Как некоторые в оправдание свое говорят: я хоть вспыльчив, но это у меня скоро проходит.

45 — По слав. временне неистовствующего вольне. С греч. добровольно подвергающийся временным припадкам сумасшествия.

46 – Здесь Лествичник говорит иносказательно, разумея под мехом тело; под елеем – кротость; под волнами – возношение и гнев; под кораблем – брата, или братство. (PG 88, с. 840.)

47 – По греч. У Паисия Величк. Сетования.

48 – В греч. В слав. тричасен трепет. В новогреч. пер. 1693 г. объяснено: т. е. когда поются часы: первый, третий и шестой.

49 – В Слав. нужницы являются.

50 – Т. е. если он неослабно к Божественному деланию нудится.

51 – В славянском переводе: «буящей, крепцей сущей плоти».

52 – Преподобный Иоанн говорит здесь о Евагрии Понтийском, который был последователем Оригена и вместе с ним осужден на Пятом Вселенском соборе, бывшем в 553 году, при жизни преподобного Иоанна Лествичника. (См.: 1-е правило Шестого Вселенского собора; см. также Церковная история Евагрия Схоластика, кн. 4. гл. 38).

53 – Т. е. время принятия пищи.

54 – Кожаные мешки, в которых вмещаются разные жидкости.

55 – Св. Григорий Назианзин.

56 – см. Слово 26, главу 126.

57 – Илия Критский говорит: «Согрешил ли кто, – каким путем совратился, тем опять и возвращается. Например, если кто устами отвергся Бога, то устами может снова исповедать Его; если кто руками похищал собственность ближнего, то руками может свое имение раздать нищим. Также бывает и в других согрешениях. Но согрешивший против целомудрия возвращается не тем путем, которым пал, но другим, то есть плачем, постом и стенанием. Посему грех блудный и называется

собственно падением. Особенно же монашескому жительству более всего другого свойственно девство. Это выражает и самое название монаха; в этом состоит монашеский обет. Итак, кто растлил девство, тот поистине пал, поправ свои обеты». PG 88, ст. 912.

58 – Ересь есть уклонение ума от истины и грех уст, или языка. А блуд есть грех всего тела, повреждает и растлевает все чувства и силы телесные и душевные и затмевает в человеке образ и подобие Божие; посему и называется падением. Ересь – от возношения, а блуд – от отрады телесной. Посему еретики исправляются смирением, а блудники злостраданием. PG 88, с. 912.

59 – Патерик, слово 18–2 о рассуждении.

60 – Т. е. не допускает до страстного впечатления, но отвергает оный.

61 – В славянском переводе: «предыскушен». В другом переводе «предварительно разжжен».

62 – «Ангел, явившись однажды Антонию Великому, явственно показал, что монах никогда не должен каким-либо делом заниматься во время молитвы. Ибо преподобный отец не видал, чтобы он молился и в то же время занимался рукоделием; но видел, что он то садился и занимался рукоделием, то оставлял рукоделие и восставал на молитву. Сей Ангел был послан от Бога святому Антонию, чтобы научить его, как и ему должно поступать и каким образом он должен жить, чтобы спастись. Посему и сказал ему Ангел: «Делай так, и спасешься». Илия Критский (PG 88)

63 – «Для чего преподобный отец прибавил, что он не хотел говорить о третьем состоянии совершенства? Из опасения, чтобы те, которые обладают сим великим дарованием, не возгордились и не впали в высокое мнение о себе. Но кто убедил его говорить? Давид, сей великий царь и пророк, который о праведном муже сказал, что он

поучается в законе Господнем день и нощь. Ибо кто, по слову Давида, поучается днем в законе Господнем, тот поучается в нем и ночью, даже в своем воображении, так что на нем исполняется сие слово Писания: аз сплю, но сердце мое бдит. И сие поучение, происходящее от Божественного просвещения, по которому душа и во сне размышляет о словесах Священного Писания, есть награда за предварительное поучение, которым она постоянно бывает днем занята и в котором одном она имеет все услаждение. Когда Господь ущедряет душу сею весьма редкою благодатию, но в то же время отгоняет и удаляет от нее духов нечистых и ночные мечтания, чтобы лукавые бесы не обольщали ее, представляя ее воображению те же предметы, которые Бог ей показует, и чтобы она не впала от того в гордость». (Илия Критский (PG 88).)

64 – Один из первых церковных писателей, различавших тщеславие от гордости, есть Кассиан. Он считал восемь главных страстей, между коими поставлял тщеславие седьмою страстию, а гордость – восьмою. Святой же Григорий Богослов в 39 слове, на Богоявление Господне, говорит, что есть семь духов злобы, как семь же считается и добродетелей (Свт. Григорий Богослов. Собрание творений в 2-х томах. Т. 1. Свято-Троицкая Сергиева лавра, 1994, с. 537 (Слово 39)).

65 – Как есть различие между лицом живого эфиопа и его истуканом, так образ тщеславия иноков, пребывающих в общежитии, отличен от тщеславия, свойственного пустынникам. Илия Критский говорит, что тщеславие первых грубо, ощутительно, резко, обращено на внешность добрых деяний, каковы суть труды в церковном богослужении, в служении больным, в странноприимстве, и вообще в делах послушания; между тем как тщеславие последних тонко и почти нечувствительно, потому что

происходит от жития смиренного и исполненного тайных подвигов и сокровенных даров духовных.

66 – В славянском переводе: «срама».

67 – Бог, желая вразумить гордого, чтобы он оставил диавольское свое нечестие, оставляет его впасть в грех, дабы он обратился к Богу, покаялся и получил прощение. Если же он и после сего не хочет покаяться, то Бог попускает на него беса уязвлять и искушать его более, вразумляя его сим, что он наказывается за грехи свои и чтобы он оставил свою гордыню, дабы бес не мучил его и не обладал им вечно. Поэтому некоторые вследствие многих и великих искушений бесовских, которым подвергались, приходили в себя и исправлялись. Но если нечестивый гордец упорствует в своей гордыне, Господь прогневается на великое его безумие и непокорность, оставляет его, – он теряет ум и рассудок, и не знает, что с ним делается; и тогда уже ни людей не стыдится, ни Бога не боится, и открыто и без стыда исполняет злые свои пожелания. Это зло человек уже не может исцелить, а только один Господь. (Новогреческий перевод «Лествицы» Афанасия Критского, с. 284.)

68 – У Паисия Величк. сквозь.

69 – В славянском переводе: «неподвижною к зломыслию».

70 – Понуждайся противоборствовать своему мудрованию и ничего не делай по собственному твоему разумению, без воли твоего наставника. (Новогреческий перевод «Лествицы» Афанасия Критского, с. 308.)

71 – В другом русск. переводе: удостоверения.

72 – О. Св. Иоанн Златоуст говорит: «Дарования Божии столь велики, что люди почти не могут верить тому. И не дивно, если не могут понять их, доколе не изведают опытом». Беседа 4-я, на 1-е послание к Тимофею.

73 – Сравнение смирения с оленем основано на сказании древних писателей, утверждающих, что олень чует то место, где скрываются змеи, и, став над входом в их нору, извлекает их оттуда своим дыханием, так что они сами выходят и лезут ему в рот, и тогда он пожирает их; но пожрав их, олень получает сильную и палящую жажду и поспешно бежит на источники вод, дабы прохладить и утолить ее, потому что умрет, если пробудет часа три не напившись. Посему-то и Давид сказал, что душа его так возжаждала к Богу, как елень на источники водные.

74 – Одно место, видевшее однажды солнце, есть дно Чермного моря, при переходе Израильтян; и один истинный помысл, рождающий смирение, есть помышление о смерти, или помышление о суде, или помышление о распятии Господа нашего Иисуса Христа. Один день всемирной радости – день Воскресения Господа и Спасителя нашего, в который род наш освободился от вечных уз адовых. Некоторые же говорят, что это день Рождества Христова, в который и слышано было от Ангелов: Слава в вышних Богу. Иные же разумеют день, в который Ной со своим семейством вышел из ковчега. PG 88, с. 1005. Новогреческий перевод «Лествицы» Афанасия Критского, с. 318.

75 – Стяжавший благодатию Божиею и своими трудами благодатное смирение имеет не только вышеуказанные дарования, но и другие особенные признаки, испытав которые с благим рассуждением, всякий может видеть, что они доказывают чудное богатство его души. Таковые видимые свойства смирения суть: 1. терпение уничижения и презрения, 2. совершенная победа над гневом и 3. недоверчивость к добрым своим делам с постоянным желанием научаться. Одно же дарование не может быть познано, потому что оно сокровенно в его сердце и

для других невидимо. Это великое самоохуждение, которое он постоянно внутри себя оказывает к своей душе и к своему телу, считая себя недостойнейшим и худшим смердящего пса. Новогреческий перевод «Лествицы» Афанасия Критского, с. 321.

76 – Кто знает всего себя, что он грешен, и оплакивает от сердца грехи свои, тот посеял на добром селе; если же не посеял так, то невозможно, чтобы процвели в нем многоплодные дела смирения. Кто не познает себя для того, чтобы смиряться, тот делается гордым; а кто знает себя и устроение свое, тот не возносится, а смиряется. Новогреческий перевод «Лествицы» Афанасия Критского, с. 321.

77 – Авва Симон. Достоп. Сказания о подвиж. св. Отцев Изд. 1855 г. стр. 313.

78 – Пр. Серапион Синдонит. Лавсаик, гл. 72-я. Смотри также в Четьи-Минеях, 21-го июля, житие Пр. Симеона Христа ради юродивого.

79 – В слав. почести.

80 – Естество огня сокрыто в дереве, камне, железе и проч.

81 – Объядение, сребролюбие и тщеславие.

82 – Т. е. страсти блуда, гнева, печали, уныния и гордости.

83 – Под словом «чистое чувство» разумеется хранение всех внешних чувств. Посему, тогда человек, как должно, рассуждает, когда хранит совесть свою неоскверненною, соблюдая от вреда и внешние чувства, то есть смотрит на все целомудренным оком, слушает только безвредное, говорит только должное и благопотребное.

84 – Иоанн авва Раифский и Илия Критский утверждают, что преподобный Иоанн Лествичник говорит об авве Льве, о котором Иоанн Мосх (в 3 гл. «Луга Духовного») рассказывает следующее: «В царствование им-

ператора Тиверия (около 586 года) пришли мы в Оазис, где видели великого по благочестию пустынножителя, родом Каппадокиянина, именем Льва. Многие много удивительного рассказывали нам о нем. Из собеседования с ним мы увидели, что он поистине муж святой, и много получили пользы от его смирения, безмолвия, нестяжательности и любви ко всем человекам. Сей достопочтенный старец говорил нам: «Поверьте, дети, я буду царствовать». А мы говорили ему: «Поверь, авва Лев, из Каппадокии никто никогда не царствовал; потому напрасно ты питаешь такие мысли». Он опять говорил: «Истинно, дети, буду царствовать». И никто не мог убедить его отказаться от этой мысли. Он говорил опять: «Буду царствовать». Спустя несколько времени пришли варвары (Мазики), опустошили всю эту страну, вторгнулись и в Оазис и убили многих пустынножителей, а других отвели в плен; в числе сих пленников были: авва Иоанн (из чтецов великой Константинопольской церкви), авва Евстафий из Рима, и авва Феодор, которые были немощны. Когда их пленили, авва Иоанн сказал варварам: «Ведите меня в город: я упрошу епископа дать вам за нас 24 златницы». Один из варваров повел его в город, где авва Иоанн пошел к епископу. В городе нашлись и авва Лев и некоторые другие отцы, потому что они не были задержаны. Итак, авва Иоанн пришел к епископу и начал просить его дать за них златницы варвару. Но у епископа не было более восьми златниц. Отдавали их варвару, но он не взял, говоря: дайте мне или 24 златницы, или монаха. Принуждены были отдать варвару авву Иоанна плачущего и рыдающего. Варвар отвел его в свои шатры. Чрез три дня авва Лев, взяв восемь златниц, пошел в пустыню к варварам и упрашивал их так: «Возьмите меня и восемь златниц, а их отпустите, потому что они немощны и не могут служить вам; вы убьете же их, а я здоров и буду служить вам». Варвары взяли его и восемь златниц и отпустили трех пленников. Авва Лев шел с варварами до некоторого места, и когда он изнемог, они отрубили ему голову». Таким образом сей святой муж исполнил слово Господне: «больши сея любви никто же имать, да кто душу свою положит за други своя»

85 – Бесы и люди, хвалящие нас.

86 – В славянском переводе: «яко запрещением неким».

87 – В переводе старца Паисия: «одеян и разумевательным чувством».

88 – Духовное чувство есть в нас, как соединенное с умом во всяком человеке; и оно не в нас, как покрываемое страстями в страстных, и недействующее и непознаваемое (PG 88, с. 1040). Ум сам собою, будучи мысленным оком души, имеет великое просвещение и естественное разумение и благое рассуждение в себе в отношении ко всем предметам, и может испытывать оные с чудною мудростию, и знать, что добро и что зло. И эта способность разумения всегда в нас, так как она соединена с умом человеческим и неразлучна от оного; часто же, по собственной нашей вине, не действует в нас, потому что бывает зарыта и покровенна нашими страстями и грехами, как некий свет покровенный, который горит, но не светит, потому что он закрыт и пребывает без действия; если же его открыть, то он опять светится. Так и духовный разум в нас. Посему никогда не престанем отыскивать и давать ему действовать; потому что, когда он пребывает открытым, он светит и прогоняет все наши дурные пожелания и действия плотские, и как тьма прогоняется светом, так движения плотские оным легко побеждаются и истребляются, и более не искушают нас; и тогда Бог подает нам некоторое усердное стремление и Божественное желание, чтобы мы имели его в себе и

чтобы оно всегда привлекало нас ко всему доброму, как сказал святой Нил Премудрый, испытавший и познавший сие. (Новогреческий перевод «Лествицы» Афанасия Критского, с. 346.)

89 – Промысл Божий простирается на всякую тварь, то есть на все творение. Помощь Божия подается верным, то есть христианам, содержащим истинную, или православную, веру, но недостаточным в добрых делах. Таковым Господь подает Свою помощь, чтобы они при истинной вере простирались и на добрые дела. Хранение Божие бывает над такими верными, которые поистине верны, то есть над теми, которые, содержа истинную веру, тщатся и о творении благих дел, сколько им возможно. Милости Божией сподобляются работающие Богу, то есть посвятившие себя на служение Ему, и усердно служащие Ему день и ночь. Утешения от Бога сподобляются любящие Его, то есть достигшие в совершенную меру любви Божией и в меру сыноположения. Ибо, как говорят Василий Великий и преподобный авва Дорофей, трояким образом можем мы угодить Богу: или благоугождением Ему, боясь муки, и тогда находимся в состоянии раба; или, ища награды, исполняем повеления Божии ради собственной пользы, и посему уподобляемся наемникам, или делаем добро ради самого добра, и тогда мы находимся в состоянии сына. Преподобного аввы Дорофея душеполезные поучения. Поучение 4-е, О страхе Божием. Издание 3-е, с. 66.

90 – По изъяснению Илии Критского, мысль преподобного Иоанна такая: «Если искушение похоти блудной есть внутреннее, имеющее источник свой в сердце искушаемого, то труд телесный бывает полезным врачевством для того; уединение же и пустыня бывают вредны, потому что там диавол сильнее возбуждает воображение, а находящийся в искушении такого рода бывает слабее

в противоборстве. Если же искушение есть внешнее, то есть имеет начало свое в видении лиц, и в разговорах и внешних сношениях, то удаление в уединение и безмолвие со вниманием подает весьма благотворную пользу и помощь».

91 – Т. е. против сластолюбия воздержанием, против сребролюбия нестяжательностию, против тщеславия смирением.

92 – От сластолюбия, славолюбия и сребролюбия.

93 – В переводе старца Паисия: «излукавствовался».

94 – По греч., мазь глазная, и вообще мазь.

95 – Илия Критский говорит: «Наставники в целомудрии – пророк Илия, святой Иоанн Креститель и святой Иоанн Богослов; наставники в кротости – Моисей и Давид; наставники в молитве – Сын Божий и Ангел, являвшийся святым Антонию и Пахомию; наставники в посте – Моисей и Сам Спаситель; бдению учили многие пустынники, которые чрез оное получили сокрушение и духовное просвещение. Но смирению научает только Сам Бог Слово, Спаситель всех человеков, вочеловечившийся и обнищавший нас ради. Сколь же велика добродетель смирения, когда Тот, Которого величию меры нет, снизшел до крайнего уничижения – смерти крестной; чтобы только научить человеков смирению! Но как гордость диавола была началом нашего греха, то нужно было, чтобы смирение Самого Бога было орудием нашего искупления».

96 – Преподобный Исихий пресвитер говорит: «Подобает подвизающемуся внутрь, во всякое мгновение времени имети четыре сия: смирение, крайнее внимание, противоречие и молитву. Смирение, яко с гордыми бесами противными имеет он брань, да помощь Христову в руце сердца имать, зане Господь гордых ненавидит. Внимание же, да присно сердце свое творит ни единого

помысла имети, аще бы и благ являлся. Противоречие же, да егда скоро уразумеет пришедшего, абие со гневом противословит лукавому псаломским словом: не Богу ли повинется душа моя? (Пс. 61:2). Молитву же по противоречии абие, да возопиет ко Христу со воздыханием безмолвным. И тогда сам подвизаяйся узрит врага разрушающася или прогоняема поклоняемым именем Иисус, яко прах от ветра, или яко дым исчезающий с мечтанием его». (Церковнославянское «Добротолюбие», ч. 2, гл. 20. См. также: Добротолюбие Т. 2. Свято-Троицкая Сергиева лавра, 1993, с. 161.)

97 – По славянскому переводу: «преподобная воздаяния».

98 – Мы не должны удивляться, и нам не должно казаться странным, если некоторые лукавые люди делают дела диавольские, но от тщеславия своего говорят слова благие; потому что и эти гордые и нерассудные люди, если останутся нераскаянными, будут низвергнуты с неба, как и лукавый змий, бывший в раю, который чрез гордость вознесся и погиб, и из Ангела сделался бесом, и низвергнут в преисподнюю. Тоже пострадает и тот, кто от гордости своей учит других тому, чего сам ни испытал желанием своим, ни исполнил на деле, и из тщеславного учителя сделается лукавым бесом. Ибо то же делает и лжеучитель диавол, который много раз являлся святым в виде ангела и говорил им божественные слова с коварным умыслом, чтобы поругаться над ними и ввергнуть их в гордость; он являлся им, как добрый, по словам, исполненным обольщения, будучи зол внутри и снаружи, по диавольскому умыслу и по делам своим. То же самое он всегда делал и делает до сего дня с нами, чтобы нас вовлечь в свои сети. (Новогреческий перевод «Лествицы» Афанасия Критского, с. 371.)

99 — Грех есть преступление закона, малое или великое, бывающее делом, или словом, или помышлением. Праздность есть то, когда человек бывает в бездействии и не исполняет дел Божиих, которые обязан исполнять. Нерадение, когда исполняет их, но нерадиво, без любви и усердия. Страсть есть злое и неудобоискоренимое сложение помысла и хотение сердца, стремящегося к душевредным пожеланиям и греховным делам. Падение есть то, когда душа падает в неверие, или тело в плотский грех. (Новогреческий перевод «Лествицы» Афанасия Критского, с. 372.)

100 — В переводе Афанасия Критского: «светло».

101 — Кто стяжал в сердце своем Бога и просвещение Его, тот обыкновенно познает волю Божию в том деле, которое хочет делать, трудное ли оно, и совершается с замедлением, или легкое, и исполняется скоро; потому что он не смотрит на затруднения и на долготу времени, препятствующие ему и замедляющие дело, и ради сего не оставляет оного, но смотрит на помощь и содействие, которые, как он видит, Бог подает ему, и на свое усердие исполнить дело. Ибо и святые Апостолы со многими затруднениями и великими искушениями научили людей Святому Евангелию и привели их в истинную веру; но они смотрели не на препятствия и долготу времени, а на Божественную силу и великую ниспосылаемую им помощь, которою они победили все противостоявшие им препятствия; так что дело их преуспело на лучшее и более утвердилось. И из сего ясно позналась воля Божия; ибо если бы только были одни искушения и препятствия, а не было Божия содействия, то показалось бы, что на то не было Божией воли. Потому и тот, кто имеет в себе Бога, не смотрит на препятствия и замедление, но на Божию помощь, укрепляющую его подвизаться с великим усердием и совершить дело, и ради долготы времени и

затруднений он не сомневается и не отягощается, и не оставляет дела не исполненным. (Новогреческий перевод «Лествицы» Афанасия Критского, с. 382.)

102 – Сердце чистое, правое и нелукавое, которое тщится только о том, как бы угодить Богу и сохранить повеления Его, свободно и чуждо всякой другой заботы и не желает испытывать многоплетенные дела, превышающие его силу, и таким образом плывет без смущения и без опасности и без страха в корабле незлобия и безмолвия, пока благополучно не достигнет в небесное пристанище. (Новогреческий перевод «Лествицы» Афанасия Критского, с. 384.)

103 – В славянском переводе: «разумом смиренномудрия».

104 – Тремя часами, по изъяснению Илии Критского, преподобный называет три рода, три периода искушений: во-первых, со стороны славолюбия, во-вторых, сластолюбия, а в-третьих, со стороны сребролюбия.

105 – Растение подобно хмелю: оно, говорят, ядовитостию своею иссушает кипарис, обвившись вокруг него.

106 – Иное есть возмущение и потемнение ума, когда человек не имеет должного хранения глаз, и потребного воздержания в пище и питии, и от излишнего сна, и нечистых помыслов: это врачуется постом. И иное есть, когда ум человека развлекается земными предметами: это побеждается уединенным и безмолвным житием, потому что тогда человек может забыть то, чем увлекался. И иное ослепление ума, когда человек без страха и без удержания желает исполнять злые свои пожелания: это исправляет послушание и Богочеловек Иисус Христос, Который ради нас был послушлив и распялся. (Новогреческий перевод «Лествицы» Афанасия Критского, с. 402.)

107 – Глубину сердечную.

108 – Уверяют, что лев, даже и находясь в засаде, обыкновенно удаляется при виде человека; ибо вид сей как бы приводит его в робость; но он отступает медленно и уже после спокойного наблюдения всех движений своего противника подходит к нему весьма близко, чтобы спокойно его рассматривать. Иногда старается обойти его и приблизиться к нему сзади, как бы желая избежать его взора, дабы нечаянно на него броситься. Если в таком случае человек вздумает сопротивляться или бежать, то подвергает себя величайшей опасности; но если имеет довольно присутствия духа, чтобы пристально смотреть на льва, не показывая страха и не нападая на него, то случается, что он через несколько минут удаляется.

109 – Душе свойственно размышлять и познавать грех свой, и, познавши оный, вразумляться, подобающим образом раскаиваться, исправлять все должное, и стараться уменьшать и совершенно прекращать зло, и исполнять добродетели с благим рассуждением, и принимать просвещение, приходящее от Ангела, которого получила при крещении и который охраняет, наставляет и просвещает ее в богоугодном и обличает ее, чтобы удалялась от дел, ненавистных Богу. Душа же некрещеная не получила такого Ангела, а потому она слепа и не чувствует содеваемых ею величайших грехов, но упорствует, и неразумно радуется о злых своих делах, и вовсе не помышляет о них, не сокрушается, не умиляется, чтобы слезами омыть себя, и не вразумляется великими злостраданиями, как это бывает с душою крещеною. Новогреческий перевод «Лествицы» Афанасия Критского, с. 419.

110 – В переводе старца Паисия: «частость».

111 – Т. е. явственных нападений.

112 – Заключать силы душевные: ум, мысль и проч. неразвлеченные в теле, как в доме.

113 – В славянском переводе: «немогущие посреде вещества от веществ удалятися». Некоторые удаляются в безмолвие, потому что считают невозможным, видя снеди, пития, одежды, лица и тому подобное, удерживать свои пожелания и отсекать оные. (Новогреческий перевод «Лествицы» Афанасия Критского, с. 432.)

114 – Илия Критский так разрешает этот вопрос: «Тавеннисиотяне были монахи общежительные, скитяне же – безмолвники. А безмолвие – великое дело и виновно бывает большого преуспеяния могущим вместить оное. Не хочет же Лествичник говорить об этом ради немощнейших; то есть чтобы они безвременно не стремились к безмолвию. Ибо по учению преподобных отцев, не все могут вступать в безмолвие, но только обученные и утвердившиеся в монашеском житии, и оказавшиеся благоискусными в духовной брани, и восходящие из общежития, как опытные воины, на высшее поприще – на безмолвное житие, которое и считается верхом подвижничества и жительством совершенных». (PG 88, с. 1117.)

115 – В славянском переводе: «поприща».

116 – Гордость, тщеславие, разленение, печаль и любостяжание.

117 – Чревоугодие, гневливость и блудная страсть.

118 – Преп. Иоанн Лествичник говорит здесь о себе.

119 – Стоя однажды на молитве с великим усердием и благоговением, я восхищен был умом, и обрелся с Ангелами, которые посреди Бога и людей, и Его молят о них, а их просвещают и укрепляют в богоугодном. И приблизился ко мне Ангел Господень, просвещал меня и объяснял мне те великие и сокровенные таинства, которые я жаждал и желал узнать. Потом пришел мне помысл спросить его о чем-либо ином, и я сказал ему: «Каким был Христос, то есть Сын Божий, прежде нежели нисшел, воплотился, принял человеческое естество и соделался

человеком?» Но он мне отвечал, что невозможно мне это объяснить и что я не могу этого постигнуть, так как даже и ангелы не могут уразуметь Божия естества и сияния, и открыть, каково оно, и что ум мой не может вместить и принять столь высоких разумений, как связанный с этою грубою и тяжелою плотию. Тогда я, оставив первый вопрос, просил его сказать мне хоть то, в каком состоянии Христос теперь. Ангел мне сказал, что Он находится в свойственном Ему, и имеет вместе Божество и человечество, и есть совершенный человек, и посему называется Богочеловек, – кроме земных свойств человеческих, которые имел прежде воскресения. Я опять просил его сказать мне: «Каким образом Он находится с Отцем; ибо Евангелист говорит, что сидит одесную Бога, и Стефан говорит, что стоит одесную Его?» Ангел мне отвечал: «Не может слышать сие душа, связанная с плотию». Я же, побуждаемый опять великим пламенным желанием узнать что-либо о величии Божества, просил его возвести меня, дабы мне узреть Сына Божия, Господа нашего Иисуса Христа. Но ангел мне сказал: «Еще не пришло время и не настал час соделаться тебе бессмертным Божественною благодатию и силою Всесвятаго Духа, Который имеет воскресить человечество, обессмертить и освободить оное от прежней тяготы и от нужд, какие оно имело во временной жизни». Не знаю и не могу сказать верно, в теле ли я был, или вне тела, когда все сие видел. Один Господь знает сие. (Новогреческий перевод «Лествицы» Афанасия Критского, с. 438–439.)

120 – Это древнее отеческое выражение означает молитвенное призывание, а не простое воспоминание имени Иисусова.

121 – В переводе старца Паисия: молитвы разстояние.

122 – В нов. слав. перев.: паче же уединенных. В греч.

123 — В другом переводе слово «без труда» отнесено следующей главе.

124 — В славянском переводе: «в собраниях».

125 — Я хотел совершенно отсечь рукоделие в молитвенное время для юных и немощных безмолвников; но удержал мою руку тот отец (Пахомий Великий со старцем своим преподобным Паламоном), который всю ночь носил на себе песок, чтобы отогнать сон и приучиться бдеть. (Новогреческий перевод «Лествицы» Афанасия Критского, с. 450.)

126 — В другом переводе прим.: «т. е. в Троице три Лица, а во Христе одно Лице; в Троице одно естество, а во Христе два естества».

127 — Как обучающий дитя ходить, когда оно немного пройдет и падает, опять поднимает и учит идти дальше, так и мы, когда ум наш в молитве отпадает от взирания к Богу, должны опять исправлять и восстановлять его, пока он не стяжет твердости стояния. (PG 88, с. 1141.)

128 — Иное есть прилежно умом блюсти свое сердце, то есть познавать себя и наблюдать за собою. И иное быть епископом и начальником над страстями, что много выше первого. Начальником бывает ум, когда он тем, что в нем, и тем, что около него, то есть душевными силами и телесными чувствами, хорошо управляет и направляет. Архиереем же, когда он посредством молитвы приносит Божию жертвеннику чистый и непорочный ум. Дело начальника наблюдать совне. Дело же архиерея постоянно наблюдать и совне и внутри. (PG 88, с. 1145.) Иное, когда ум, подобно начальнику, охраняющему страну и место свое, охраняет сердце и удерживает, отгоняет и умерщвляет злые его пожелания. И иное, когда он подобно архиерею, освящает и приносит сердце в жертву Богу со всеми движениями оного; ибо гораздо выше и святее приносить Богу все действия

и делания сердечные, нежели удерживать страсти и злые пожелания. (Новогреческий перевод «Лествицы» Афанасия Критского, с. 466.)

129 – Преп. Тифой (Дост. сказ. стр. 274. ст. 1).

130 – Антоний Великий.

131 – Иоанн Колов.

132 – Ефрем Сирин.

133 – В славянском переводе: «в худом образе».

134 – Не терпит тьма явления света; не остается болезнь, когда возвращается здравие; не действуют страсти, когда является бесстрастие. (PG 88, с. 1153.)

ПРЕПОДОБНЫЙ ИОАНН ЛЕСТВИЧНИК

Преподобный Иоанн Лествичник, известный также как Иоанн Синайский, был выдающимся христианским аскетом и духовным писателем VI-VII веков. Он родился в Константинополе в благочестивой семье и получил хорошее светское образование. Однако, ещё в юном возрасте он решил посвятить свою жизнь Богу и монашескому служению. В возрасте шестнадцати лет Иоанн постригся в монашество в Синайском монастыре, одном из древнейших центров христианского монашества, расположенном на горе Синай, священном для христиан, поскольку здесь Моисей получил десять заповедей.

С самого начала монашеского пути Иоанн проявлял глубокое стремление к духовной жизни, подчиняя себя строгим аскетическим правилам и находясь под духовным руководством аввы Мартирия, признанного монастырского наставника. Скромный, послушный и внимательный ко всем наставлениям своего старца, Иоанн быстро достиг высот духовного совершенства.

После смерти своего наставника, Иоанн провёл около сорока лет в уединении, погружённый в молитву, пост и труд. Этот период его жизни стал временем глубокого духовного созерцания и изучения писаний. Он писал свои труды, среди которых самой известной стала «Лествица», уникальное произведение, описывающее духовный путь христианина через борьбу со страстями и восхождение к Богу. Книга состоит из тридцати ступеней, каждая из которых символизирует определённый этап духовного роста.

Преподобный Иоанн был также известен чудесами, которые происходили по его молитвам. Одно из таких чудес связано с его учеником Моисеем, которого он спас от смерти своей молитвой.

После сорокалетнего пребывания в уединении Иоанн был избран игуменом Синайского монастыря. Его духовное руководство привлекало не только монахов, но и мирян, жаждавших обрести ответы на важнейшие вопросы духовной жизни. Иоанн умер мирной смертью, а его труд «Лествица» стал настольной книгой для многих поколений монахов и мирян, стремящихся к духовной жизни.

Преподобный Иоанн Лествичник почитается православной церковью как великий святой и наставник монашества. Его память празднуется 1 апреля (по старому стилю) и 30 марта. Его труды продолжают вдохновлять тех, кто стремится к духовной чистоте и жизни по заповедям Божьим.

Православная библиотека – Orthodox Logos

- *Песня церкви - Праведники наших дней* – Артём Перлик
- *Сказки* – Артём перлик
- *Патристика* – Артём Перлик
- *Следом за овцами - Отблески внутреннего царства* – Монахиня Патрикия
- *Откровенные рассказы странника духовному своему отцу*
- *Семь слов о жизни во Христе* – праведный Николай (Кавасила)
- *О молитве* – святитель Игнатий (Брянчанинов)
- *Об умной или внутренней молитве* – преподобный Паисий (Величковский)
- *В помощь кающимся* – святитель Игнатий (Брянчанинов)
- *Христианство по учению преподобного Макария Египетского* – преподобный Иустин (Попович), Челийский
- *Философские пропасти* – преподобный Иустин Челийский (Попович)
- *Священное Предание: Источник Православной веры* – митрополит Каллист (Уэр)
- *Толкование на Евангелие от Матфея* – святой Феофилакт Болгарский, архиепископ Охридский
- *Толкование на Евангелие от Марка* – святой Феофилакт Болгарский, архиепископ Охридский
- *Толкование на Евангелие от Луки* – святой Феофилакт Болгарский, архиепископ Охридский
- *Толкование на Евангелие от Иоанна* – святой Феофилакт Болгарский, архиепископ Охридский
- *Таинство любви* – Павел Евдокимов

- *Мысли о добре и зле* – святитель Николай Сербский (Велимирович)
- *Миссионерские письма* – святитель Николай Сербский (Велимирович)
- *Живой колос* – праведный Иоанн Кронштадтский (Сергиев)
- *Дидахе. Учение Господа, переданное народам через 12 апостолов*
- *Домострой* – протопоп Сильвестр
- *Лествица или Скрижали духовные* – преподобный Иоанн Лествичник
- *Слова подвижнические* – преподобный Исаак Сирин Ниневийский
- *Миссионерские письма* – святитель Николай Сербский (Велимирович)
- *Точное изложение православной веры* – преподобный Иоанн Дамаскин
- *Беседы на псалмы* – святитель Василий Великий

www.orthodoxlogos.com

www.ingramcontent.com/pod-product-compliance
Lightning Source LLC
Chambersburg PA
CBHW060549080526
44585CB00013B/497